广东普罗米修律师事务所
PROMISE-U LAW FIRM OF GUANGDONG

碳交易
合规研究

毛腾云　高寒　主编

法律出版社
LAW PRESS·CHINA
———— 北京 ————

图书在版编目（CIP）数据

碳交易合规研究 / 毛腾云, 高寒主编. -- 北京：法律出版社, 2025. -- ISBN 978-7-5244-0464-4

I. D922.683.4

中国国家版本馆CIP数据核字第202566NU38号

碳交易合规研究
TANJIAOYI HEGUI YANJIU

毛腾云　高　寒　主编

责任编辑　朱轶佳
装帧设计　李　瞻

出版发行　法律出版社	开本　710毫米×1000毫米　1/16
编辑统筹　司法实务出版分社	印张　20　字数　237千
责任校对　张翼羽	版本　2025年7月第1版
责任印制　胡晓雅	印次　2025年7月第1次印刷
经　　销　新华书店	印刷　固安华明印业有限公司

地址：北京市丰台区莲花池西里7号（100073）
网址：www.lawpress.com.cn　　　　　　销售电话：010-83938349
投稿邮箱：info@lawpress.com.cn　　　　客服电话：010-83938350
举报盗版邮箱：jbwq@lawpress.com.cn　　咨询电话：010-63939796
版权所有·侵权必究

书号：ISBN 978-7-5244-0464-4　　　　　　定价：76.00元

凡购买本社图书，如有印装错误，我社负责退换。电话：010-83938349

本书编委会

主编单位：广东普罗米修律师事务所
主　　编：毛腾云　高　寒
编委会成员（以姓氏笔画为序）：

　　　　　　毛　潇　邓舒文　叶　璐　孙月全
　　　　　　李练明　吴庆有　何再顺　陈　凯
　　　　　　张正华　张　威　周亲运　郑泽科
　　　　　　柯均哲　黄军明　黄育玟　温吉安

顾　　问（以姓氏笔画为序）

王　恒　　广东省高级人民法院环境资源审判庭原负责人
伍科富　　湛江仲裁委员会（湛江国际仲裁院）主任（院长）
欧阳日辉　中央财经大学中国互联网经济研究院副院长、博士生导师
聂　兵　　广东省应对气候变化专家组成员
　　　　　广东省碳排放权交易机制工作组成员
梁江洲　　广东普罗米修律师事务所管委会主任
韩登池　　韶关学院政法学院院长、硕士生导师
　　　　　广东省法学会环境资源法学研究会副会长（兼秘书长）

序一　实现"双碳"目标是构建中国新发展格局、共建人类命运共同体的必由之路

党的十八届五中全会明确了我国"创新、协调、绿色、开放、共享"的新发展理念。完整、准确、全面理解新发展理念，深入推进生态文明建设和绿色低碳发展，积极稳妥推进碳达峰碳中和战略部署，加快打造绿色低碳供应链，持续深入打好蓝天、碧水、净土保卫战，完善生态产品价值实现机制，进而形成全面系统推进美丽中国建设的新局面，是构建我国新发展格局、共建人类命运共同体的必由之路。

2020年9月22日，在第七十五届联合国大会一般性辩论上，习近平主席郑重宣布，中国将提高国家自主贡献力度，采取更加有力的政策和措施，二氧化碳排放力争于2030年前达到峰值，努力争取2060年前实现碳中和。这是以习近平同志为核心的党中央经过深思熟虑作出的重大战略决策，既表明了中国全力推进新发展理念的坚定意志，也彰显了中国愿为全球应对气候变化作出新贡献的明确态度。

2020年，我国碳排放强度比2015年下降18.8%，超额完成"十三五"约束性目标；比2005年下降48.4%，超额完成向国际社会承诺的到2020年下降40%~45%的目标，累计少排放二氧化碳约58亿吨，二氧化碳排放快速增长的局面基本扭转。

碳达峰碳中和是推进中国式现代化的必然要求。中国式现代化的一个重要特征是人与自然和谐共生，既要创造更多物质财富和精神财富以满足人民日益增长的美好生活需要，也要提供更多优质生态产品以满足

人民日益增长的优美生态环境需要。实现碳达峰碳中和，促进绿色低碳循环发展，有效支撑现代化经济体系建设，实现生产方式和生活方式全面绿色低碳转型，持续改善生态环境质量，与建设美丽中国的主要目标具有高度统一性和协同性。

碳达峰碳中和是推动高质量发展的内在要求，是新质生产力发展的关键因素。实现"双碳"目标需要推动一系列重大技术革新和制度变革，增强创新对发展的推动力；"双碳"目标要求的碳排放硬约束，有利于促进产业空间布局优化和城乡之间、区域之间、产业之间的协同发展，提升发展的整体性、协调性；"双碳"蕴含的绿色发展理念，也有助于中国更好融入并引领当今世界发展潮流。

碳达峰碳中和是我国解决能源和生态环境安全的重要保障。我国能源结构以化石能源为主，对能源进口还有较大程度的依赖。一方面，国内煤炭的大量采掘和使用对生态环境造成持续的影响，进而威胁生态环境安全；另一方面，百年变局中国际关系的复杂多变，也会对我国的能源进口产生诸多不可控的影响，进而影响能源安全。大力发展新能源技术，积极稳妥推进"双碳"工作，有利于提升我国能源安全和生态环境安全水平。

实现碳达峰碳中和是积极参与全球气候治理的重要手段。我国大力推进"双碳"工作，将会给各国带来巨大的绿色投资和绿色贸易机会，支持其他国家尤其是广大发展中国家实现低碳发展和温室气体减排目标，推动建立公平合理、合作共赢的全球气候治理体系，是人类命运共同体建设的重大举措。

欧阳日辉[1]

2025年5月

---

[1] 中央财经大学中国互联网经济研究院副院长、研究员、教授、博士生导师。

序二　让碳达峰碳中和走在依法合规的道路上

从《联合国气候变化框架公约》到《京都议定书》，再到《巴黎协定》，全球应对气候变化共识逐步凝聚，碳达峰碳中和已经成为各国政府和企业的社会责任。我国作为负责任的大国，在国内不断提升生态文明建设的理论与实践水平，提出了"绿水青山就是金山银山"的人与自然和谐共生的新发展理念；在国际上提出共建全球命运共同体的全球治理新理念。

碳排放权交易源于1997年通过的《京都议定书》，是指把二氧化碳排放权或碳排放配额作为一种商品而形成的一种新的资产交易方式，简称碳交易。碳交易是运用市场经济来促进碳减排的一种政策工具。狭义的碳排放权交易产品包括碳排放配额和经国务院批准的其他现货交易产品（《碳排放权交易管理暂行条例》第6条）；广义的碳交易还包括碳达峰碳中和业务中的涉碳交易（包括但不限于产业链脱碳及低碳技术交易与服务、碳金融、碳产业投融资与收并购等）。

2011年10月，国家发展和改革委员会印发《关于开展碳排放权交易试点工作的通知》，批准北京、上海、天津、重庆、湖北、广东和深圳七省市开展碳排放权交易试点工作，在国家发展和改革委员会的指导和支持下，各试点省市努力探索建立碳排放权交易机制，先后完成了制度设计、数据核查、配额分配、机构建设等工作。2013年6月18日，深圳碳排放权交易市场在全国七个试点省市中率先启动交易，其他地方试点市场也陆续启动交易。2021年7月16日，全国碳排放权交易市场正式启动上线交易，交易中心位于上海，碳配额登记系统设在湖北武汉。2024 年 7 月 21 日，在湖北武汉召开的中国碳市场大会上，《全国碳市场发展报告（2024）》对外发布。报告显示，全国碳排放权交易市场启动 3 年以来，总体运行平稳，已成为全球覆盖温室气体排放量最大的碳市场。

2023 年 2 月 16 日，最高人民法院出台《关于完整准确全面贯彻新发展理念　为积极稳妥推进碳达峰碳中和提供司法服务的意见》，最高人民法院于 2023 年 2 月 17 日召开新闻发布会，同步发布了 11 个典型案例。据发布会消息，全国各级法院已设立 2426 个环境资源审判组织，自 2016 年我国签署《巴黎协定》以来一审审结涉碳案件 112 万件。2024 年 5 月 1 日，国务院《碳排放权交易管理暂行条例》正式生效，标志着中国碳交易法规体系已初步建立，碳交易的司法保障也已进入新的阶段，为碳交易稳预期、促发展做好了初步法律基础配套准备。

碳交易的发展过程也伴随着中国经济社会的转型升级，整个社会存在认知水平参差、市场参与主体良莠不齐、法律与政策配套措施发展滞后等早期问题，积累了诸多风险，如政策调整风险、碳资产法律属性风险、碳交易主体资格风险、低碳技术风险、碳交易交付风险、碳交易合同管理风险、交叉合同风险、企业环境信息披露合规风险等，不利于碳交易市场稳定与发展，不利于碳达峰碳中和目标的实现。

碳交易市场的稳定与发展离不开法律服务业的支持。广东普罗米修律师事务所"博法律师团队"在国内较早关注碳交易相关法律问题，团队与众多重点院校、研究机构及实验室、行业协会及司法与仲裁机构等产、学、研平台建立了交流与合作机制，积极从事"双碳"法律服务产品研究，本书是"博法律师团队"对碳交易合规及相关法律服务产品的研究成果。

本书试图从法律理论、案例解析、合规从业、法律服务产品等多个维度，系统研究我国碳交易体系下相关碳资产的法律性质及其交易风险。由于碳交易在我国仍然属于早期阶段，碳交易合规研究可供借鉴的经验有限，加之政策与法规必然随着市场发展的快速变化不断作出调整，本书现阶段着眼的碳交易合规重点，难以完整、准确、全面地向读者进行系统化的展示。但考虑到"双碳"市场快速发展过程中对风险控制和合规的迫切需要，团队决定尽早出版本书，作为"双碳"市场各交易参与方、"双碳"企业及从业人员、"双碳"法律服务人员及有志于投身"双碳"行业的相关人员的参考与借鉴，抛砖引玉，期望得到读者的批评与指正。同时，我们也将不断继续深入研究碳交易合规相关法律问题并积极进行法律服务实践，以期与大家共同进步。

碳达峰碳中和是推进中国式现代化的必然要求，是习近平生态文明思想的重要组成部分。这场实践将深刻改变我们的思想与行为、深刻改变我们的生产和生活方式，只有让碳达峰碳中和走在依法合规的道路上，才能让这项伟大的事业真正行稳致远。

毛腾云

2025 年 5 月

目 录

第一章 碳资产法律性质及其交易风险研究

第一节 碳资产法律性质的界定 // 003
一、"碳资产"概念的产生与环境保护背景 // 003
二、"碳资产"法律性质的分析及交易现状 // 012
三、"碳资产"法律性质的认定 // 033

第二节 碳资产交易法律风险研究 // 035
一、碳资产交易法律体系建设 // 035
二、碳资产交易重要司法意见及部分条款解读 // 039
三、碳资产交易相关法律风险 // 055

第二章 "双碳"典型案例合规研究

第一节 福建省宁德市人民检察院与被告林某正、高某祥生态环境损害赔偿民事公益诉讼案 // 073
一、案例价值 // 073
二、案例简介 // 074
三、合规研究 // 077

第二节 湖南某碳汇开发公司、宁远县某镇 A 村村民委员会等
    合同纠纷案 // 082
    一、案例价值 // 082
    二、案例简介 // 083
    三、合规研究 // 088

第三节 深圳某容器公司诉深圳市发展和改革委员会行政处罚
    行为案 // 093
    一、案例价值 // 093
    二、案例简介 // 094
    三、合规研究 // 104

第四节 北京某清洁能源咨询公司诉某光电投资公司服务
    合同纠纷案 // 109
    一、案例价值 // 109
    二、案例简介 // 110
    三、合规研究 // 115

第五节 刘某某等组织、领导传销活动案 // 120
    一、案例价值 // 120
    二、案例简介 // 121
    三、合规研究 // 128

第六节 某低碳公司诉广碳交易中心合同纠纷案 // 133
    一、案例价值 // 133
    二、案例简介 // 134
    三、合规研究 // 142

第七节　四川某发电公司与北京某环保公司合同纠纷案 // 146

一、案例价值 // 146

二、案例简介 // 147

三、合规研究 // 156

第八节　韩某某等破坏计算机信息系统案 // 162

一、案例价值 // 162

二、案例简介 // 163

三、合规研究 // 167

第三章　碳排放重点规范合规要点解读

第一节　【行政法规】碳排放权交易管理暂行条例 // 175

一、立法说明 // 175

二、合规要求与解读 // 175

第二节　【部门规章】碳排放权交易管理办法（试行）// 193

一、立法说明 // 193

二、合规要求与解读 // 194

第三节　【部门规章】温室气体自愿减排交易管理办法（试行）// 209

一、立法说明 // 209

二、合规要求与解读 // 210

第四节　【部门规范性文件】碳排放权登记管理规则（试行）// 234

一、立法说明 // 234

二、合规要求 // 234

第五节　【部门规范性文件】碳排放权交易管理规则
（试行）// 239

一、立法说明 // 239

二、合规要求 // 240

第六节　【部门规范性文件】碳排放权结算管理规则
（试行）// 246

一、立法说明 // 246

二、合规要求 // 247

第七节　【部门规范性文件】碳排放权交易有关会计处理
暂行规定 // 250

一、立法说明 // 250

二、合规要求 // 251

第八节　【交易规则】温室气体自愿减排注册登记规则
（试行）// 254

一、立法说明 // 254

二、合规要求 // 254

第九节　【交易规则】温室气体自愿减排交易和结算规则
（试行）// 258

一、立法说明 // 258

二、合规要求 // 259

第四章 "双碳"法律服务产品研究

第一节 "双碳"市场探讨 // 269

  一、"双碳"市场发展趋势 // 269

  二、"双碳"市场行业解读 // 271

  三、合同能源管理服务 // 277

第二节 碳交易法律服务产品清单（第一版）// 283

后　记 // 304

第一章

碳资产法律性质及其交易风险研究

本章旨在系统梳理从碳排放受限到碳资产概念产生的法理演化路径,结合我国环境保护立法进程,通过分析《京都议定书》,《马拉喀什协议》,以及国内法律、法规、最高人民法院相关司法意见的重点规定,在我国当前碳资产交易运行机制的基础上,厘清现行国内法框架下碳资产及碳资产交易相关法律性质,对碳资产交易过程中可能存在的法律风险进行识别并提出相应的风险防控建议。

第一节　碳资产法律性质的界定

一、"碳资产"概念的产生与环境保护背景

（一）《京都议定书》相关规定

促成碳资产概念产生的重要历史节点，是 1997 年 12 月在日本京都召开的《联合国气候变化框架公约》第三次缔约方会议。该次会议通过了旨在限制发达国家温室气体排放量以抑制全球变暖的《〈联合国气候变化框架公约〉京都议定书》（以下简称《京都议定书》），首开人类历史在全球范围内以法规形式限制温室气体排放的先河。

《京都议定书》第 3 条[1]"量化的限制和减少排放的承诺"作出如下规定：

1. 附件一所列缔约方应个别地或共同地确保其在附件 A 中所列温室气体的人为二氧化碳当量排放总量不超过按照附件 B 中量化的限制和减少排放的承诺以及根据本条规定所计算的分配数量，以使其在 2008 年至 2012 年承诺期内这些气体的全部排放量从 1990 年水平至少减少 5%。

2. 附件一所列每一缔约方到 2005 年时，应在履行其依本议定书规定的承诺方面作出可予证实的进展。

---

[1]　本书引用《京都议定书》中文译本出自中国人大网（http://www.npc.gov.cn/npc/c542/c15977/c9597/c10716/201905/t20190522_48275.html）。

3. 自1990年以来直接由人引起的土地利用变化和林业活动—限于造林、重新造林和砍伐森林—产生的温室气体源的排放和汇的清除方面的净变化，作为每个承诺期碳贮存方面可查核的变化来衡量，应用以实现附件一所列每一缔约方依本条规定的承诺。与这些活动相关的温室气体源的排放和汇的清除，应以透明且可查核的方式作出报告，并依第七条和第八条予以审评。

4. 在作为本议定书缔约方会议的《公约》缔约方会议第一届会议之前，附件一所列每缔约方应提供数据供附属科技咨询机构审议，以便确定其1990年的碳贮存并能对其以后各年的碳贮存方面的变化作出估计。作为本议定书缔约会议的《公约》缔约方会议，应在第一届会议或在其后一旦实际可行时，就涉及与农业土壤和土地利用变化和林业类各种温室气体源的排放和各种汇的清除方面变化有关的哪些因人引起的其它活动，应如何加到附件一所列缔约方的分配数量中或从中减去的方式、规则和指南作出决定，同时考虑到各种不确定性、报告的透明度、可查核性、政府间气候变化专门委员会方法学方面的工作、附属科技咨询机构根据第五条提供的咨询意见以及《公约》缔约方会议的决定。此项决定应适用于第二个和以后的承诺期。一缔约方可为其第一个承诺期这些额外的因人引起的活动选择适用此项决定，但这些活动须自1990年以来已经进行。

5. 其基准年或基准期系根据《公约》缔约方会议第二届会议第9/CP.2号决定确定的，附件一所列的正在向市场经济过渡缔约方，为履行其依本条规定的承诺，应使用该基准年或基准期，正在向市场经济过渡但尚未依《公约》第十诺，应使用该基准年或基准期，正在向市场经济过渡但尚未依《公约》第十二条提交其第一次国家通讯的附件一所列任何其它缔约方，也可通知作为本议定书缔约方会议的《公约》缔约方会议，它有意为履行其依本条规定的承诺使用除1990年以外的某一历史基准年或基准期。作为本议定书缔约方会议的《公约》缔约方会议应就此种通知的接受与否作出决定。

6. 考虑到《公约》第四条第6款，作为本议定书缔约方会议的《公约》缔约方会议，应允许附件一所列的正在向市场经济过渡的缔约方在履行其除本条规定的那些承诺以外的承诺方面有一定程度的灵活性。

7. 在从2008年至2012年第一个量化的限制和减少排放的承诺期内，附件一所列每个一缔约方的分配数量应等于在附件B中对附件A所列温室气体在1990年或按照上述第5款确定的基准年或基准期内其人为二氧化碳当量的排放总量所载的其百分比乘以5。土地利用变化和林业对其构成1990年温室气体排放净源的附件一所列那些缔约方，为计算其分配数量的目的，应在它们1990年排放基准年或基准期计入各种源的人为二氧化碳当量排放总量减去1990年土地利用变化产生的各种汇的清除。

8. 附件一所列任一缔约方，为上述第7款所指计算的目的，可使用1995年作为其氢氟碳化物、全氟化碳和六氟化硫的基准年。

9. 附件一所列缔约方对以后期间的承诺应在本议定书附件B的修正中加以确定，此类修正应根据第二十一条第7款的规定予以通过。作为本议定书缔约方会议的《公约》缔约方会议应至少在上述第1款中所指第一个承诺期结束之前七年开始审议此类承诺。

10. 一缔约方根据第六条或第十七条的规定从另一缔约方获得的任何减少排放单位或一个分配数量的任何部分，应计入获得缔约方的分配数量。

11. 一缔约方根据第六条和第十七条的规定转让给另一缔约方的任何减少排放单位或一缔约方根据第六条和第十七条的规定转让给另一缔

约方的任何减少排放单位或一个分配数量的任何部分,应从转让缔约方的分配数中减去。

12. 一缔约方根据第十二条的规定从另一缔约方获得任何经证明的减少排放,应记入获得缔约方的分配数量。

13. 如附件一所列一缔约方在一承诺期内的排放少于其依本条确定的分配数量,此种差额,应该缔约方要求,应记入该缔约方以后的承诺期的分配数量。

14. 附件一所列每一缔约方应以下述方式努力履行上述第一款的承诺,即最大限度地减少对开发中国家缔约方,尤其是《公约》第四条第8款和第9款所特别指明的那些缔约方不利的社会、环境和经济影响。依照《公约》缔约方会议关于履行这些条款的相关决定,作为本议定书缔约方会议的《公约》缔约方会议,应在第一届会议上审议可采取何种必要行动以尽量减少气候变化的不利后果和／或对应措施对上述条款中所指缔约方的影响,须予审议的问题应包括资金筹措、保险和技术转让。

《京都议定书》第四条"共同履行承诺"作出如下规定:

1. 凡订立协议共同履行其依第三条规定的承诺的附件一所列任何缔约方,只要其依附件A中所列温室气体的合并的人为二氧化碳当量排放总量不超过附件B中所载根据其量化的限制和减少排放的承诺和根据第三条规定所计算的分配数量,就应被视为履行了这些承诺,分配给该协议每一缔约方的各自排放水平应载明于该协议。

2. 任何此类协议的各缔约方应在它们交存批准、接受或核准本议定书或加入本议定书之日将该协议内容通知秘书处。其后秘书处应将该协议内容通知《公约》缔约方和签署方。

3. 任何此类协议应在第三款第7款所指承诺期的持续期间内继续实施。

4. 如缔约方在某区域经济一体化组织的框架内并与该组织一起共同行事，该组织的组成在本议定书通过后的任何变动不应影响依本议定书规定的现有承诺。该组织在组成上的任何变动只应适用于那些继该变动后通过的依第三款规定的承诺。

5. 一旦该协议的各缔约方未能达到它们的整体合并减少排放水平，此类协议的每一缔约方应对该协议中载明的其自身的排放水平负责。

6. 如缔约方在一个本身为议定书缔约方的区域经济一体化组织的框架内并与该组织一起共同行事，该区域经济一体化组织的每一成员国单独地并与按照第二十四条行事的区域经济一体化组织一起，如未能达到总体合并减少排放水平，则应对依本条所通知的其排放水平负责。

自此，《京都议定书》明确把减少二氧化碳排放量作为缔约方的义务，并为履行这一义务，设置了相应的减排要求。这使得限制温室气体排放正式从一种环境保护机制演变为"碳排放机制"，在这种机制的基础上，产生了"二氧化碳的排放分配数量／排放配额"这一全新的资产概念，并逐渐形成了一种可供公开转让与进行交易的市场有价资产，即"碳资产"。

（二）全球环境保护主义的兴起

限制温室气体排放机制是全球环境保护主义兴起后的新的环境保护机制，但它并非一种新的环境保护手段。全球对空气保护的环保工作早已开始，尤其是在人类步入工业社会后，以牺牲环境效益为代价追求经济发展的模式已经引起很大的争议，对于环境污染问题中的空气污染问题，发达国家也采取了一定的措施予以治理。

1952 年后，英国人开始反思空气污染造成的苦果。1956 年，英国国会通过了世界上第一部空气污染防治法案《英国清洁空气法》。法律规定在伦敦城内的电厂都必须关闭,只能在大伦敦区重建,要求工业企业建造高大的烟囱,加强疏散大气污染物,还要求大规模改造城市居民的传统炉灶,减少煤炭用量,逐步实现居民生活天然气化;冬季采取集中供暖。

1968年以后,英国又出台了一系列的空气污染防控法案,这些法案针对各种废气排放进行了严格约束,并制定了明确的处罚措施,有效减少了烟尘和颗粒物。[1]

而早在1851年,美国的芝加哥市和辛辛那提市就已开始进行保护空气质量的立法尝试。就联邦层次的立法而言,从1955年的《美国空气污染控制法》到1963年的《美国清洁空气法》、1967年的《美国空气质量控制法》,再到1970年的《美国清洁空气法》以及后来针对该法的1977年修正案、1990年修正案等,美国逐步建立起一个完整的空气污染防治法律规范体系并确立了一系列行之有效的原则。[2]

此后世界各国纷纷开始制定环境保护法律法规。到20世纪70年代,日益严重的环境污染问题已成为全球关注的焦点,并最终促使环境保护成为一个世界性社会运动,环境保护不仅是发达国家要面临的问题,对发展中国家的影响也越来越大。各国对气候变化的关注以及限制温室气体排放机制的出现,正是基于这种全球倡导环境保护的大背景。所以,碳资产权益的本质是一种环境保护权益,碳资产价值的本质是一种环境保护价值,对温室气体排放的限制本质上是环境保护治理的一个重要构成部分。

---

[1] 参见信息时报:《伦敦是如何除掉"雾都"之名》,载新浪新闻网,http://news.sina.com.cn/o/2013-01-15/071926035738.shtml。

[2] 参见薛恩同:《美国的清洁空气法》,载北京法院网2013年4月9日,https://bjgy.bjcourt.gov.cn/article/detail/2013/04/id/939269.shtml。

（三）我国环境保护发展历程

1972年6月5日，联合国第一次人类环境会议召开，在周恩来总理的关心推动下，我国派代表团参加了会议，自此中国政府开始认识到国内已存在严重的环境问题，并且环境问题会对经济社会发展产生重大影响。1973年第一次全国环境保护会议召开，拉开了中华人民共和国环境保护工作的序幕。

1979年9月，我国第一部环境保护法律——《环境保护法（试行）》（已失效）颁布，标志着我国环境保护工作开始步入依法管理的轨道。1981年，国务院发布《关于在国民经济调整时期加强环境保护工作的决定》，提出了"谁污染谁治理"的原则。1982年国务院发布《征收排污费暂行办法》（已失效），排污收费制度正式建立。

1992年，联合国在巴西里约热内卢召开环境与发展大会，会议通过了《联合国里约环境与发展宣言》（又称《地球宪章》）、《21世纪行动议程》、《联合国气候变化框架公约》和《联合国生物多样性公约》等一系列重要文件，确立了要为子孙后代造福、走人与自然协调发展的道路，并首次明确提出了可持续发展战略，确立了国际社会关于环境与发展的多项原则，其中"共同但有区别的责任"成为指导国际环境保护发展与合作的重要原则。

1994年3月25日，中国政府为履行《21世纪行动议程》等文件的庄严承诺，经国务院第十六次常务会议审议通过了《中国21世纪议程》。自此可持续发展战略上升为中国国家战略，并明确提出要对资源进行合理利用并开展环境保护工作。

2005年2月16日，《联合国气候变化框架公约》缔约方签订的《京都议定书》正式生效，中国积极参加多边环境谈判，以更加开放的姿态和务实合作的精神主动参与到全球环境治理中。

2013年党的十八届三中全会召开以来，中央把生态文明建设摆在治国理政的突出位置。党的十八大通过的《中国共产党章程（2012修改）》，把"中国共产党领导人民建设社会主义生态文明"写入党章，这是国际上第一次将生态文明建设纳入一个政党特别是执政党的行动纲领中。

2014年4月，对1989年发布的《环境保护法》的全面修订完成，修订后的《环境保护法》被称为我国"史上最严"的环境保护法律。2018年3月，第十三届全国人民代表大会第一次会议通过了《宪法修正案》，把生态文明和"美丽中国"写入《宪法》，这为生态文明建设提供了国家根本大法依据。

"十四五"循环经济发展规划要求着力解决制约循环经济发展的突出问题，健全法律法规政策标准体系，强化科技支撑能力，补齐资源回收利用设施等方面的短板，切实提高循环经济发展水平。

2020年，我国正式宣布中国将力争在2030年前实现碳达峰、2060年前实现碳中和。2021年7月16日，全国碳排放权交易市场启动上线交易。发电行业成为首个纳入全国碳市场的行业，纳入重点排放单位超过2000家。

2021年，《碳排放权交易管理办法（试行）》《碳排放权登记管理规则（试行）》《碳排放权交易管理规则（试行）》《碳排放权结算管理规则（试行）》4部关于碳排放权交易管理的规章和部门规范性文件先后正式生效，为我国碳排放权交易市场的运行打下了坚实的法律基础。

（四）我国环境保护立法情况

目前，我国已有生态环境保护法律30余部、行政法规100多件、地方性法规 1000 余件，多部生态环境保护法律法规将"实现人与自然和谐共生""保障生态安全""生态优先、绿色发展"等内容写进"总则"，并制定大量涉及生态环境保护的规定，为形成并完善生态文明制度体系打下坚实的基础。例如，2019 年修订后的《森林法》在"总则"中规定"践行绿水青山就是金山银山理念"；《长江保护法》和《黄河保护法》则规定要实现"中华民族永续发展"的目标。

在立法形式上，统筹"立、改、废、纂"等多种形式。其中，在"立"的方面，我国先后制定了《深海海底区域资源勘探开发法》（2016年）、《核安全法》（2017年）、《土壤污染防治法》（2018年）、《生物安全法》（2020年）、《长江保护法》（2020年）、《湿地保护法》（2021年）、《噪声污染防治法》（2021年）、《黑土地保护法》（2022年）、《黄河保护法》（2022年）、《青藏高原生态保护法》（2023年）10部生态环境保护法律，填补了有关领域的立法空白，健全并完善了生态环境保护法律体系。

在"改"的方面，对《环境保护法》《大气污染防治法》《野生动物保护法》《固体废物污染环境防治法》《森林法》等进行了全面修订，对《水污染防治法》作了较大幅度修改，对《海洋环境保护法》《大气污染防治法》《野生动物保护法》等作了多次修改，使得法律规范更加明确具体，增强了可执行性和可操作性。

在"废"的方面，于 2021 年新制定了《噪声污染防治法》，同时废止了 1996 年制定的《环境噪声污染防治法》。

党的十八大以来，我国生态环境保护立法工作进一步强化了环境监测、环境影响评价、排污许可、总量控制、联合防治、政府责任、信息公开和公众参与等制度，新增加了约谈、生态保护红线、生态保护补偿、环境公益诉讼等制度。例如，2014 年修订的《环境保护法》首次具体规定了环境公益诉讼的主体、条件和内容，明确符合条件的社会组织可以对污染环境、破坏生态，损害社会公共利益的行为向法院提起诉讼；2017年修正的《民事诉讼法》和《行政诉讼法》，增加了检察机关提起生态环境和资源保护等公益诉讼的规定。

全面统筹适用刑事、民事和行政法律责任落实。党的十八大以来，为了切实解决生态环境领域"违法成本低、守法成本高"的突出问题，生态环境保护立法加大了对违法行为的处罚力度。2014年修改的《环境保护法》引入按日计罚，环保部门可以对造成严重污染的设备查封扣押，对通过逃避监管的方式排污的违法行为人采取拘留、双罚制等严厉手段，有力强化了法律责任。《刑法》从重设置环境犯罪的法律责任，《民法典》增加生态环境损害惩罚性赔偿责任。其他生态环境保护立法也对环境违法行为进行了严惩重罚的规定，进一步明确了政府的监督管理职责，强化了污染者责任，增强了法律制度的刚性、约束力和威慑力。

二、"碳资产"法律性质的分析及交易现状

（一）基于国际条约和市场交易情况

1. 二氧化碳排放数量计量原则

《联合国气候变化框架公约》中并没有"碳排放"（carbon emission）的概念，公约中提出的概念是"温室气体排放"（emissions of greenhouse gases），并对排放（emissions）和温室气体（greenhouse gases）进行了定义，直到《京都议定书》才使用了"二氧化碳排放量"（carbon dioxide emissions）的概念。

联合国政府间气候变化专门委员会（Intergovernmental Panel on

Climate Change，IPCC）经过研究认为，温室气体是全球升温的主要原因，其中绝大部分源于二氧化碳的排放。这意味着在气候变化的问题上，不是"碳"这种物质本身对人类有危害，而是减少向大气中排放"二氧化碳"对于人类有意义，或者说有价值。为方便使用与计量，此后开始用"碳排放"来指称"温室气体排放"，并且由于其他温室气体可以根据化学构成等因素折算成二氧化碳的排放来计算，因此统一将温室气体排放数量换算成二氧化碳向大气的排放数量。

2．国际公约下的市场减排机制

在《联合国气候变化框架公约》的基础上，各缔约方经过曲折的谈判过程，最终制定了具体可执行的方案，即《京都议定书》，以及后续更加具体的落实方案——《京都议定书—马拉喀什协议》（以下简称《马拉喀什协议》）。《京都议定书》为工业化国家（《联合国气候变化框架公约》附件一缔约方）规定了二氧化碳排放量的减排标准。并且允许发达国家通过《京都议定书》第6条、第12条、第17条规定的三种市场机制来完成其承诺的减排量。

《京都议定书》第6条"减少排放单位的转移和获得（联合履约）"作出如下规定：

1．为履行第三条的承诺的目的，附件一所列任一缔约方可以向任何其它此类缔约方转让或从它们获得由任何经济部门旨在减少温室气体的各种源的人为排放或增强各种汇的人为清除项目所产生的减少排放单位，但：

a．任何此类项目须经有关缔约方批准；

b．任何此类项目须能减少源的排放，或增强汇的清除，这一减少或增强对任何以其它方式发生的减少或增强是额外的；

c．缔约方如果不遵守其依第五条和第七条规定的义务，则不可以获得任何减少排放单位；

d. 减少排放单位的获得应是对为履行依第三条规定的承诺而采取的本国行动的补充。

2. 作为本议定书缔约方会议的《公约》缔约方会议，可在第一届会议或在其后一旦实际可行时，为履行本条，包括为核查和报告进一步制订指南。

3. 附件一所列一缔约方可授权法律实体在该缔约方的负责下参加可导致依本条产生、转让或获得减少排放单位的行动。

4. 如依第八款的有关规定查明附件一所列一缔约方履行本条所指的要求有问题，减少排放单位的转让和获得可在查明问题后继续进行，但在任何遵守问题获得解决之前，一缔约方不可使用任何减少排放单位来履行其依第三条的承诺。

《京都议定书》第12条"清洁发展机制"作出如下规定：

1. 兹此确定一种清洁发展机构。

2. 清洁发展机制的目的是协助未列入附件一的缔约方实现可持续发展和有益于《公约》的最终目标，并协助附件一所列缔约方实现遵守第三条规定的其量化的限制和减少排放的承诺。

3. 依清洁发展机制：

a. 未列入附件一的缔约方将获益于产生经证明减少排放项目活动；

b. 附件一所列缔约方可以利用通过此种项目活动获得的经证明的减少排放，促进遵守由作为本议定书缔约方会议的《公约》缔约方会议确定的依第三条规定的其量化的限制和减少排放的承诺之一部分。

4. 清洁发展机制应置于由作为本议定书缔约方会议的《公约》缔约方会议的权力和指导之下，并由清洁发展机制的执行理事会监督。

5. 每一项目活动所产生的减少排放，须经作为本议定书缔约方会议的《公约》缔约方会议指定的经营实体根据以下各项作出证明：

　　a. 经每一有关缔约方批准的自愿参加；

　　b. 与减缓气候变化相关的实际的、可测量和长期的效益；

　　c. 减少排放对于在没有进行经证明的项目活动的情况下产生的任何减少排放而言是额外的。

　　6. 如有必要，清洁发展机制应协助安排经证明的项目活动的筹资。

　　7. 作为本议定书缔约方会议的《公约》缔约方会议，应在第一届会议上拟订方式和程序，以期通过对项目活动的独立审计和核查，确保透明度、效率和可靠性。

　　8. 作为本议定书缔约方会议的《公约》缔约方会议，应确保经证明的项目活动所产生的部分收益用于支付行政开支和协助特别易受气候变化不利影响的开发中国家缔约方支付适应费用。

　　9. 对于清洁发展机制的参与，包括对上述第3款（a）项所指的活动及获得经证明的减少排放的参与，可包括私有和/或公有实体，并须遵守清洁发展机制执行理事会可能提出的任何指导。

　　10. 在自2000年起至第一个承诺期开始这段时期内所获得的经证明的减少排放，可用以协助在第一个承诺期内的遵约。

《京都议定书》第17条"排放贸易"作出如下规定：

《公约》缔约方会议应就排放贸易，特别是其核查、报告和责任确定相关的原则、方式、规则和指南，为履行其依第三条规定的承诺的目的，附件B所列缔约方可以参与排放贸易，任何此种贸易应是对为实现该条规定的量化的限制和减少排放的承诺之目的而采取的本国行动的补充。

对《京都议定书》规定的这三种缔约方有关碳排放的交易方式分析如下。

（1）发达国家之间开展的排放贸易（International Emissions Trade，

IET），核心是允许发达国家向其他国家购买温室气体排放限额，以实现其减排承诺。能够在不影响全球环境完整性的同时，降低温室气体减排活动对经济的负面影响，实现全球减排成本效益最优。

（2）发展中国家与发达国家之间的清洁发展机制（Clean Development Mechanism，CDM），是指作为碳交换的购买方，发达国家运用"资金＋技术"从不发达国家或欠发达国家换取温室气体的"排放权"，来冲抵其碳排放增加量，从而实现发达国家碳排放数量的降低，以达到约定的碳排放标准或者完成碳减排任务。

（3）转型国家（主要为东欧国家）与发达国家之间的联合履行机制（Joint Implementation，JI），是指发达国家之间通过项目合作所实现的减排量，可以转让给另一发达国家缔约方，但是同时必须在转让方的"分配数量"上扣减相应的额度。

《京都议定书》通过创造性地确定三种市场交易机制为碳资产交易活动提供了明确的交易原则，以帮助附件一所列缔约方履行碳排放限制的严格承诺。这些机制使得缔约方可以通过在其他国家进行有利于气候的投资和"排放权"贸易达到遵守国际条约的目的。但是，这些市场机制的引入也带来了一系列更加复杂的法律问题，其中最主要的是能否通过这种有关碳排放的交易方式引申出相关碳资产财产性权益的问题。

3．碳减排机制下的碳资产性质

《京都议定书》作为具有法律约束力的国际公约，明确"碳排放量/碳排放额度"可以进行交易，这就使其具备了公约保护下的财产权益，并创造出"碳排放量/碳排放额度"这一碳资产类型。

根据我国对财产权益的划分，财产大体分为有形财产和无形财产，具体财产类型则主要分为不动产、动产、知识产权等。对于"碳排放量/碳排放额度"究竟属于哪一种财产类型，各缔约方在实际履行期间都碰到了不少问题，也有着各自不同的认定标准。

在英国首次确认"碳排放"财产属性的标志性判例阿姆斯特朗DLW有限公司诉温宁顿网络有限公司案[1]中，史蒂芬·莫里斯大法官在论证欧盟碳排放配额期货产品（European Union Allowance，EUA）作为一种无形财产时，认为其具有财产权。他重点依据凯尔特采集法案[2]中莫瑞特法官的类比推理，论证了EUA与几个先前的判例（分别来自我国香港特别行政区、英国和澳大利亚）中的行政许可具有相同的财产属性，它们都符合威廉·威尔伯福斯在国民地方银行诉安斯沃斯案[3]中确立的三个判断财产权的标准。

在德意志银行诉道达尔全球钢铁公司案[4]中，史密斯大法官在判决中通过援引上述阿姆斯特朗DLW有限公司诉温宁顿网络有限公司案，确认了碳排放权具有像EUA一样的无形财产的法律地位。这就使得清洁发展机制交易（碳资产交易）的纠纷也将同样适用于有关无形财产的法律和案例约束。

根据欧盟环保署的技术报告，2008年，法国、德国等9国从财政法规角度将EUA视为商品；荷兰等8国将EUA视为（无形）资产；瑞典将EUA视为金融工具，受金融管理机构管制；希腊等4国则没有规定EUA的法律性质。

会计确认方面，意大利等12国将EUA视为无形资产或金融资产，奥地利等4个国家将EUA视为商品或存货；2013年，有5个成员国将EUA认定为财产权，匈牙利考虑将之列为国有财产；4个国家将EUA

---

[1] See Armstrong DLW GmbH *v.* Winnington Networks Ltd.［2012］EWHC10（Ch.）.
[2] See In re Celtic Extraction［2001］Ch. 487.
[3] See in National Provincial Bank *v.* Ainsworth［1965］1AC1175.
[4] See In Deutsche Bank *v.* Total Global Steel.

认定为金融资产，德国等国家将EUA认定为商品。

如今，欧洲已经建成了世界最大的碳排放权交易市场——欧盟碳排放交易体系（EUETS），通过分配EUA来管理温室气体排放，这些配额向排放源发放并可进行交易。

4．碳资产交易市场的发展情况

经过多年的发展，碳资产交易市场渐趋成熟，可供交易的碳资产，已从最初的"碳排放量/碳排放额度"，逐步演化成"碳排放权"，碳资产已经成为一种事实上的新兴的交易商品。自2005年《京都议定书》正式生效以来，全球碳交易市场出现了爆发式的增长，2007年碳交易量从2006年的16亿吨跃升到27亿吨。碳交易成交额的增长更为迅速，2007年全球碳交易市场规模达到400亿欧元，比2006年的220亿欧元上升了81.8%。在我国，根据上海环境能源交易所披露的数据，截至2024年12月底，全国碳排放配额成交量为6.3亿吨，累计成交金额为430亿元人民币。

我国目前碳排放总量超过100亿吨/年，以2025年纳入碳交易市场比重30%～40%测算，未来中国碳排放配额交易市场规模将在30亿吨以上，与欧盟的总排放量水平相当。在碳排放交易额上，基于中国碳论坛及ICF国际咨询公司共同发布的《2020年中国碳价调查报告》的研究结果，2025年全国碳排放交易体系内全国碳排放权配额交易市场市值总规模将达到2840亿元（碳价预计71元/吨）。2023年11月6日，毕马威中国和碳中和行动联盟在中国国际进口博览会现场共同发布《2023年中国碳金融创新发展白皮书》，根据相关数据预测，中国碳金融相关市场规模未来将达到10万亿级别，市场覆盖主体、行业、产品种类等核心要素均将逐渐丰富。预计金融机构、投资者等更多主体将参与到碳市场的交易活动中，碳市场覆盖的行业范围也将有序地从目前的发电行业扩展到更多行业。可以看到，碳资产交易成为世界大宗商品交易的势头已经不可阻挡，而碳资产交易标的之标价货币绑定权以及由此衍生出来的货币职能将对促使国际货币格局多元化产生重要的影响。

（二）基于碳排放行为、碳排放权利

1. 碳排放行为是一种自然行为

碳排放，即温室气体的排放，尤其是二氧化碳的排放是人类活动乃至自然活动的必然现象。

大气中二氧化碳的浓度非常低，约占 0.04%。大气中的主要成分是氮（78.08%）、氧（20.95%）、氩（0.93%）以及二氧化碳（0.04%），当然还包括其他微量元素，如氖、氦、氪、氙等。

自工业革命以来，由于人类活动排放了大量的二氧化碳等温室气体，大气中温室气体的浓度急剧升高，造成温室效应的日益增强。据中国科学院《全球温室效应》统计，工业化以前全球年均大气二氧化碳浓度为 278ppm（1ppm 为百万分之一），而 2012 年时全球年均大气二氧化碳浓度为 393.1ppm，到 2014 年 4 月，北半球大气中月均二氧化碳浓度首次超过 400ppm。二氧化碳的大量释放导致了全球气温的上升，科学家们通过长期的观测和研究发现，地球上的温室效应是气候变化的主要原因。二氧化碳作为最主要的温室气体之一，能够阻碍来自太阳的热量向外层空间的散发，形成类似温室的效应，从而使地球表面的气温上升。2025 年 3 月 12 日，夏威夷毛纳罗亚天文台记录到一个令人震惊的数据，即全球日均大气二氧化碳浓度首次突破 430ppm。[1] 根据欧盟气候监测机构哥白尼气候变化服务局和美国非营利组织"伯克利地球"的数

---

[1] 参见李想：《警戒！持续升高的地球大气二氧化碳浓度加速气候极端状态来临？》，载百家号"中国绿发会"2025 年 4 月 2 日，https://baijiahao.baidu.com/s?id=1828277476990525366&wfr=spider&for=pc。

据，2025年4月是有记录以来第二热的4月，仅次于2024年4月。根据"伯克利地球"的数据，2025年有18%的可能性成为有记录以来最热的一年，有53%的可能性成为有记录以来第二热的一年。2025年全球平均气温超过工业化前1.5℃的可能性为52%。[1]

目前主流环境保护观点认为，温室气体的排放是全球变暖的主要原因，而全球变暖又进一步导致了全球性的气候变化，并且这种气候变化是不利于人类发展的，具体体现为极端天气和灾难性气候的多发。因此在此价值标准下，自然的碳排放行为就不可避免地被区分成人类价值认知上的合理行为与不合理行为。合理的碳排放行为，是指那些遵守碳排放总量控制，并以科学标准履行碳减排措施，以降低碳排放总量为目标的碳排放行为。不合理的碳排放行为，则是指那些不遵守碳排放总量控制，不履行碳减排措施，对降低碳排放量没有要求甚至任由碳排放量不断增加的碳排放行为。从国际条约和环保立法来看，合理的碳排放行为无疑将会受到法律的保护和支持，并得以享有对应的法律权利；不合理的碳排放行为则会受到法律的限制和禁止，并且需要承担相应的法律责任。

2．碳排放权不是受保护的权力

《马拉喀什协议》指出："重申发展中国家缔约方能在多大程度上有效履行其承诺将取决于发达国家缔约方有效履行关于资金和技术转让的承诺并且要充分考虑到经济和社会发展及消除贫困是发展中国家缔约方的首要和压倒一切的优先事项。"[2]（注：附件一缔约方绝大多数是发达国家）。《马拉喀什协议》之所以特别明确指出这一点，是因为认识到《京都议定书》引入市场机制所带来的法律上的严重问

---

[1] 参见王方：《全球可能连续两年升温超1.5℃》，载《中国科学报》2025年5月19日，第2版。
[2] 此文件的中文译文内容源于中国清洁发展机制基金网（https://www.cdmfund.org/10819.html）。

题。《联合国气候变化框架公约》的本义在于确定"谁先污染，谁先承担治理的义务"，发达国家在工业化的历史过程中，向大气环境排放了大量温室气体，那么发达国家缔约方应当率先应对气候变化及其不利影响。如果《京都议定书》明确其"市场的三种机制"创造或赋予了发达国家在"排放量"（配额）上具有某种权利，事实上就可能使其完成了碳排放资产/财产的原始取得（创制）。由于全球生产分工中，发展中国家总体处于产业链的底端，发达国家通过碳排放资产/财产的交易获得的收入，最终会增加商品的成本，发展中国家变相地"被剥削"了。情况最终反过来变成了"谁先污染，谁先获利"。站在《马拉喀什协议》的立场，尤其是站在为督促发达国家履行在先工业化的污染治理义务并保证发展中国家工业化权利的角度来看，把发达国家在先的不合理的碳排放行为确认为一种排放权利确实不够公平。但从法律适用来看，对合理的碳排放行为形成的碳排放权利应予保护，否则对《马拉喀什协议》意欲保护的发展中国家发展权益也无法落到实处。

因此，基于《马拉喀什协议》的观点，碳排放不应成为一种不受限的获益权利，碳排放行为目前在法律上仍是一种限制性行为。而所谓具备财产性权益的碳排放权，并不是指一种受法律保护的碳排放权利，而是指一种受法律限制的碳排放权利，并基于这种权利而形成可供公开转让、交易的具体的碳资产形式。

3. 我国市场现有的碳资产种类相关规定

碳排放权、碳排放配额、国家核证自愿减排量已经成为我国现行主要的、狭义的碳资产种类。对涉及的主要法律法规说明如下。

（1）《碳排放权交易管理暂行条例》

第14条规定："重点排放单位应当根据省级人民政府生态环境主管部门对年度排放报告的核查结果，按照国务院生态环境主管部门规定的时限，足额清缴其碳排放配额。重点排放单位可以通过全国碳排放权交易市场购买或者出售碳排放配额，其购买的碳排放配额可以用于清缴。重点排放单位可以按照国家有关规定，购买经核证的温室气体减排量用于清缴其碳排放配额。"

第15条规定："碳排放权交易可以采取协议转让、单向竞价或者符合国家有关规定的其他现货交易方式。禁止任何单位和个人通过欺诈、恶意串通、散布虚假信息等方式操纵全国碳排放权交易市场或者扰乱全国碳排放权交易市场秩序。"

第30条规定："本条例下列用语的含义：（一）温室气体，是指大气中吸收和重新放出红外辐射的自然和人为的气态成分，包括二氧化碳、甲烷、氧化亚氮、氢氟碳化物、全氟化碳、六氟化硫和三氟化氮。（二）碳排放配额，是指分配给重点排放单位规定时期内的二氧化碳等温室气体的排放额度。1个单位碳排放配额相当于向大气排放1吨的二氧化碳当量。（三）清缴，是指重点排放单位在规定的时限内，向生态环境主管部门缴纳等同于其经核查确认的上一年度温室气体实际排放量的碳排放配额的行为。"

（2）《碳排放权交易管理办法（试行）》

第42条规定："本办法中下列用语的含义：（一）温室气体：是指大气中吸收和重新放出红外辐射的自然和人为的气态成分，包括二氧化碳（CO_2）、甲烷（CH_4）、氧化亚氮（N_2O）、氢氟碳化物（HFCs）、全氟化碳（PFCs）、六氟化硫（SF_6）和三氟化氮（NF_3）。（二）碳排放：是指煤炭、石油、天然气等化石能源燃烧活动和工业生产过程以及土地利用变化与林业等活动产生的温室气体排放，也包括因使用外购的电力和热力等所导致的温室气体排放。（三）碳排放权：是指分配给重点排放单位的规定时期内的碳排放额度。（四）国家核证自愿减排量：

是指对我国境内可再生能源、林业碳汇、甲烷利用等项目的温室气体减排效果进行量化核证，并在国家温室气体自愿减排交易注册登记系统中登记的温室气体减排量。"

（3）《碳金融产品》（JR/T 0244—2022）

第3.1条规定："碳排放权 carbon emission permit 分配给重点排放单位的规定时期内的碳排放额度。注：包括碳排放权配额和国家核证自愿减排量。"

第3.2条规定："碳排放权配额 carbon allowance 碳配额 carbon allowance 主管部门基于国家控制温室气体排放目标的要求，向被纳入温室气体减排管控范围的重点排放单位分配的规定时期内的碳排放额度。注：1单位碳配额相当于1吨二氧化碳当量的碳排放额度。"

第3.3条规定："国家核证自愿减排量 Chinese certified emission reduction 对我国境内可再生能源、林业碳汇、甲烷利用等项目的温室气体减排效果进行量化核证，并在国家温室气体自愿减排交易注册登记系统中登记的温室气体减排量。"

第3.4条规定："碳排放权交易 carbon emission trading 主管部门以碳排放权的形式分配给重点排放单位或温室气体减排项目开发单位，允许碳排放权在市场参与者之间进行交易，以社会成本效益最优的方式实现减排目标的市场化机制。"

第3.5条规定："碳资产 carbon asset 由碳排放权交易机制产生的新型资产。注：主要包括碳配额和碳信用。"

第3.8条规定："碳信用 offset credits 项目主体依据相关方法学，开发温室气体自愿减排项目，经过第三方的审定和核查，依据其实现的温室气体减排量化效果所获得签发的减排量。注：国内主要的碳信用为'国家核证自愿减排量'（CCER），国际上主要的碳信用为《京都议定书》清洁发展机制（CDM）下的核证减排量（CER）。"

（4）《环境权益融资工具》（JR/T 0228—2021）

此为中国人民银行发布的金融行业标准文件，其中规定，碳排放权作为一种环境权益，我国现行规范承认并且保护合理的碳排放行为以及在此基础上形成的碳排放权利。

综合以上规定可知，目前在我国，碳排放权指分配给重点排放单位的规定时期内的碳排放额度，即碳排放权配额或者碳配额是我国当前市场碳资产的两种主要类型之一。

而国家核证自愿减排量，是针对碳资产的两种主要类型之一的碳信用，在碳配额交易体系外所构建的一种基于温室气体自愿减排项目开发机制而签发的，用以证明实现温室气体减排效果的减排量。

需要注意的是，各碳资产指称之间存在内涵与外延的不同，如国家核证自愿减排量不等同于碳信用，它是碳信用资产的一种。

相较于《碳排放权交易管理办法（试行）》将碳排放权完全等同于分配给重点排放单位的规定时期内的碳排放额度，《碳金融产品》对碳资产的定义相对更加市场化。

（三）基于国内的相关碳排放权交易机制

1. 发放碳配额国内市场交易机制

《碳排放权交易管理办法（试行）》第14条规定："生态环境部根据国家温室气体排放控制要求，综合考虑经济增长、产业结构调整、能源结构优化、大气污染物排放协同控制等因素，制定碳排放配额总量确定与分配方案。省级生态环境主管部门应当根据生态环境部制定的碳排放配额总量确定与分配方案，向本行政区域内的重点排放单位分配规定年度的碳排放配额。"

由上述规定可知，先由生态环境部门将符合条件的温室气体重点排放单位列入名录，然后通知重点排放单位在全国碳排放权注册登记系统开立账户，再由生态环境部门将碳排放额度分配给重点排放单位。重点排放单位应根据生态环境部门制定的温室气体排放核算与报告技术规范，编制该单位上一年度的温室气体排放报告，载明排放量并提交至所在地省级生态环境主管部门，并接受省级生态环境主管部门开展的温室气体排放报告核查。重点排放单位应在生态环境部规定的时限内，向分配配额的省级生态环境主管部门清缴上年度的碳排放配额。清缴量应当大于等于省级生态环境主管部门核查结果确认的该单位上年度温室气体实际排放量。

从实际操作来看，2023年7月14日，生态环境部印发了《关于全国碳排放权交易市场2021、2022年度碳排放配额清缴相关工作的通知》，全国碳市场第二个履约期正式开始。相较于第一个履约期，第二个履约期发生了很多变化，主要是开始执行差异化的配额分配：

（1）对全部排放设施关停或淘汰后仍存续的重点排放单位和涉法/涉诉/涉债/涉司法冻结等存在履约风险的重点排放单位，不予发放预分配配额，在核定阶段统一发放。在核定阶段，其配额发放至省级生态环境主管部门账户，并由省级生态环境主管部门将履约通知书发放至重点排放单位。在清缴阶段，省级生态环境主管部门委托全国碳排放权注册登记机构对重点排放单位配额进行强制履约（优先使用当年度配额，配额剩余部分优先用于另一年度的强制履约），完成履约后剩余部分配额发放至重点排放单位账户，未足额完成履约的应及时督促重点排放单位补足差额、完成履约。

据此，对上述两类重点排放单位，分配的碳排放额度不再直接发放，而是由省级生态环境主管部门代管，全部履约后仍有碳配额剩余的再发至其单位账户。

（2）对关停淘汰不再存续的重点排放单位以营业执照注销为准不再发放碳排放配额，也不参与全国碳市场履约。

据此，关停淘汰且注销的重点排放单位，未完成的履约可以不再履行，但不能再产生新的温室气体排放，如有剩余配额，尚不明确是否可以用于交易。

（3）国家核证自愿减排量抵销配额清缴使用规定，抵销比例不超过对应年度应清缴配额量的5%。对第一个履约周期出于履约目的已注销但实际未用于抵销清缴的国家核证自愿减排量，由重点排放单位申请，可用于抵销2021年度、2022年度配额清缴。

据此，第一个履约周期购买的未用于履约的国家核证自愿减排量仍可继续使用。

（4）2023年度配额预支，各省级生态环境主管部门应组织满足《关于全国碳排放权交易市场2021、2022年度碳排放配额清缴相关工作的通知》要求的重点排放单位，申报预支2023年度配额，研究确定预支2023年度配额的企业名单，审核确定其预支配额量，并在重点排放单位核定配额实际发放汇总表中填报。重点排放单位申报材料需上传至全国碳市场管理平台，并于2023年8月4日前通过正式文件报送全国碳排放权注册登记机构，同时抄送生态环境部应对气候变化司。对承担重大民生保障任务且无法完成履约的重点排放单位，各省级生态环境主管部门应组织相关单位提出申请，结合实际情况研究制定相应的纾困方案，并于2023年8月4日前通过正式文件报送生态环境部应对气候变化司，抄送全国碳排放权注册登记机构，生态环境部将统筹考虑纾困措施。

据此，针对承担地区供暖、工业园区供热等任务的重点排放单位和配额缺口达到10%以上的经济困难重点排放单位，生态环境部门可采取预支配额等方式纾困。

2024年10月15日，生态环境部下发《关于做好2023、2024年度发电行业全国碳排放权交易配额分配及清缴相关工作的通知》，在上一个通知的基础上，着重强调做好碳配额的分配、核定与清缴工作，我国碳配额履约清缴实际执行工作规范有序运行。

总体来看，我国目前开展的碳配额运行机制具有明显的行政许可特征与强制性特征，即在碳排放总量的认定、实际碳排放量的核查以及碳排放额度的清缴层面，均由生态环境主管部门施以明确的行政管理措施。对没有按时足量清缴配额的重点排放单位将给予罚款和下一年度核减等量欠缴部分配额的处罚。大气污染防治已由《环境保护法》和《大气污染防治法》明确规范，考虑到不合理的碳排放行为本身就是一种大气污染行为，不能完成清缴义务的重点排放单位还可能面临严厉的行政处罚乃至刑事处罚。

2. 国家核证自愿减排量交易机制

《温室气体自愿减排交易管理办法（试行）》第5条规定："生态环境部按照国家有关规定建设全国温室气体自愿减排交易市场，负责制定全国温室气体自愿减排交易及相关活动的管理要求和技术规范，并对全国温室气体自愿减排交易及相关活动进行监督管理和指导。省级生态环境主管部门负责对本行政区域内温室气体自愿减排交易及相关活动进行监督管理。设区的市级生态环境主管部门配合省级生态环境主管部门对本行政区域内温室气体自愿减排交易及相关活动实施监督管理。市场监管部门、生态环境主管部门根据职责分工，对从事温室气体自愿减排项目审定与减排量核查的机构（以下简称审定与核查机构）及其审定与核查活动进行监督管理。"

上述规定明确了自愿减排交易工作和市场管理从国家发展和改革委

员会名下转归于生态环境部门主管，这样就完成了碳配额与核证自愿减排量两项碳资产的行政统一管理。建立起了统一的全国温室气体自愿减排注册登记机构和全国温室气体自愿减排交易机构，以及全国温室气体自愿减排注册登记系统和全国温室气体自愿减排交易系统，我国温室气体自愿减排交易体系建设基本完成。

同时，对于温室气体自愿减排交易使用了更加市场化的项目管理机制：首先，在交易机构登记的温室气体自愿减排项目应当自温室气体自愿减排交易机制实施（2012年6月13日）之后开工建设。温室气体自愿减排项目应当来自可再生能源、林业碳汇、甲烷减排、节能增效等有利于减碳增汇的领域，能够避免、减少温室气体排放，或者实现温室气体的清除。其次，所登记的温室气体自愿减排项目需要经过项目审定与核查，审定与核查机构应当依法设立，符合《认证认可条例》《认证机构管理办法》关于认证机构的规定要求，能够公正、独立和有效地从事审定与核查活动。审定与核查机构出具核查报告后，项目业主可以向全国温室气体自愿减排注册登记机构申请减排量登记。值得注意的是，申请登记的项目减排量应当产生于我国提出碳达峰碳中和目标（2020年9月22日）之后，并且在项目申请登记之日前5年以内。经全国温室气体自愿减排注册登记系统登记的项目减排量称为"核证自愿减排量"，单位以"吨二氧化碳当量"计。

《碳排放权交易管理办法（试行）》第29条第1款规定，"重点排放单位每年可以使用国家核证自愿减排量抵销碳排放配额的清缴，抵销比例不得超过应清缴碳排放配额的5%"。

限制国家核证自愿减排量的抵销比例是基于以下原因：其一，碳交易市场的机制核心是配额免费分配制下的总量控制，通过排放总量的不断减少，来推动碳交易市场的有序运行。其二，在我国的试点地区交易中，曾经也有过类似的案例，抵销比例如果设置得过高会影响碳交易市场的运行，且在上一周期国家核证自愿减排量交易开展的过程中，出现了一些审定与核查机构不分家或串通造假的情况，加之方法学上的不完善，直接导致了国家核证自愿减排量交易的全面暂停。在欧盟碳交易市场的发展历程中，也有过因为抵销比例过高而让市场价格低迷的历史，而且欧盟在碳交易市场交易第四阶段（2021年至2030年）中，更是取消了减排量抵销机制。因此，虽然国家核证自愿减排量相较于分配碳配额机制具有更加市场化的特征，但未来对其的定位仍应是分配碳配额市场的补充存在，这是因为相较于碳抵销或碳清除，有效降低整体碳排放总量仍是目前我国碳交易市场的工作重心，在排放端不能得到有效控制的前提下，仅依靠自愿减排机制不能保障我国整体碳达峰碳中和目标的顺利实现。

（四）基于会计和碳金融工具的定义

1. 碳排放权交易的会计处理规定

2016年财政部公开向社会发布了《碳排放权交易试点有关会计处理暂行规定（征求意见稿）》，2019年12月财政部正式公布了《碳排放权交易有关会计处理暂行规定》。从《碳排放权交易试点有关会计处理暂行规定（征求意见稿）》到正式出台的《碳排放权交易有关会计处理暂行规定》可以看出，财政部对"碳排放权"的理解也发生了较大的变化。

《碳排放权交易试点有关会计处理暂行规定（征求意见稿）》主要涉及"碳排放权"如何确认资产（免费从主管部门取得的碳排放权配额是否确认以及如何确认）、负债、如何按照公允价值计量以及具体的列示方法和信息披露等问题。

与该征求意见稿相比,《碳排放权交易有关会计处理暂行规定》的调整如下:(1)在"资产"会计科目设置上,从设置"1105 碳排放权"改为设置"1489 碳排放权资产"。(2)在资产负债表的项目上,从"在存货项目和一年内到期的非流动资产项目之间单独设置碳排放权项目"改为"在其他流动资产项目中列示碳排放配额的期末账面价值"。(3)从单独设置"碳排放权"相关负债科目、项目改为不单独设置。

以上变化表明财政部在"碳排放权"会计处理上更加侧重务实和搁置争议的处理方式。会计科目从"1105 碳排放权"改为设置"1489 碳排放权资产",名称上的改变是对"碳排放权"法律属性的模糊化处理。"1105 碳排放权"的名称,表明《碳排放权交易试点有关会计处理暂行规定(征求意见稿)》事实上倾向于认为"碳排放权"属于一种特殊的金融性质的权利资产(类似衍生金融工具);而"1489 碳排放权资产"则表明《碳排放权交易有关会计处理暂行规定》以务实的态度,承认"碳排放权"所形成的资产价值。

在整体思路上,《碳排放权交易试点有关会计处理暂行规定(征求意见稿)》是在资产负债表中单独新增列示"碳排放权"的资产项目("碳排放权")和负债项目("应付碳排放权")以计量其账面价值。《碳排放权交易有关会计处理暂行规定》则没有单独新增列示,仅借助已有会计项目予以列示,即"1489 碳排放权资产"科目的借方余额在资产负债表中的"其他流动资产"项目列示;碳排放配额的期末账面价值在资产负债表"其他流动资产"项目列示,碳排放配额交易的相关金额在利润表"营业外收入"项目和"营业外支出"项目列示。

总体而言,《碳排放权交易有关会计处理暂行规定》体现出对碳排放权理解上的一种实用主义观点,以"碳排放权资产"代替了《碳排放权交易试点有关会计处理暂行规定(征求意见稿)》中"碳排放权"会计科目；将"碳排放权资产"作为一种流动资产对待，这就意味着其区别于非流动资产中的"债权投资、长期股权投资、使用权资产"等资产项目类别。在我国通行的资产负债表中，以一种权利名称来明确命名资产项目的，主要就是上述这几种。

《碳排放权交易试点有关会计处理暂行规定（征求意见稿）》新设"碳排放权"项目与上述几种资产项目并列在资产负债表中，但《碳排放权交易有关会计处理暂行规定》的正式发文中却否定了这种单独设置资产项目的做法，代之以在其他流动资产项目中列示。这至少说明财政部认为对"碳排放权"的理解还存在争议，其目前还不能像"债权、股权、使用权"一样获得比较清晰一致的法律定性。

应该说，《碳排放权交易有关会计处理暂行规定》在现有的理论与实践的条件下，对规范和指导下一步的"碳排放"经济活动做了务实而积极的探索。但仍然存在很多不足，主要体现为：

（1）核算内容不完善。在《碳排放权交易有关会计处理暂行规定》的相关规定中，并未要求对企业获得政府无偿分配的碳排放配额进行账务处理，取得时不登记获得成本，持有期间也不做任何核算与计量的工作，然而，无偿取得的碳排放配额也属于企业需要管理分配的内容之一，如果不从完整层面核算相关内容，是否违反了"实质重于形式"的核算原则，则需要进一步深化和完善。

（2）无法准确披露会计信息的经济实质。《碳排放权交易有关会计处理暂行规定》中为了使会计的账务处理更加方便可行，对企业购入的碳排放配额采用历史成本进行披露列报，但是我国已成立全国碳排放权交易市场，相关碳排放权的售价将不再是稳定的价格，而是随着市场交易不断变动。这时候如果继续使用历史成本计量并核算，将无法准确衡量碳排放配额的当前市场价格，最终导致会计财报中的信息不准确，影响实际资产的计价和企业估值的确认。

2. 碳排放权交易的金融衍生工具

《碳金融产品》第 3.6 条规定："碳金融产品 carbon financial products 建立在碳排放权交易的基础上，服务于减少温室气体排放或者增加碳汇能力的商业活动，以碳配额和碳信用等碳排放权益为媒介或标的的资金融通活动载体。"

《碳金融产品》第 3.9 条规定："碳金融工具 carbon financial instruments 服务于碳资产管理的各种金融产品。注：包括碳市场融资工具、碳市场交易工具和碳市场支持工具。"第 3.9.1 条规定："碳市场融资工具 carbon financing instruments 以碳资产为标的进行各类资金融通的碳金融产品。注：主要包括碳债券、碳资产抵质押融资、碳资产回购、碳资产托管等。"第 3.9.2 条规定："碳市场交易工具 carbon trading instruments 碳金融衍生品 carbon financial derivatives 在碳排放权交易基础上，以碳配额和碳信用为标的的金融合约。注：主要包括碳远期、碳期货、碳期权、碳掉期、碳借贷等。"第 3.9.3 条规定："碳市场支持工具 carbon supporting instruments 为碳资产的开发管理和市场交易等活动提供量化服务、风险管理及产品开发的金融产品。注：主要包括碳指数、碳保险、碳基金等。"

从以上定义可以看出，碳金融工具未来将在现有的碳配额和国家核证自愿减排量两类狭义碳资产的基础上，极大扩充和丰富碳资产的种类，这些基于碳配额和国家核证自愿减排量交易而衍生的金融产品或金融工具（主要又分为权益类、衍生类工具以及债权/债务类工具），均是明确受到法律保护的有价凭证或契约，也应适用金融工具的会计处理准则。

三、"碳资产"法律性质的认定

（一）碳排放权的法律性质

从温室气体本身来说，目前在大气排放层面，不存在法律认定某主体对其所排放的温室气体拥有物的权益，即法律限制温室气体的排放。同样在大气排放层面，温室气体并不是一种财产，更不是一种公有财产，因此不是以所谓行政许可的方式，允许某特定主体使用"公有财产"这种准物权的情形。同样，目前在大气排放层面，碳排放权并不是通过对温室气体的利用来实现财产权益，即通过占用、使用某物而形成收益，而是以减少或消除温室气体的排放数量来实现，即减少或消除某物的产生而形成收益。

从《京都议定书》来看，碳排放权是一种发达国家向发展中国家承诺进行大气污染治理的"特殊债权"，即以约定形式，明确发达国家负有降低碳排放量的履约义务。以碳配额为具体资产体现的碳排放权并不是温室气体本身，而是基于减少温室气体排放机制所形成的一种新的无形的特殊的财产，它是一种控排企业用以合法开展碳排放行为的特殊的记账凭证，作用类似于原排污许可证，即行政许可排污单位排放一定数量污染物的凭证。但从性质上而言，后者是一种行为许可凭证，不存在购买排污数量指标的市场交易可行性。从财产性质和法律属性上看，它与股票等有价证券性质类似，但它的发行主体不是企业，而是国家或者国家授权的行政机关，其发行不是为了获得企业收益，而是为了合法排放。

因此，碳排放权不是一种法律意义上的物权财产（有形物），而是一种法定创设的无形财产（权利凭证）。但在目前的政策驱动背景下，碳排放权不是一个可供完全自由流通的资产，而是一个以行政许可为前提确认和管理的特殊权益类资产。至少在我国"30·60"碳达峰碳中和目标实现前，碳配额总体数量将由国家采取行政手段进行严格控制，但随着碳交易二级市场的逐步恢复和碳配额的市场流通性不断增强，其定价也将尊重市场规律并由市场调节，呈现一种前端行政管制、中端政企参与、后端市场调配的复合态势。

（二）林业碳汇的法律性质

与温室气体在大气排放中的物权认定不同，树木为一种受法律保护的有财产价值的物，在此基础上开发形成的国家核证自愿减排量，是否可以视为对树木这一物的利用所得？从国家核证自愿减排量的运行机制来看，最终形成的核证自愿减排量和碳排放权一样，并非直接对树木这一物占有和使用即可获得财产权益，而是需要经过自愿减排项目的开发并经过第三方机构审定与国家核证自愿减排市场核证程序后方能获得，它实际上仍是一种经过法律特设而形成的财产权益而非基于物本身的价值而实现的财产权益。

此外，植树造林并不一定就会带来碳中和的效果。一方面，只有严格符合方法学的植树造林项目才能申请进行国家核证自愿减排项目开发；另一方面，在哪里种树、种什么树、什么时候种树、种完树后如何进行管理，都会对林业碳汇产生重大影响。

因此，对树木这一物本身而言，其并非必然形成核证自愿减排量这种碳资产，而是需要受制于其开发方法、开发条件等约束。否则非但不能形成核证自愿减排量，还可能导致碳排放的增加，或者带来其他的环境保护问题，甚至导致生态环境被破坏。

与采矿权这一典型的用益物权比较来看，采矿权人并不需要将其开采的矿产转化成碳配额或者核证自愿减排量这种法定交易凭证，而是可以直接就开采后的矿产品进行交易，其开发过程，是对矿产这一物本身的价值进行开发。而林业碳汇的开发客体不是树木自身，而是树木潜在的清除温室气体的效果，其开发需要树木的所有权人、使用权人以及具备开发能力的第三方共同参与，且需要经过法定的审定和核证程序。从核证自愿减排量本身而言，其权益应遵循"谁开发、谁主导"的原则来确定所有者权益，但不排除在开发过程中，经契约形式约定其所有者的可能。因此，林权所有人、使用权人、开发人都不是核证自愿减排量的必然所有者，除依据登记作为该权益的认定标准外，还需要结合各方约定进行确认。

第二节 碳资产交易法律风险研究

一、碳资产交易法律体系建设

（一）我国碳资产交易法律体系建设发展历程

长期以来，我国碳交易立法多以部门规章、规范性文件乃至政策文件形式作出。

2011年10月29日，国家发展和改革委员会下发《关于开展碳排放权交易试点工作的通知》，批准在北京、天津、上海、重庆、湖北、广东和深圳七个省市开展碳排放权交易试点工作。

2013年6月18日，我国碳市场首单交易在深圳碳排放权交易试点的启动仪式上达成，深圳市能源集团有限公司向广东中石油国际事业有限公司和汉能控股集团有限公司各售出1万吨碳排放配额，自此拉开了我国碳排放权交易的序幕。[1]

2014年12月10日，国家发展和改革委员会发布《碳排放权交易管理暂行办法》[2]，明确了中国统一碳排放权交易市场的基本框架。

2019年3月29日，生态环境部发布《碳排放权交易管理暂行条例（征求意见稿）》，拟制定行政法规，形成碳排放权交易领域的上位法，作为全国碳排放权交易实施的法律依据，对碳排放权交易的核心问题作出规定。

2020年10月28日，生态环境部发布《全国碳排放权交易管理办法（试行）（征求意见稿）》和《全国碳排放权登记交易结算管理办法（试行）（征求意见稿）》，对碳排放权登记、交易和结算活动作出原则性规定。

2020年12月31日，生态环境部正式发布《碳排放权交易管理办法（试行）》，组织建立全国碳排放权注册登记机构和全国碳排放权交易机构，组织建设全国碳排放权注册登记系统和全国碳排放权交易系统，全国碳排放权交易机构负责组织开展全国碳排放权集中统一交易。

2024年5月1日，《碳排放权交易管理暂行条例》这一行政法规正式施行，标志着我国碳交易法律法规体系终于实现了上位法统筹。

（二）我国碳资产交易法律体系建设不断加强

2021年1月1日起，全国首个碳市场履约周期正式启动，我国正式

---

[1] 参见宋云峰等:《中国碳排放权交易立法发展及实务操作研究》，载《环境与可持续发展》2021年第3期。

[2] 此暂行办法已于2021年被《关于废止部分规章和行政规范性文件的决定》废止。

从国家规范层面将温室气体控制排放机制落实到企业。

2021年5月14日，生态环境部正式发布《碳排放权登记管理规则（试行）》、《碳排放权交易管理规则（试行）》和《碳排放权结算管理规则（试行）》，全国碳排放权登记、交易、结算活动进一步规范，全国碳排放权交易市场各参与方的合法权益得到有效保护。

2023年10月19日，《温室气体自愿减排交易管理办法（试行）》正式施行。2023年11月16日，《温室气体自愿减排注册登记规则（试行）》《温室气体自愿减排交易和结算规则（试行）》《温室气体自愿减排项目设计与实施指南》正式施行。

至此，我国碳排放权（碳配额）和国家核证自愿减排量（碳信用）两大主要碳资产交易体系的法律法规体系建设基本完成。

（三）我国碳资产交易法律体系仍需继续完备

尽管我国较早便开始了自下而上、自地方到中央的碳交易立法过程，但整体而言，现行碳交易规范的法律效力等级仍需加强。目前我国碳交易法律法规体系核心是"一规两章"，即一个行政法规（《碳排放权交易管理暂行条例》）和两个部门规章（《碳排放权交易管理办法（试行）》和《温室气体自愿减排交易管理办法（试行）》）。

从效力层级上看，尽管已经拥有了《碳排放权交易管理暂行条例》这一上位法，但该法规局限于碳排放权（碳配额）交易，作用和《碳排放权交易管理办法（试行）》这一部门规章相近似，主要目的在于先行解决碳交易法律法规体系没有上位法的弊端，尚不能全面涵盖碳资产交易整体需要。

而部门规章主要是出于行政管理的需要而制定，其适用范围受到制定部门的行政管理职能的约束，即制定部门不能在规章中设置跨部门规范，也不能和上位的行政法规和国家法律相冲突，否则就会面临规章的效力认定以及效力冲突问题。

从碳交易机制来看，其明显是一个社会综合性的、涉及各个行业的规范体系。其行政主管部门由国家发展和改革委员会变为生态环境部，符合生态环境保护行政管理的职能需要，但从企业参与和市场交易的层面来看，仅发挥生态环境部门的行政职能还不足以有效涵盖碳交易全部领域。

现行《碳排放权交易管理暂行条例》这一行政法规和《碳排放权交易管理办法（试行）》《温室气体自愿减排交易管理办法（试行）》这两个部门规章，从其名称中带有的"暂行"和"试行"字样可以看出，现行碳交易法律体系仍存在较大的不确定性。

（1）从立法作用看，考虑设置关于碳交易的国家法律，以便综合统筹整个碳规范体系建设并对碳资产及碳交易性质作出准确定性是十分必要的。国家可能进一步出台行政法规层面的其他碳交易法规或者从国家法律层面出台"碳排放权交易法"或其他碳交易法律。

（2）为促进全国统一碳市场的形成及健全，未来国家在立法上可能更多要考虑对整个碳交易规范体系以及各地交易场所规则进行系统整理，以建立全国统一的碳市场交易机制。

（3）从国家法律整体体系架构来看，未来出台碳交易法律需要做好和《环境保护法》《大气污染防治法》等其他关联法律的衔接问题，协同推进碳交易法律法规体系的不断完善。

（四）我国碳资产交易法律体系性质仍不稳定

随着碳交易法律体系不断完善，碳资产的法律定性问题可能会得到明确，但也可能发生一定甚至较大程度的调整，进而对现有交易机制产生重要的影响。

如奥地利政府曾考虑将 EUA 列为国有财产，前文已有说明，欧盟国家对 EUA 的资产性质也作出了不同定性。从权属上来看，碳资产的公共权益和私有权益之争，会直接影响碳资产交易机制未来的市场建设方向，但不排除未来具体碳资产将根据其种类和性质的不同，实行公有和私有并存的混合所有形式。

在公有制前提下，未来市场交易机制必定是以行政许可为前提开展的；在私有制前提下，未来市场交易机制则会拥有更大的自由度和灵活度，但仍将基于注册登记审核制而开展，以突出行政监管的重要作用。

二、碳资产交易重要司法意见及部分条款解读

（一）最高人民法院《关于充分发挥审判职能作用为推进生态文明建设与绿色发展提供司法服务和保障的意见》

为深入贯彻落实党的十八大和十八届三中、四中、五中全会精神，促进"十三五"规划纲要的全面实施，充分发挥法院审判职能作用，为加快推进生态文明建设与绿色发展提供公正、高效的司法服务和保障，最高人民法院于 2016 年发布了此文件，对相关环境案件的审判工作提出具体指导意见。下文对其中与碳资产交易密切相关的条款进行摘录及说明。

第 4 条规定："依法审理大气污染防治相关案件。依法惩处违反污染物排放标准排污造成大气严重污染的犯罪行为。妥善审理大气污染防治相关行政案件，督促、保障政府部门充分履行源头治理和全程治理职责，有效防治工业污染、机动车船污染、扬尘污染、农业污染及其他污染。妥善审理大气污染防治相关民商事案件，充分发挥市场机制调节作

用,保障大气环境服务业的健康发展,促进污染治理设施投资、建设、运行一体化经营。"

由此条规定可知,大气污染行为涉及民事、行政、刑事三种法律责任,且三种责任可能相互叠加。因此,需要审慎判断重点排放单位未能履行配额清缴的原因以及由此引发的不利后果。不能简单认为未能履行清缴的行为只需要承担管理办法中的罚款或配额减少责任,始终要以环保法律红线思维筑牢大气污染防治义务。

第12条规定:"依法审理涉林业资源案件。依法惩处盗伐、滥伐林木等犯罪行为,保障国家林业资源安全。妥善审理因林权登记颁证、林地开垦、林地用途改变等引发的行政案件,保障林权改革顺利进行。关注林地所有权、林地使用权、林木所有权、林木使用权经常发生分离的特点,区分因历史、政策、乡规民约或者其他原因导致的权利冲突,坚持尊重林权人意思自治和尊重行政机关认定的统一,妥善处理林权确权和林权流转中发生的各类纠纷。"

由此条规定可知,必须注意林权的确认和流转纠纷中的特殊性问题,在依据相关法律进行案件审理的同时,还需要充分考虑林地、林木所有权和使用权经常发生分离的特点,平衡好行政机关认定与林权人意思自治之间的分歧。

第14条规定:"依法审理碳排放相关案件。深入研究碳排放交易中的法律问题,妥善审理碳排放交易纠纷,推动建设全国统一的碳排放交易市场。依法审理涉及电力、钢铁、建材、化工等重点碳排放行业,以及涉及工业、能源、建筑、交通等碳排放重点领域的相关案件,妥当适用国家节能减排相关法律、行政法规、规章及环境标准,促进低碳发展。在审理相关案件时区分合规排放与超出排污标准、污染物总量控制指标和排污许可证要求排放等不同情形,依法确定责任主体及责任范围。"

由此条规定可知，碳排放权案件的审理，要与建设全国统一碳排放交易市场的政策安排有效衔接，在司法适用上，要合理区分排放责任，明确民事、行政和刑事责任的适用情形。虽然现行碳排放法律法规尚不完善，但在具体案件的审理上，可以妥当适用现有环境保护相关法律法规，不存在审判依据缺失的问题。

第 15 条规定："依法审理节约能源相关案件。加强对合同能源管理、合同节水管理等节能服务产业的司法保障，培育成熟、规范的合同能源管理市场，推进农业、工业、城镇节水改造，以及矿山企业技术和工艺改造等重点领域的能源节约。妥善审理节能、节水、节地、节材、节矿、污泥无害化处理和资源化利用等领域的专利、技术转让等知识产权纠纷，鼓励企业科技创新，促进清洁能源和能源节约新技术的开发利用。"

由此条规定可知，对较为成熟的节能环保市场，要通过司法保障予以市场保护，同时关注节能技术的知识产权保护问题。

第 16 条规定："依法审理绿色金融、生物多样性保护相关案件。深入研究绿色税收以及绿色信贷、绿色债券、绿色保险、绿色发展基金等涉及绿色金融发展的特殊法律问题，研究排污权、用能权、用水权等市场交易机制和规则，妥善审理相关案件，充分发挥金融手段及市场机制在实现绿色发展、减缓和适应气候变化中的重要作用。妥善审理涉及植物新品种、生物遗传资源和基因等知识产权纠纷，有效保护生物多样性。"

由此条规定可知，对新兴的绿色金融案件要加强司法研究，在了解市场交易机制和规则的前提下，通过司法审判保障和促进绿色金融发展，同时有效遏制"漂绿""洗绿"等非法融资行为，发挥绿色金融市场机制作用。

总体来看，最高人民法院《关于充分发挥审判职能作用为推进生态文明建设与绿色发展提供司法服务和保障的意见》的重点在于从行政和刑事层面关注环境保护相关案件的审理，强调利用司法和行政手段，严格执行已有的环境保护法律法规，通过统筹适用刑事、行政、民事责任，并开展公益诉讼制度，最大限度实现生态环境的恢复和修复。

（二）最高人民法院《关于新时代加强和创新环境资源审判工作 为建设人与自然和谐共生的现代化提供司法服务和保障的意见》

为深入贯彻落实党的十九大和十九届二中、三中、四中、五中全会精神，促进"十四五"规划纲要的全面实施，充分发挥法院审判职能作用，为构建新时代生态文明制度体系、建设人与自然和谐共生的现代化提供公正、高效的司法服务和保障，最高人民法院在2021年发布了此文件。下文对其中与碳资产交易密切相关的条款进行摘录及说明。

第4条规定："助力深入打好污染防治攻坚战。加大对环境污染违法犯罪的惩治力度严厉打击暗管偷排、跨域倾倒、走私废物以及排污监测数据造假、环境监管失职渎职等突出违法犯罪活动。依法审理涉大气、水、土壤、固体废物以及涉新污染物环境污染民事案件，切实维护人民群众的人身财产权益和环境权益。依法审理涉危险废物、医疗废物处置案件，着力化解涉重点地区危险化学品生产企业'关停转'引发的矛盾纠纷。依法审理涉环境影响评价相关案件，促进环评在防范环境风险中的功能和作用得到有效发挥。"

由此条规定可知，要继续加大对大气污染，尤其是检测数据造假、环境监管失职等违法行为的打击力度，要发挥环境影响评价的功能和作用。

第 13 条规定："提高自然资源产权司法保护水平。依法审理涉土地、草原、矿藏、森林、海域等自然资源权属案件，科学划定自然资源所有权、使用权行使边界，维护全民所有自然资源资产所有者权益。完善自然资源权属争议行政调处与司法审判的衔接，服务构建市场化、多元化的生态保护补偿机制。依法监督自然保护地内自然资源特许经营权审批，统筹协调生态环境保护与资源集约节约开发利用。关注自然资源交易平台化、金融化、信息化趋势，依法审理相关案件，服务构建统一自然资源交易市场。"

由此条规定可知，随着环境权益财产利益的逐步显现，相应的自然资源权属问题也随之出现。一方面，是自然保护和经济发展的衔接问题，要构建市场化、多元化的生态保护补偿机制。另一方面，是环境权益的市场化建设问题，要服务于统一自然资源交易市场的构建，本质上是发挥环境权益的市场功能和金融功能。

第 15 条规定："助力实现碳达峰、碳中和目标。准确把握碳排放权、碳汇、碳衍生品等涉碳权利的经济属性、公共属性和生态属性，依法妥当处理涉及确权、交易、担保以及执行的相关民事纠纷。支持和监督行政机关依法查处碳排放单位虚报、瞒报温室气体排放报告、拒绝履行温室气体排放报告义务等违法行为。依法审理国家规定的机关或者法律规定的组织提起的涉碳公益诉讼和生态环境损害赔偿案件，助力形成以风能、太阳能、水能、核能、气能、生物质能等可再生能源为主体的清洁低碳安全高效能源系统。加大对京津冀及周边地区、汾渭平原、长三角地区等重点区域涉能源结构调整案件的审理力度，严格落实减污降碳协同治理。依法审理各类涉受控消耗臭氧层物质违法生产、使用和环境污染案件，助力减少非二氧化碳温室气体排放，有效应对全球气候变化危机。"

此条规定提出了碳交易案件相关司法裁判原则,强调在"双碳"目标实现过程中对虚报、瞒报温室气体排放报告,拒绝履行温室气体排放报告义务等涉碳行政违法行为要加强司法监督和支持力度,并表明违法排放温室气体的行为将导致环境损害赔偿责任。

相较于《关于充分发挥审判职能作用为推进生态文明建设与绿色发展提供司法服务和保障的意见》,《关于新时代加强和创新环境资源审判工作 为建设人与自然和谐共生的现代化提供司法服务和保障的意见》已明确提出了针对"双碳"目标下的涉碳司法纠纷的处理意见。但对于具体的司法适用,在民事层面只提出了一些原则性的意见,主要强调的是司法关注和对行政机关的支持,尚无具体的审判指导意见。

(三)最高人民法院《关于完整准确全面贯彻新发展理念 为积极稳妥推进碳达峰碳中和提供司法服务的意见》

为实现碳达峰碳中和,贯彻落实党的二十大精神,完整准确全面贯彻新发展理念,推动绿色发展,促进人与自然和谐共生,进一步发挥人民法院审判职能作用,为积极稳妥推进碳达峰碳中和提供司法服务,最高人民法院在2023年发布此文件。下文对其中与碳资产交易密切相关的条款进行摘录及说明。

1. 明确《民法典》绿色原则和绿色条款的正确适用

第3条规定:"贯彻最严格制度最严密法治。准确把握刑事、民事、行政法律涉及生态环境保护的立法精神,让制度成为刚性约束和不可触碰的高压线。正确适用民法典绿色原则和绿色条款,强化以环境保护法为基础,以生态保护、污染防治、资源利用以及能源开发等法律为主干,以行政法规规章为补充的碳达峰碳中和法律制度供给和执行,加快形成系统完备的裁判规则体系,确保法律适用统一。"

此条中所谓《民法典》绿色原则，即指《民法典》第 9 条"民事主体从事民事活动，应当有利于节约资源、保护生态环境"的规定。《民法典》中的"绿色条款"主要包括以下方面：一是在物权编中所设置的相关条款，包括《民法典》第 286 条规定的"业主的相关义务及责任"，第 290 条规定的"用水、排水相邻关系"，第 293 条规定的"相邻通风、采光和日照"，第 294 条规定的"相邻不动产之间不可量物侵害"，第 326 条规定的"用益物权人权利的行使"，第 346 条规定的"建设用地使用权的设立原则"等；二是在合同编中所设置的节约资源、保护生态环境的要求，包括第 509 条规定的"合同履行的原则"，第 619 条规定的"标的物包装方式"，第 942 条规定的"物业服务人的一般义务"等；三是在侵权责任编中所设置的生态破坏以及环境污染责任条款，包括第 1229 条规定的"污染环境、破坏生态致损的侵权责任"，第 1230 条规定的"污染环境、破坏生态侵权举证责任"，第 1231 条规定的"两个以上侵权人的责任大小确定"，第 1232 条规定的"污染环境、破坏生态侵权的惩罚性赔偿"，第 1233 条规定的"因第三人的过错污染环境、破坏生态的侵权责任"，第 1234 条规定的"生态环境修复责任"，第 1235 条规定的"公益诉讼的赔偿范围"等。

可以看到，《民法典》绿色原则及绿色条款的设置，有效结合了现行环境保护法律规范的相关要求，重点对节约资源、保护生态环境的环保原则进行了民法层面的确认，对破坏生态环境的行为进行了民法层面的责任规范，但对于碳资产和碳交易相关内容则没有涉及，尤其是在合同层面，对碳交易合同及相关民事行为缺乏必要的规范。《关于完整准确全面贯彻新发展理念 为积极稳妥推进碳达峰碳中和提供司法服务的意见》体现的原则，是以环境保护法律法规为基础的，一方面，继续强调要对环境污染，当然也包括大气污染的行为进行严格治理；另一方面，强调以能源利用与资源开发等法律为主干，以行政法规规章为补充，实现碳达峰碳中和法律制度的供给和执行。关于能源利用，当前已制定了《节约能源法》和《可再生能源法》；资源开发方面，则主要以《土地管理法》、《煤炭法》和《矿产资源法》等为主。

从司法配套的角度，目前的重点工作是理顺两类法律承接：一是对环境保护法律法规以及《民法典》绿色原则和绿色条款的承接，从合同管理和侵权责任的角度完善碳交易法律法规的配套，但目前尚不明确是从物权层面对碳资产的权属作出民事认定，还是另设法律进行确定；二是对能源利用和资源开发法律法规的承接，从市场交易机制和资产价值的角度完善碳交易法律法规的配套，但尚不明确是否会参照公共资源开发利用原则对碳资产进行定性和管理。

2．特别针对目前环境保护、能源开发以及碳交易领域的司法适用

第5条规定："依法审理新业态新模式生产服务消费纠纷案件。把握好能源和生态环境市场被纳入全国统一要素和资源市场体系的重要契机，加大新类型生态资源权益司法保护力度，推进数字化赋能绿色低碳发展，强化对新类型环境权益交易模式、资源要素市场创新的规则指引，降低绿色项目开发和交易成本，形成节约集约、循环高效、普惠共享的生产服务新格局。妥善审理涉标的物包装方式争议的消费纠纷案件，对包装方式是否符合通用方式，是否足以保护标的物并且有利于碳减排、保护生态环境等因素作出合理判断，积极倡导电子商务平台绿色消费和可持续经营发展。"

第6条规定："依法审理温室气体排放侵权纠纷案件。审理温室气体排放生态环境侵权纠纷案件，依法认定企业排放行为与损害后果之间因果关系是否成立，明确侵权人承担停止侵害、排除妨碍、消除危险、生态环境修复、赔偿损失等民事责任。侵权人自愿购买核证自愿减排量

并在碳排放权交易市场核销或购买其他碳汇产品折抵赔偿碳汇损失、生态环境受到损害至修复完成期间服务功能丧失导致损失的，坚持生态修复优先，处理好固碳和增汇的关系。"

第 7 条规定："依法审理大气污染防治案件。依法监督、支持行政机关依照法定权限和程序，对无证排放、通过逃避监管方式排放、超标排放大气污染物，机动车、非道路移动机械生产企业对发动机、污染控制装置弄虚作假，以及违法焚烧废弃物等行为进行行政处罚，对造成污染的排放设施设备实施查封、扣押等行政强制措施。推动行政机关充分利用生态环境制度体系促进低碳发展，采取多污染物与温室气体协同控制措施，全面提升减污降碳综合效能。对违法使用受控消耗臭氧层物质[1]，走私木炭、硅砂等构成犯罪的，依法追究刑事责任。"

第 8 条规定："依法审理适应气候变化行政补偿案件。加大司法对行政机关采取措施积极适应气候变化的支持力度，推动行政争议实质性化解。审理企业退出重点生态功能区、生态环境敏感区和脆弱区、自然保护地等行政补偿纠纷案件，企业主张因行政机关变更或撤销行政许可而遭受实际损失的，依法对行政行为进行合法性审查，保障企业有序退出。审理收回国有土地使用权、规划变更、移民安置等行政补偿纠纷案件，依法保障行政相对人的合法权益，推动完善陆地生态系统保护和海洋生态系统保护，促进资源开发利用与生态环境保护相协调。"

第 9 条规定："依法审理企业环境信息披露纠纷案件。引导企业主动适应绿色低碳发展要求，强化环境责任意识，依法及时、真实、准确、完整披露环境信息。投资者以上市公司和发债企业等未按照企业环境信息披露管理要求，公布企业碳排放量、排放设施等碳排放信息，年

---

〔1〕 相关规定详见《中国受控消耗臭氧层物质清单》。

度融资形式、金额、投向等信息,以及融资所投项目的应对气候变化、生态环境保护等相关信息,致其遭受损失为由提起侵权损害赔偿诉讼、符合法律规定情形的,依法确定上市公司和发债企业等承担相应侵权责任,确保资金投向气候友好型绿色低碳项目,切实保护投资者合法权益,维护公平、公正的气候投融资市场秩序[1]。"

第10条规定:"依法审理产能置换纠纷案件[2]。审理钢铁、水泥等产能置换纠纷案件,依法确认合同效力,结合产业政策,能源消耗、碳排放强度和总量控制要求,认定合同履行和违约责任,推动产能指标从高耗能、高碳排放企业向低耗能、低碳排放企业转移。审理债务人在建项目被纳入国家相关领域产业规划或产能置换范围的破产重整、破产和解或者破产清算等纠纷案件,积极引导债务人与债权人协商,协调解决企业兼并问题,完善市场主体救治和退出机制,推动实现产业结构调整目标。"

第11条规定:"依法审理高耗能、高碳排放企业生态环境侵权纠纷案件。侵权人提出延长生态环境修复赔偿金交纳期限、分批赔偿申请,同时提供有效担保的,依法予以准许,引导企业有序开展节能降碳技术改造。侵权人按照生效裁判要求,在合理期限内履行生态环境修复义务,申请支付清洁生产改造费用折抵生态环境受到损害至修复完成期间服务功能丧失导致损失的,依法予以准许,加强绿色低碳技改抵扣赔偿损失方式的推广适用。"

第12条规定:"依法审理绿色金融纠纷案件。审理清洁能源、节能环保、绿色交通[3]、绿色建筑和碳减排技术等领域具有发展前景,但经

---

[1] 相关规定详见《企业环境信息依法披露管理办法》和《环境信息依法披露制度改革方案》。
[2] 产能置换,是指通过市场化手段,淘汰落后产能,实现产业升级,进而控制行业产能,分为等量产能置换和减量产能置换。
[3] 绿色交通,是指为了减轻交通拥挤、降低环境污染、促进社会公平、节省建设维护费用而发展出的低污染、有利于城市环境的多元化城市交通运输系统。

营、资金周转暂遇困难的企业所涉金融借款合同纠纷案件，要充分考虑中国人民银行发布的碳减排支持工具、绿色专项再贷款、碳减排项目质押贷款等政策性开发性金融工具，促进金融机构为企业绿色低碳转型提供长期稳定融资支持，降低融资成本。审理绿色股权投资、绿色保险、绿色股票指数、绿色基金等纠纷案件，投资者以相关责任主体违反绿色金融管理规定或擅自改变资金绿色用途、致其遭受损失为由主张损害赔偿责任的，依法予以支持，有效保护投资者合法权益，鼓励更多资本和机构参与气候投融资。"

第 13 条规定："依法审理煤炭资源利用和电源结构调整纠纷案件。审理涉煤炭资源整合案件，被兼并中小煤矿主张兼并煤炭企业与其新设目标公司共同承担矿业权转让债务清偿责任等的，要结合煤炭资源整合政策，合同签订主体、具体内容以及履行情况，依法保护中小煤矿合法权益，推动高碳排放企业低碳公正转型。审理煤炭中长期合同纠纷案件，坚守契约精神，依法推动完善煤炭生产企业与发电供热企业长协机制，并严格落实。审理电源结构调整纠纷案件，要促进有计划分步骤实施碳达峰行动，依法服务国家能源结构清洁高效转型，维护企业和员工的合法权益，防范社会风险。"

第 14 条规定："依法审理油气资源开发纠纷案件。审理油气资源矿业权转让合同纠纷案件，依法确认合同中履行报批义务等条款的效力。负有报批义务的一方当事人未按照合同约定或者法律、行政法规规定办理申请批准等手续，合同相对方请求其履行报批义务的，依法予以支持，推动油气企业尽快释放产能[1]。预约合同生效后，一方当事人不履

---

[1] 产能释放，是指通过提高生产要素的利用率和效率，实现企业或者经济体现有生产要素的充分利用，从而增加产出能力。是在现有生产能力的基础上，通过技术改进、管理提升以及资源优化等手段，发挥生产要素的最大潜力并提高产出能力的过程。

行预约合同约定的订立委托、合作勘探开发油气资源本约合同义务，对方请求其承担违约损害赔偿责任的，依法予以支持。依法惩处涉能源资源非法采矿、破坏性采矿等犯罪行为，保障国家能源供应安全。"

第 15 条规定："依法审理可再生能源发展纠纷案件。审理清洁能源建设项目环境影响评价案件，要按照能源项目建设用地分类指导政策[1]和国土空间规划要求，依法妥善处理好沙漠、戈壁、荒漠生态环境保护和大型风电、光伏发电基地等建设用地需求之间的关系，助力形成清洁低碳安全高效能源供应体系。依法推动行政机关主动公开涉及公众生态环境利益调整、需要公众广泛知晓或者公众参与决策的重大建设项目批准和实施情况、环境保护监督检查情况等政府信息。依法引导和推动电力企业重视促进碳减排和保护生态环境的社会责任，加大设备资金投入，提升电力系统对可再生能源电力的消纳能力。审理电网企业涉可再生能源发电并网、运行服务和涉分布式光伏发电并网运行纠纷案件，依法推动能源高效、清洁利用。"

第 16 条规定："依法审理合同能源管理节能服务合同纠纷案件。节能服务企业与用能单位以合同形式约定节能项目的节能目标，节能服务企业向用能单位提供节能服务，用能单位以节能效益支付节能服务企业投入及其合理利润，用能单位未依约支付节能效益分享款的，依法认定构成违约。节能服务企业作为出质人，以节能服务项目收益权作为质押财产出质并在法定登记机构办理登记，质权人主张就质押节能服务项目收益优先受偿的，依法予以支持。"

第 17 条规定："依法审理碳排放配额、核证自愿减排量交易纠纷案件。重点排放单位、其他符合国家有关交易规则规定的机构或个人等碳

---

[1] 如自然资源部办公厅、国家林业和草原局办公室、国家能源局综合司《关于支持光伏发电产业发展规范用地管理有关工作的通知》。

排放权交易主体主张通过协议转让、单向竞价[1]等方式订立的交易合同有效的，依法予以支持。审理碳排放配额、核证自愿减排量交易合同案件，依照法律法规，参照行政规章，结合碳市场业务规则、交易合同约定，全面、客观审核碳排放权注册登记系统、碳排放权交易系统以及核证自愿减排注册登记系统、核证自愿减排交易系统记载的分配、持有、交易、变更、注销等信息、数据，依法确定碳交易产品的归属。交易主体主张碳排放权、核证自愿减排注册登记机构、交易机构承担相关民事责任的，应当依照法律法规，参照行政规章关于注册登记机构与交易机构之间的职能划分和风险防范制度、结算风险准备金制度等规定，结合碳市场业务规则、交易合同约定等，依法予以认定，保障碳市场健康有序发展。"

第18条规定："依法审理碳排放配额、核证自愿减排量担保纠纷案件。担保合同当事人或者利害关系人以碳排放配额、核证自愿减排量不是可以设立担保的财产为由，主张担保合同无效的，从严认定合同无效情形，依法最大限度维护合同效力。当事人在碳排放权或者核证自愿减排注册登记系统等办理质押登记，债务人不履行到期债务或者发生当事人约定实现质权的情形，质权人主张就登记账户内的碳排放配额或者核证自愿减排量优先受偿的，依法予以支持，助力碳交易产品发挥融资功能，稳定市场预期。"

第19条规定："依法审理碳排放配额清缴行政处罚案件。温室气体重点排放单位实际排放量超过所持有的上一年度碳排放配额，未按时履行足额清缴义务，行政机关责令限期改正，重点排放单位逾期未改正、未补缴碳排放配额或未提交核证自愿减排量抵销，行政机关依法作出等

---

[1] 单向竞价，是指交易主体向交易机构提出卖出或买入申请，交易机构发布竞价公告，多个意向受让方或者出让方按照规定报价，在约定时间内通过交易系统成交。

量核减重点排放单位下一年度碳排放配额、罚款等行政处罚决定的，依法支持行政机关履行温室气体减排行政监管职责。"

第 20 条规定："依法办理涉碳排放配额、核证自愿减排量金钱债权执行案件。对被执行人的存款、现金、有价证券、机动车等可以执行的动产和其他方便执行的财产执行完毕后，债务仍未能得到清偿的，可依法查封、扣押、冻结被执行人的碳排放配额、核证自愿减排量。查封、扣押、冻结的财产不得超出被执行人应当履行义务部分的范围。应当向碳排放权、核证自愿减排注册登记机构、交易机构送达执行裁定书和协助执行通知书。"

第 21 条规定："依法审理涉温室气体排放报告纠纷案件。温室气体重点排放单位因拒绝履行温室气体排放报告义务，或者虚构、捏造、瞒报、漏报温室气体排放数据的，支持行政机关依法作出行政处罚决定。技术服务机构与温室气体重点排放单位恶意串通，虚构、捏造、瞒报、漏报温室气体排放数据，对他人造成损害，受害人主张侵权损害赔偿的，依法予以支持；构成犯罪的，依法追究刑事责任。"

由上述规定可知，《关于完整准确全面贯彻新发展理念 为积极稳妥推进碳达峰碳中和提供司法服务的意见》相较于之前立足于环境保护法律法规及以刑事、行政责任为主的司法意见，开始全面立足于"双碳"目标，并将原环境保护司法原则转化到降碳减排的新原则中。在案件具体审判层面，相较于此前较为模糊的规定，此意见在裁判适用上给出了很多具体意见，包括直接以推进完善碳交易市场机制为类目，重点作出了五种碳排放权交易纠纷案件的司法意见。同时在涉及环境保护、能源节约等领域，也大量采用低碳、减碳、降碳等涉碳概念予以具体阐述，把环保、节能与"双碳"概念有机地结合了起来，使得碳交易的司法适用在法院审判层面逐渐变得清晰和能审理、可执行，具体体现在以下五个方面。

第一，明确提出五类碳交易市场机制纠纷类案件：碳排放配额、核证自愿减排量交易纠纷案件；碳排放配额、核证自愿减排量担保纠纷案件；碳排放配额清缴行政处罚案件；涉碳排放配额、核证自愿减排量金钱债权执行案件；涉温室气体排放报告纠纷案件。其中，对碳交易合同、碳资产担保合同、碳交易产品归属以及碳资产执行的民事审判原则进行了规定；对未履行碳配额清缴和未按规定履行温室气体报告义务的行政处罚决定以及因此造成他人损害的侵权损害赔偿请求予以司法支持；对构成犯罪的行为，进行了刑事追责的司法强调。

第二，从合同和市场机制的角度，在以下案件中强调与碳资产及碳交易有关的内容：在新业态、新模式生产服务消费纠纷案件中，尤其是涉标的物包装方式争议的消费纠纷案件，对包装方式是否符合碳减排作出合理判断。在企业环境信息披露案件中，对未按规定披露环境信息（包括碳排放信息）的，支持投资者提起侵权损害赔偿诉讼。在绿色金融纠纷案件中，尤其是在碳减排技术领域有发展前景的企业所涉金融借款合同纠纷案件，要考虑中国人民银行发布的政策性、开发性金融工具，促进金融机构为企业绿色低碳转型提供长期稳定的融资支持。在绿色股权投资、绿色保险、绿色股票指数、绿色基金等纠纷案件中，投资者以相关责任主体违反绿色金融管理规定或擅自改变资金绿色用途致其损失为由主张损害赔偿责任的，规定法院应依法予以支持。在能源合同管理等节能服务合同纠纷案件中，要保障节能服务企业的合法利益，对用能单位不依约支付节能效益分享款的，应认定违约。对以节能项目收益进行出质并依法办理登记的，依法保障质权人的优先受偿权。

第三，从环境侵权责任的角度，在以下案件中强调与碳资产及碳交易有关的内容：在温室气体排放侵权纠纷案件中，强调侵权人可以通过购买国家核证自愿减排量或碳配额的方式折抵赔偿碳汇损失；在高耗能、高碳排放企业生态环境侵权纠纷案件中，强调侵权人可以提出延长生态环境修复赔偿金交纳期限或者分批进行赔偿，在提供有效担保的前提下，可以通过节能降碳技术改造的方式，申请将改造费用折抵生态环境损失，或者通过加强绿色低碳技术改造来抵扣赔偿损失。

第四，从行政管理的角度，对于大气污染防治案件，推动行政机关充分利用生态环境制度体系促进低碳发展，采取多污染物与温室气体协同控制措施，全面提升减污降碳综合效能。支持对污染大气的违法违规排放行为进行行政处罚，对排污设施进行查封、扣押等行政强制措施，对造成大气严重污染的犯罪行为依法追究刑事责任。对于为保护生态环境而导致企业退出重点生态功能区域的行政补偿案件或者收回国有土地使用权、规划变更、移民安置等行政补偿纠纷案件，要依法保护行政相对人的合法权益，实现有序退出。对于产能置换、资源整合和结构调整导致的纠纷案件，除合同外，还要结合产业政策认定合同的履行和违约责任，在转型过程中保护好企业和员工的合法权益，防范社会风险的发生，依法实现低碳公正转型。对于可再生能源发展纠纷案件，要依法做好政府信息公开，按照国家能源项目建设用地分类指导政策和国土空间规划要求进行建设。对于油气资源开发纠纷案件，要从尽快推动产能释放的角度，支持合同相对方请求负有报批义务的合同方履行报批义务并依法确认合同中履行报批义务等条款的效力。

第五，从维护公共利益和国家利益的角度，做好公益诉讼案件的审理工作并遵循职权法定的原则，积极构建有利于社会组织提起诉讼的程序和配套机制，积极探索省级政府提起生态环境损害赔偿诉讼案件的审理规则。同时，对于破坏生态环境的严重犯罪行为，依法追究刑事责任。

三、碳资产交易相关法律风险

（一）我国碳交易市场建设

碳排放权交易合同，在我国目前主要是指碳配额交易合同与国家核证自愿减排量交易合同。从交易方式上来看，主要分为场内交易合同与场外交易合同两种。所谓场内交易，是指在排放交易所内依据交易所交易规则而开展的碳排放权交易。截至2025年上半年，我国共有1个地方非试点碳交易市场、8个地方碳交易试点市场和1个全国碳交易市场，分别是：

（1）地方非试点碳交易市场：四川联合环境交易所。

（2）地方碳交易试点市场：深圳排放权交易所（现为深圳绿色交易所）、上海环境能源交易所、北京绿色交易所、广州碳排放权交易中心、天津排放权交易所、湖北碳排放权交易中心、重庆碳排放权交易中心、海峡股权交易中心－环境能源交易平台。

（3）全国碳交易市场：2021年7月16日，全国碳排放权交易市场正式开市。

（二）交易管理及配套细则

每个交易市场都各自在一个行政法规（《碳排放权交易管理暂行条例》）、两个部门规章（《碳排放权交易管理办法（试行）》《温室气体自愿减排交易管理办法（试行）》）和地方碳排放权交易法规或政府规章基础上制定交易规则及配套规范。基本规范体系大致以交易规则、交易规则配套细则、各具体产品（碳配额、国家核证自愿减排量、碳普惠制核证减排量）交易规则、会员管理细则（实行会员制管理的交易场所才有）为基本内容；以投资者适当性管理细则、信息披露管理细则、托管业务管理细则、结算细则为执行内容；以碳配额抵押/质押登记业务规则、碳远期业务规则、碳配额回购/借碳交易业务规则及相关碳金融产品交易规则为补充内容；以风险控制管理细则、交易异常情况/交易系统应急事件处理细则、违规违约处理细则、交易纠纷或客户投诉处理细则为风险控制内容。

以深圳为例，从交易产品来看，《深圳排放权交易所有限公司碳排放权现货交易规则（征求意见稿）》第9条规定："在本所挂牌交易的品种包括：（一）碳排放配额；（二）国家核证自愿减排量；（三）碳普惠核证减排量；（四）经主管部门批准的其他交易品种。"

从交易主体来看，依据《深圳排放权交易所有限公司碳排放权现货交易规则（征求意见稿）》第6～8条的规定，交易参与人是指在本所从事交易的会员或投资者。会员参与交易的，应当以实名方式开立碳排放权账户和交易账户。投资者参与交易的，应当以实名方式委托经纪会员代其开立碳排放权账户和交易账户。

从交易方式来看，《碳排放权交易管理办法（试行）》第22条第1款规定，碳排放权交易应当通过全国碳排放权交易系统进行，可以采取协议转让、单向竞价或者其他符合规定的方式。

（三）碳资产交易主体风险

场内交易存在主体资格审查，并从投资者角度匹配了相应的主体适当性审查机制；而场外交易则将面临主体信用的审查风险，其交易主体风险相比场内交易而言显然更大。

因碳资产交易虚拟化的特点，实现交易目的必须具备相应的交易条件。对于任何碳排放权现货买卖合同，交易是否具备基础条件，以及能否实现交易产品的权属流转，必须具备三个账户条件。具体而言，在碳排放权交易过程中，参与方无论买卖碳配额还是国家核证自愿减排量，都需要有以下三类账户：（1）注册登记账户；（2）交易账户；（3）资金结算账户。注册登记账户由市场主管部门（或其指定的专门机构）负责开立、管理，用于记录碳配额或国家核证自愿减排量的持有、转移、清缴履约和注销等情况。交易账户由交易所负责开立、管理，用于实现交易撮合、交易标的交付划转、资金清算指令发送、信息查询等功能。资金结算账户由指定结算机构或银行负责开立、管理，按照货银对付的原则，用于按照交易系统的交易指令对资金进行清算交收。这三类账户彼此连通，缺一不可。以北京碳交易试点为例，交易主体参与北京试点碳市场配额交易，须开立北京绿色交易所碳交易账户、北京市碳排放权注册登记簿账户和北京登记结算账户；交易主体参与国家核证自愿减排量交易，须开立北京绿色交易所碳交易账户、国家自愿减排交易注册登记系统账户和北京登记结算账户。

如果合同签订主体因对政策或交易规则不了解，在任一方或双方缺少以上三类账户中的任一类甚至全部账户的情形下签订交易合同，则该交易合同无法在交易所实现标的物交割或资金划转，交易合同可能无法实际履行。

如果其中一方出于欺诈等目的，有意隐瞒交易资质和账户开立等要求，恶意与对方订立交易合同，则在该交易合同目的无法实现之余，还将给合同相对方带来重大财产损失。2022年，生态环境部公开了中碳能投等审定机构出具的碳排放报告数据存在弄虚作假的典型负面案例，该案中，中碳能投主要涉及三大问题：一是篡改、伪造检测报告；二是授意指导企业制作虚假送检材料；三是碳排放报告编制不实，报告内容失真。其编制的碳排放报告存在虚报瞒报重要生产数据、参数选用和统计计算错误等问题。碳排放报告质量控制缺失，不审核重要原始数据的真实性和准确性。若碳交易主体出现类似上述伪造碳排放报告数据的情况，则可能在交易后获得非法利益。依据《民法典》的相关规定，该交易合同中涉及虚假意思表示，损害碳交易制度及公共利益，应当认定为无效。因此，建议交易主体在交易前应向生态环境主管部门委托的核查机构确认交易相对方是否具有碳排放交易权且其披露的碳数据的真实性。

（四）碳资产交易属性风险

碳配额具有地域性，所分配的配额仅可用于当地履约清缴；全国统一碳交易市场启动后，纳入其中的发电行业重点排放单位可跨行政区域交易全国配额。2013年至2025年上半年，北京、上海、天津、深圳、湖北、广东、重庆七个碳交易试点地区中，碳交易市场主管部门向各自行政区域内重点排放单位发放本地碳排放权配额。虽然1个配额代表1吨二氧化碳排放量，但是仅可在各自区域内指定交易所进行交易，并在各自行政区域内独立的碳排放权注册登记簿进行履约清缴。各试点配额的价格彼此独立、互不影响、各不相同。

碳配额交易合同签约主体如果不深入了解各试点配额互不流通的特点，只关注不同试点之间配额价格存在差异而意图低买高卖套利，则其合同目的必然无法实现。同时，还应注意，虽然全国统一碳交易市场启动后，全国配额可以跨区域流通，将在全国统一的交易所运用统一的交易规则、使用统一的交易系统、实现统一的产品价格，但是全国统一碳交易市场在第一阶段仅纳入了发电行业，七个碳排放权交易试点除发电行业外还包括钢铁、水泥、石化、服务业等行业并将继续运行。因此，今后一段时间内我国碳交易市场将并存全国碳配额和七试点碳配额，共计八种碳配额产品。如果碳配额交易合同签订主体不能清楚地认识到八种碳配额产品之间的区别，则很有可能产生投资判断失误，遭受经济损失。

在碳配额使用时间范围方面，目前各试点碳交易市场都尚未设置时间限制，即对重点排放单位历史履约年中未使用的配额不设作废时限，可以留存至后续履约年进行抵销清缴或出售；对投资机构持有的试点碳配额也未设作废时限。但是也有例外情况，例如，北京试点碳交易市场2020年出台政策，规定"2020年退出的重点碳排放单位持有的配额仍可在本市碳市场进行交易，有效期至2022年12月31日。有效期结束后，账户内配额自动失效"。类似这样的规定值得关注。随着全国碳排放权交易市场启动，尤其是原试点碳交易市场中的发电行业重点排放单位从试点进入全国碳排放权交易市场，其既有配额的使用时限大概率会受到影响。如果配额交易合同签订主体没有关注相关配额使用时限的政策规定，与持有即将到期配额的对方签订买卖合同甚至是远期、掉期、回购交易合同，则很可能遭受经济损失。

国家核证自愿减排量作为自愿减排市场上基于项目产生的减排量，其交易在试点阶段不受地域限制，根据2023年10月24日生态环境部下发的《关于全国温室气体自愿减排交易市场有关工作事项安排的通告》的相关规定，全国温室气体自愿减排注册登记机构成立前，由国家应对气候变化战略研究和国际合作中心承担温室气体自愿减排项目和减排量的登记、注销等工作，负责全国温室气体自愿减排注册登记系统的运行和管理。全国温室气体自愿减排交易机构成立前，由北京绿色交易所有限公司提供核证自愿减排量的集中统一交易与结算服务，负责全国温室气体自愿减排交易系统的运行和管理。全国统一碳交易市场启动后，根据"重点排放单位每年可以使用国家核证自愿减排量抵销碳排放配额的清缴，抵销比例不得超过应清缴碳排放配额的5%"的规定，国家核证自愿减排量未来仍将作为配额抵销产品，存在抵销碳配额用于清缴履约的效用，在碳交易市场上具有流转交易的价值基础。

虽然国家核证自愿减排量这一产品不受地域限制，可在全国统一的国家自愿减排交易注册登记系统内记录其持有、转移和注销等情况，但其最重要的使用途径是各试点重点排放单位抵销配额清缴履约。因此，不同试点在抵销比例、项目地域、项目类型和减排量产生时间等方面的具体规定的差异，直接影响市场的供需，进而导致国家核证自愿减排量在不同试点的价格有较大差异。如果国家核证自愿减排量交易合同签订主体没有关注并深入了解各试点地区有关国家核证自愿减排量抵销使用的不同规定与限制，盲目追求低价，则很有可能购入无法用于部分甚至所有试点履约抵销的国家核证自愿减排量，或无法实现履约抵销的目的，或导致很难转手出售遭受经济损失。此外，国家核证自愿减排量交易受政策变动影响较大，随着不同试点区域在本地区对抵销政策的调整，包括抵销比例、项目类型、项目计入期、可使用国家核证自愿减排量抵销碳配额的重点排放单位类别等，都可能随之引发试点市场中国家核证自愿减排量较大的价格波动或预期变化，从而引发交易决策或履约对策变动，甚至导致系列违约事件。

（五）碳资产交易违约风险

场内交易附有较为详细的风险控制措施，以《深圳绿色交易所有限公司排放权交易结算管理细则（2024年修订）》的具体规定为例，其第25条规定："交易参与人进行买入申报时，其交易账户中应有足额的可用资金，否则该申报无效；交易参与人进行卖出申报时，其交易账户中应有足额的可交易碳排放权交易产品，否则该申报无效。"第40条规定："在交收日集中交收前，交易参与人碳排放权账户内应付碳排放权交易产品数量少于其清算应付额的，构成交易参与人碳排放权交易产品交收违约。"第 41 条规定："发生交易参与人碳排放权交易产品交收违约的，本所可采取以下措施对违约交易参与人进行碳排放权交易产品交收违约处理：（一）暂不交付交易参与人相应的应收资金；（二）通知交易参与人追加碳排放权交易产品，在下一交易日开市前补足。追加数量应当等于或大于交易参与人碳排放权交易产品违约数量；（三）交易参与人在本所规定的期限内补足违约碳排放权交易产品的，本所将暂不交付的应收资金交付给该交易参与人；交易参与人未能在本所规定的期限内补足违约碳排放权交易产品的，按照《深圳排放权交易所违规违约处理规则（暂行）》的规定进行处理。"第 42 条规定："在交收日集中交收前，交易参与人交易结算资金管理账户内的可交收资金少于其交收日应付净额的，构成交易参与人资金交收违约。交易参与人的交收日应付净额，由本所根据交易参与人资金清算结果和交易参与人碳排放权交易产品交收完成情况确定。"第 43 条规定："发生交易参与人资金交收违约的，本所有权采取以下措施对违约交易参与人进行处理：（一）暂不交付交易参与人相应的应收碳排放权交易产品；（二）发出追加资金通知，要求发生资金交收违约的交易参与人在下一交易日开市前补足。（三）交易参与人在本所规定的期限内补足交收违约资金的，本所将暂不交付的相关碳排放权交易产品交付给该交易参与人；交易参与人未能在本所规定的期限内补足交收违约资金的，按照《深圳排放权交易所违规违约处理规则（暂行）》的规定进行处理。"第 44 条规定："交易参与人发生资金交收违约的，本所按照《深圳排放权交易所违规违约处理规则（暂行）》的规定对违约交易参与人计收违约交收资金的利息和违约金。"

场内交易在交易所整套交易规范以及三类账户管理的背景下，对于买受人而言几乎不存在交易产品落空的风险。碳排放权场内交易中，合同支付方式通常为一次性全款支付，具体操作是由买受人将合同价款及交易手续费提前转入与交易系统连接的资金结算账户，由交易所居中按照交易双方的合同约定，操作发送交易产品与资金清算同步交付划转指令，以此避免出卖人的交易产品交付与买受人实际付款至出卖人过程中的风险。

但随着碳交易的发展及交易主体需求的多元化，在全款支付方式之外，有的碳交易试点地区在实践中出现"保证金交易"，即买受人仅支付部分价款即可先行取得交易产品。在此类交易合同项下，出卖人可能发生支付方式风险，即由于买受人后续支付能力或支付意愿变化，在获得交易产品之后不按时付清合同价款，会给出卖人造成钱货两空及额外索赔维权的风险。

碳排放权交易合同签订双方可能由于在长期合作中形成了较为复杂的合同关系，或涉及多个交易、互为甲乙方，或涉及国家核证自愿减排量前期项目及减排量开发、约定开发完成后优先购买等，买受人出于对出卖人的信任或多重合作关系约束，愿意签订保证金交易协议转让合同，这也是保证金交易这一"风险敞口"的交易方式在合同双方意思自治条件下得以存在的原因。但是这一交易方式使得资金监管脱离交易所保障范围，出卖人财产损失风险现实存在，司法实践中已有相关合同纠纷案例。并且交易主体在现货买卖合同之外，还结合自身使用需求或市场价值判断，衍生出多种非现货买卖交易或者现货买卖与未来买卖相结合的交易。这样的交易安排，涉及未来交易产品买卖的非现货交易合同，对于买受人就存在多种原因可能影响交易标的不能及时落实从而交易落空的风险。

例如，回购交易属于利用碳资产融资的一种创新交易方式，具体是指出卖人以约定价格向买受人卖出碳配额或国家核证自愿减排量，并约定在未来某一日期，按照另一约定价格（通常略高于卖出价格）从买受人处购回碳配额或国家核证自愿减排量的交易行为。回购交易包括初始交易和购回交易：初始交易中，出卖人通过出售碳资产获得短期资金融通，买受人获得的碳资产可自行处置（放置或在市场出售并于回购日前再次购入）；回购交易中，买受人（原出卖人）回购碳资产用于履约，出卖人（原买受人）以高于原价格回收资金。

实践中，回购交易中初始交易的出卖人多为有短期融资需求、手中持有大量碳资产的重点排放单位，初始交易的买受人则是有碳资产投资需求、可提供专业碳资产管理服务的投资机构。通过这种交易方式，双方各自获得所需资金和碳资产，对于盘活碳资产、降低企业融资成本、提高市场流动性等具有很好的促进作用。通常，交易所会尽力在回购交易的风险控制方面提供管理和服务，例如，北京绿色交易所对碳排放配额回购融资交易，实行逐笔全额非担保结算，并要求合同双方就买受人或出卖人出现账户异常、财务和信用状况恶化等"异常情况"的处理作出约定。但是，由于回购交易涉及两个分开的买卖操作，其中的间隔时期确有可能出现合同一方或双方账户异常、财务状况恶化等情况。如果融资需求一方在回购交易时无法履行合同约定，则其自身面临损失配额或国家核证自愿减排量无法履约的风险，对方则面临资金损失；反之亦然。

例如，在秦某、中民常青公司买卖合同纠纷案[1]中，中民常青公司实际控制人向原告秦某承诺，只要其在四川联合环境交易所开立交易账户，并向该公司购入核证自愿减排量，在按约定持有到期后，该公司即按照约定履行回购义务。秦某于是在四川联合环境交易所注册账户，购

[1] 参见四川自由贸易试验区人民法院民事判决书，(2021)川0193民初768号。

入总计 2,492,505 元，产品代码为 000163 的"滇水电 02"国家核证自愿减排量碳资产产品，成交价格 15 元/吨，成交数量为 166,167 吨。当日双方签订《中国核证自愿减排量合作协议》，约定：由秦某委托中民常青公司对其所购买的国家核证自愿减排量产品进行管理及中和，中民常青公司承诺给予秦某年化收益率（溢价款总额为标的物金额的 50%），并按照标的物总金额的 4.17% 支付当月委托收益；委托期限 1 年，在 1 年内将秦某持有的标的物分期、分量转入"全面碳惠/碳中和公共平台"进行中和；如果无法完成，应在到期日回购标的物，返还秦某所支付的 2,492,505 元。此后，中民常青公司除向秦某支付 220,000 元的收益款外，一直未按约支付收益和对秦某持有的国家核证自愿减排量产品进行中和。秦某多次找其沟通，中民常青公司都置之不理，最后甚至人去楼空，协议已履行不能。秦某遂向法院提起诉讼，要求被告履行回购义务并支付委托期间的收益。法院认为，双方签订的《中国核证自愿减排量合作协议》约定的主要权利义务是秦某购买并代持中民常青公司的碳排放标的物，并按月向秦某发放收益，1 年委托期限内支付年化收益率 50% 的收益，并在委托期限届满前实现碳排放标的物中和。如不能履行该义务，则在期满后 3 日内返还 2,492,505 元，收回上述碳排放标的物。中民常青公司的主要义务是按约定支付收益，并在未实现碳排放标的物中和的情况下，按时回购标的物并支付价款。故中民常青公司应当按约定回购标的物，并返还标的物价款 2,492,505 元。关于合同约定的收益，总额为标的物的 50%，秦某已收到 220,000 元收益款项，故中民常青公司应当继续支付剩余未付收益（截止到委托期限届满之日）。该案的交易包括了购买碳排放标的物、委托持有、支付收益、回购等，虽然交易双方签订了关于核证自愿减排量的合作协议，约定了投资收益和出售者的回购义务以及后续管理和中和责任，但仍然避免不了违约风险。

随着碳交易市场的逐渐回暖,碳金融产品交易的违约风险也将逐步增加,如前述案例中出售方所承诺的购入者在持有1年期间的投资收益为标的物金额的50%,并承诺按照标的物总金额的4.17%支付每月委托收益,有关投资年化收益明显超高,不符合正常投资收益年化利率的范围。投资人面对高额投资回报的诱惑时应持谨慎态度,避免盲目投资落入投资无法收回的陷阱。对于此部分新类型的碳金融产品和衍生品交易,涉及对《民法典》相关民事权利的理解和适用,对于新类型交易和服务,要做好法律风险防范,尽量避免合同被认定无效,导致多方利益受损。

(六)碳资产交易合同风险

总结来看,碳资产交易合同目前主要存在以下五大类风险。

第一,合同主体风险。主要涉及合同主体是否具备交易的资质以及是否具有交易的能力和信用问题,尤其是受政策影响较大但市场自由度较高的国家核证自愿减排量交易以及市场风险因素较高的碳金融产品交易,其交易主体的风险因素将更加明显。

第二,合同交付风险。相比于场内现货交易,其他类型的碳资产交易类合同,尤其是碳金融产品交易合同,受制于碳资产开发能力、方法学以及开发物的变化,可能存在无法有效交付相应碳资产的风险,尤其是可能存在不受交易各方控制的客观因素,如法律、政策因素导致交易目的无法实现的风险。在用碳资产进行融资的过程中,碳资产作为非有形的、不固定的资产,其资产存在人为或意外损失的可能性,对其安全保障的风险防控要求较为严格。此外,由于碳资产交易市场尚不成熟,交易价格存在异常变动可能,远期交易存在较大的履行不确定性。

第三,合同技术风险。碳资产及其交易有着相对独立的核查标准,并有特定的交易规则予以管理，其合同约定所涉及的行业背景和技术标准性较强，要想制定符合交易实际的合同内容，必须对政策要求、市场交易机制、有关技术标准有一定的了解，否则可能导致合同出现无法履行的风险。

第四，合同管理风险。对于场内现货交易之外的碳资产交易类合同，由于缺乏明确的法律定性、民法认定以及合同标准，其合同管理难度相对较大。在合同履行过程中，可能面临大量合同调整、变更甚至解除的情况，有关合同的管理风险多发，一旦发生纠纷，争议解决的处理较为复杂，相关判决的司法适用难度和解决成本相较于其他行业成熟合同更高。作为新型资产，原节能环保领域产生的碳资产以及在现有资产上开发的碳资产归谁所有及其相关争议可能导致已签订的碳资产交易合同出现无效争议和权属争议。

第五，合同交叉风险。碳资产交易不仅是商业行为，交易过程中还涉及行政管理及其审定与核查机制，并且可能涉及大气污染防治等环境问题，因此，除民事层面的风险外，还存在相应的行政甚至刑事风险。

（七）碳资产交易侵权风险

1. 环境信息强制披露侵权责任风险

如前所述，在企业环境信息披露案件中，对未按规定披露环境信息的，支持投资者提起侵权损害赔偿诉讼。

生态环境部制定的《企业环境信息依法披露管理办法》第4条规定："企业是环境信息依法披露的责任主体。企业应当建立健全环境信息依法披露管理制度，规范工作规程，明确工作职责，建立准确的环境信息管理台账，妥善保存相关原始记录，科学统计归集相关环境信息。企业披露环境信息所使用的相关数据及表述应当符合环境监测、环境统计等方面的标准和技术规范要求，优先使用符合国家监测规范的污染物监测数据、排污许可证执行报告数据等。"第 5 条规定："企业应当依法、及时、真实、准确、完整地披露环境信息，披露的环境信息应当简明清晰、通俗易懂，不得有虚假记载、误导性陈述或者重大遗漏。"

对于负有披露责任的主体，《企业环境信息依法披露管理办法》第 7 条规定："下列企业应当按照本办法的规定披露环境信息：（一）重点排污单位；（二）实施强制性清洁生产审核的企业；（三）符合本办法第八条规定的上市公司及合并报表范围内的各级子公司（以下简称上市公司）；（四）符合本办法第八条规定的发行企业债券、公司债券、非金融企业债务融资工具的企业（以下简称发债企业）；（五）法律法规规定的其他应当披露环境信息的企业。"第 8 条规定："上一年度有下列情形之一的上市公司和发债企业，应当按照本办法的规定披露环境信息：（一）因生态环境违法行为被追究刑事责任的；（二）因生态环境违法行为被依法处以十万元以上罚款的；（三）因生态环境违法行为被依法实施按日连续处罚的；（四）因生态环境违法行为被依法实施限制生产、停产整治的；（五）因生态环境违法行为被依法吊销生态环境相关许可证件的；（六）因生态环境违法行为，其法定代表人、主要负责人、直接负责的主管人员或者其他直接责任人员被依法处以行政拘留的。"

可以看出，根据该管理办法的要求，当前企业披露环境信息主要是基于环境保护法层面的以生态环境保护为目的的披露机制，尚未涉及碳信息的披露要求。包括对上市公司以及发债企业的环境信息披露要求，是以其存在生态环境违法行为为前提的警示性、改正性披露措施，而非其主动的、积极的碳减排或碳中和措施。

生态环境部 2021 年下发的部门规范性文件《环境信息依法披露制度改革方案》第 3 条规定："及时披露重要环境信息。强化重要环境信息披露，企业发生生态环境相关行政许可事项变更、受到环境行政处罚或者因生态环境违法行为被追究刑事责任、突发生态环境事件、生态环境损害赔偿等对社会公众及投资者有重大影响或引发市场风险的环境行为时，应当及时向社会披露。（最高人民法院、生态环境部负责）。"第4条规定："完善环境信息强制性披露形式。环境信息强制性披露应采用易于理解、便于查询的方式及时自行开展，同时传送至环境信息强制性披露系统，做到信息集中、完备、可查。属于重点排污单位、实施强制性清洁生产审核的上市公司、发债企业，应当在年报等相关报告中依法依规披露企业环境信息。因生态环境违法行为被追究刑事责任或者受到重大行政处罚的上市公司、发债企业，应当在规定期限内持续披露企业环境信息。（生态环境部、国家发展改革委、中国人民银行、中国证监会负责）。"

2. 市场信息公开披露侵权责任风险

目前，中国人民银行、中国证监会对于上市公司及非上市公司尚未建立强制性的环境信息披露机制。根据《上市公司信息披露管理办法》的要求，信息披露义务人应当及时依法履行信息披露义务，披露的信息应当真实、准确、完整，简明清晰、通俗易懂，不得有虚假记载、误导性陈述或者重大遗漏。信息披露义务人披露的信息应当同时向所有投资者披露，不得提前向任何单位和个人泄露。但是，法律、行政法规另有规定的除外。

上市公司应当披露的定期报告包括年度报告、中期报告。凡是对投资者作出价值判断和投资决策有重大影响的信息，均应当披露。年度报告中的财务会计报告应当经符合《证券法》规定的会计师事务所审计。

2023年1月20日，深圳市证券交易所发布《深市上市公司环境信息披露白皮书》，梳理了我国可持续发展主要政策和深圳市上市公司环境信息披露制度。深圳市证券交易所初步建立上市公司"自愿披露＋特定事项强制披露"的环境信息披露模式，上市公司可以根据自身实际情况，在公司年度社会责任报告中披露或者单独披露如下信息：（1）公司环境保护方针、年度环境保护目标及成效；（2）公司年度资源消耗总量；（3）公司环保投资和环境技术开发情况；（4）公司排放的污染物种类、数量、浓度和去向；（5）公司环保设施的建设和运行情况；（6）公司在生产过程中产生的废物的处理、处置情况，废弃产品的回收、综合利用情况；（7）与生态环境部门签订的改善环境行为的自愿协议；（8）公司受到生态环境部门奖励或惩罚的情况；（9）公司自愿公开的其他环境信息。"深证100"样本公司应当披露社会责任报告，从事对环境影响较大行业或业务的上市公司，应当在社会责任报告中披露前述第（1）项至第（7）项所列的环境信息，并重点说明公司在环境保护投资和环境技术开发方面的工作情况。

应该说，《企业环境信息依法披露管理办法》构成对中国证监会《上市公司信息披露管理办法》的补充，但两者均为部门规章，在适用上互不涵盖，因此也导致在法律责任的承担上不尽相同。《企业环境信息依法披露管理办法》目前的罚则较轻，对企业的罚款数额最高不超过10万元，对违法违纪人员的处分也较轻。而中国证监会《上市公司信息披露管理办法》的罚则较为严格，最高可处违法所得10倍的罚款金额，对违法不足50万元的罚款金额最高可达500万元，对各种违法违纪行为及人员的处罚非常详细，并且明确违法违纪人员要承担民事赔偿责任。因此，最高人民法院在2023年发布的《关于完整准确全面贯彻新发展理念 为积极稳妥推进碳达峰碳中和提供司法服务的意见》中明确支持投资人对未按规定披露环境信息的责任人以侵权损害为由提起诉讼，也是肯定了司法适用从严处理的原则，更倾向于参照中国证监会《上市公司信息披露管理办法》的规定予以处理。

3. 违反绿色金融规定侵权责任风险

在绿色股权投资、绿色保险、绿色股票指数、绿色基金等金融纠纷案件中，投资者以相关责任主体违反绿色金融管理规定或违反约定绿色用途为由主张损害赔偿责任的，法院应依法予以支持。

一般在投资关系中，投资各方主要依据合同约定来明确违约责任。但与上述环境信息披露案件侵权责任原理相同，对于责任主体本身即已违反绿色金融管理规定的，可能出现侵权责任和违约责任的竞合。当然，具体实践中，侵害投资者权益的行为往往会引发需要综合考量的风险，应该依据合同约定判断，侵权责任追究可以视为在合同违约责任救济之外，法律赋予投资者的一种更加宽泛的司法救济手段，避免投资者因为信息不对称或在其他客观因素的影响下，在合同签订或合同履行过程中失去对自身合法权益的有效保障，这也是对那些打着"绿色名号"，通过"漂绿"包装开展非法集资行为的一种有效监管。

第二章

"双碳"典型案例合规研究

我国坚定推进碳达峰碳中和国家战略,"双碳"产业呈现蓬勃发展之势;随着我国碳排放权交易市场和国家核证自愿减排市场建设运行,各类碳资产交易活动也日趋活跃。但是碳资产交易作为一种新兴资产交易行为,其市场交易风险目前尚在前端累积,相关纠纷尚未充分爆发。如何有效管控碳资产交易过程中的法律风险,尤其是如何在调解、仲裁、诉讼等司法程序中有效解决涉碳纠纷,是我国当前司法从业人员比较关心的问题。本章通过分析最高人民法院公报案例及地方有关涉碳典型案例,深入发掘案例争议解决价值,以期为相关碳资产交易纠纷处理提供对应的法律合规和实务解决建议。

第一节　福建省宁德市人民检察院与被告林某正、高某祥生态环境损害赔偿民事公益诉讼案

一、案例价值

本案系 2022 年最高人民法院、最高人民检察院《关于办理海洋自然资源与生态环境公益诉讼案件若干问题的规定》出台后，首例由检察机关提起的海洋自然资源与生态环境损害赔偿民事公益诉讼案件。

非法采矿不仅触犯《刑法》，需要承担刑事责任，更重要的是会对环境造成严重破坏，损害社会公共利益。该案创设的"海洋碳汇＋替代性修复"履行方式，丰富了海洋环境侵权的损害赔偿机制，不仅解决了被告赔偿能力弱引发的"执行难"困境，也突破赔偿与治理修复脱节的困境，为后续司法机关在审判生态环境类案件中提供了指导意义。

从现有司法实务案例可知，通过在判决中参照全国碳排放权交易市场碳排放配额价格方式进行直接计算并缴纳碳汇损失赔偿金这种方式，"生态修复＋碳汇补偿"已成为涉生态类案件的重要审判趋势。此外，福建省还推出"检察公益诉讼技术官＋法院生态环境审判技术调查官"的新审理模式，通过法、检两家共同引入技术支持力量，对被破坏环境的修复提出更科学、更可行、更经济的方案，有效推进生态环境治理。司法领域对修复生态环境的重视，对企业的合规经营有极大的警示作用，企业在追求经济效益的同时，也应注重保护生态环境，避免因破

坏环境而承担严重的法律后果。

二、案例简介[1]

(一) 诉讼主张

福建省宁德市人民检察院诉称,福建省宁德市人民检察院在履行公益监督职责中发现,被告林某正、高某祥非法采矿行为损害社会公共利益,于2021年6月25日立案,同年7月21日履行公告程序。福建省宁德市人民检察院认为,被告林某正、高某祥为非法牟利,违反《矿产资源法》的规定,未取得海域使用权证和采矿许可证擅自采挖海砂17次,累计11,295.33立方米,价值达167,659元,造成海洋生态资源环境损害,侵害了国家和社会公共利益。依据《民法典》第1235条、最高人民法院《关于审理环境民事公益诉讼案件适用法律若干问题的解释》第18条等规定,被告林某正、高某祥应共同承担民事侵权责任。检察机关发现被告违法行为后,于2021年7月21日在正义网进行了公告,督促相关组织和个人提起诉讼,公告期满后没有适格主体提起诉讼,社会公共利益仍处于受损害状态。因此,福建省宁德市人民检察院向法院提出诉讼请求:判令被告林某正、高某祥连带赔偿生态环境损害修复费用共计人民币680,298.19元,其中海域生态损失价值26,939.95元、海岸生态损失价值54,013.42元、滨海旅游损失32,144.82元、海滩修复成本550,700元、管理成本16,500元。

(二) 案件情况

检察院诉称事实如下:2019年9月,被告林某正在未取得海域

---

[1] 参见福建省宁德市中级人民法院民事裁定书,(2021)闽09民初377号;厦门海事法院民事裁定书,(2022)闽72民初40号。

使用权证和采矿许可证的情况下，指使被告高某祥驾驶"闽宁德货××××"船舶，到福安市湾坞镇、下白石镇"半屿""北斗都""本斗坑"等海域非法采挖海砂。被告林某正联系购买海砂人员后，由被告高某祥将采挖的海砂运输至宁德金蛇头工地、六都、云淡、下塘、后露等码头，以每立方米12.5元至18元不等的价格出售给他人。其间，被告林某正、高某祥非法采砂16次，共10,340立方米，销售价值合计140,910元。同年9月26日22时许，被告高某祥在"本斗坑"海域非法开采海砂时，被宁德海警局当场抓获，现场查获"闽宁德货××××"船舶及船上海砂955.33立方米。经宁德市价格认证中心鉴定，被查扣的海砂价值26,749元。经自然资源部海岛研究中心评估认定，被告林某正、高某祥非法开采海砂致海洋生态资源环境损害整体影响价值总计680,298.19元。2020年11月23日，被告林某正缴纳生态修复费用50,000元。

检察院提交了如下证据：福安市人民法院（2020）闽0981刑初404号刑事判决书，自然资源部海岛研究中心出具的海洋生态资源环境损害价值评估报告、公告、说明、询问笔录等。

本案于2021年10月13日经福建省宁德市中级人民法院立案后，福建省宁德市中级人民法院于2021年12月22日作出（2021）闽09民初377号民事裁定书，裁定本案移送厦门海事法院处理。

福建省宁德市中级人民法院认为，本案虽系福建省宁德市人民检察院提起的民事公益诉讼，但其诉请及目的是赔偿生态环境修复费用用于修复海域生态损失价值、海岸生态损失价值、滨海旅游损失、海滩修复及管理成本，应属于海洋自然资源与生态环境损害赔偿诉讼。海洋自然资源与生态环境损害赔偿诉讼虽系环境侵权诉讼与环境民事公益诉讼的一种，但也有其自身特殊实际和规律，鉴于此，最高人民法院就审理海洋自然资源与生态环境损害赔偿纠纷案件作出了特殊规定。相比而言，最高人民法院、最高人民检察院关于审理环境民事公益诉讼案件及检察民事公益诉讼的法律及相关司法解释属于一般规定，根据特别规定优先于一般规定适用的原则，应当优先适用最高人民法院《关于审理海洋自然资源与生态环境损害赔偿纠纷案件若干问题的规定》。根据最高人民法院《关于审理海洋自然资源与生态环境损害赔偿纠纷案件若干问题的规定》第2条的规定，在海上或者沿海陆域内从事活动，对中华人民共和国管辖海域内海洋自然资源与生态环境造成损害，由此提起的海洋自然资源与生态环境损害赔偿诉讼，由损害行为发生地、损害结果地或者采取预防措施地海事法院管辖，本案应由厦门海事法院专属管辖。

厦门海事法院受理本案后，经审查认为，案涉破坏海洋生态行为经福建省宁德市人民检察院公告后，仍无相关行使海洋环境监督管理权的部门提起诉讼，福建省宁德市人民检察院就海洋自然资源与生态环境损害提起民事公益诉讼，符合最高人民法院、最高人民检察院《关于办理海洋自然资源与生态环境公益诉讼案件若干问题的规定》第3条之规定，依法具有诉权，并在查清事实的基础上，主持双方当事人就案涉损失的赔偿达成"海洋碳汇＋替代性修复"的调解协议。

（三）本案结果

经厦门海事法院主持调解，在综合考虑生态修复需要、两被告财务状态、预期收入及赔偿意愿等情节，双方达成如下和解协议：

（1）双方共同确认如下事实：2019年9月，林某正在未取得海域使用权证和采矿许可证的情况下，指使高某祥驾驶"闽宁德货××××"船舶，到福安市湾坞镇、下白石镇"半屿""北斗都""本斗坑"等海域非法采挖海砂17次累计11,295.33立方米。经自然资源部海岛研究中心评估认定，被告林某正、高某祥非法开采海砂致海洋生态资源环境损害整体影响价值总计 680,298.19 元。2020 年 11 月 23 日林某正缴纳生态修复费用 50,000 元。

（2）被告林某正、高某祥应赔偿非法开采海砂致海洋生态环境损害及修复费用 680,298.19 元，扣除已由被告林某正支付的生态修复费用 50,000 元，还应支付 630,298.19 元。

（3）上述第一项应付款项中的 180,000 元，由被告林某正、高某祥以自愿认购海洋碳汇的方式履行。具体为：2022 年至 2024 年，每年 10 月须委托某资源环境交易中心一次性购买 60,000 元海洋碳汇共计购买 180,000 元海洋碳汇，如被告未按上述约定如期足额购买，则须履行等额现金给付义务。

（4）剩余赔偿款由被告林某正、高某祥通过公益性劳务代偿方式履行，期限酌定为 3 年，期满后劳务不足以抵偿的仍须承担赔偿责任。具体为：承担福安市湾坞镇（青拓集团至两高沿线一带）海域海洋环境治理辅助工作，包括但不限于海洋垃圾打捞、海岸维护、海洋环境保护宣传等，履行方式、时间、监管、成果验收等由福建省宁德市人民检察院自行或者委托第三方负责。

该调解协议经法院公告网公告、制作民事调解书送达后生效。被告依约通过某资源环境交易中心向福建某水产公司购买了首期 2400 吨海洋碳汇，并积极通过劳务履行其他义务。

三、合规研究

（一）生态环境修复与碳汇补偿机制

近年来，"生态修复 + 碳汇补偿"已成为全国涉生态类案件的审判趋势。该案中，法院积极探索创新海洋生态司法，在海洋民事公益诉讼中创设"海洋碳汇＋替代性修复"的履行方式，充分体现了生态修复优先的理念。

上述案例中，被告林某正和高某祥非法盗采海砂的行为对海洋自然资源与生态环境造成了严重损害。传统的赔偿方式可能仅聚焦于经济赔偿，但该种方式往往难以直接实现对受损生态环境的有效修复。而通过引入"海洋碳汇＋替代性修复"的模式，将生态修复置于首要位置，尽可能减轻侵权行为对环境的损害，这种惩罚措施更为科学、有效。被告通过购买海洋碳汇以及劳务代偿等方式承担海洋环境治理辅助工作，如海洋垃圾打捞、海岸维护、海洋环境保护宣传等，直接针对受损的海洋生态环境进行修复和改善，不仅能够促使被告切实承担起生态修复的责任，而且能够确保受损的生态环境得到及时、有效的恢复，从而实现生态修复优先的司法目标。

（二）海洋碳汇能够有效控制碳排放

海洋碳汇，是指海洋生物及海洋活动吸收和存储大气中的二氧化碳的能力及其机制。从碳库体量来看，海洋是世界上最大的碳汇体，海洋碳库的碳储量约为39万亿吨，是陆地碳库的20倍、大气碳库的50倍，海洋生态系统固定了全球55%的碳，每年约有30%由人类活动排放到大气中的二氧化碳被海洋吸收。从效率来看，单位海域中生物的固碳量是森林的10倍，草原的290倍。[1]

2021年，厦门产权交易中心（厦门碳和排污权交易中心）设立了全国首个海洋碳汇交易服务平台，有序开发海洋碳汇领域的方法学体系，

---

[1] 参见《焦念志：缓解全球气候变化，"蓝碳"是关键｜院士上封面》，载百家号"界面新闻"2024年12月8日，https://baijiahao.baidu.com/s?id=1817844476369586443&wfr=spider&for=pc。

创新开展蓝碳交易，发挥海洋经济与绿色经济融合发展的叠加效应。2022年，自然资源部批准发布《海洋碳汇核算方法》（HY/T 0349—2022）行业标准，这套标准由自然资源部第一海洋研究所历时5年编制，是我国首个综合性海洋碳汇核算标准。通过积极谋划滨海湿地和红树林增汇、生态渔业养殖增汇、海洋微生物增汇、贝类藻类固碳、海洋碳中和示范等负碳技术示范性项目，加快探索海洋碳汇交易试点和市场建设，将海洋碳汇纳入全国统一碳交易市场，推动构建海洋碳汇交易机制。

上述案例中，通过购买海洋碳汇进行生态修复的履行方式，很好地体现了固碳与增汇并举的原则。被告通过向福建某水产公司购买海洋碳汇，为福建某水产公司提供了利润空间，促使其加大对海洋碳汇的投资规模，进而增加海洋对二氧化碳的吸收和存储，从而为应对气候变化作出贡献。同时，替代性修复中的海洋环境治理辅助工作，如海洋垃圾打捞、海岸维护等，不仅有助于改善海洋生态环境，而且能促进海洋生态系统的健康发展，进而提高海洋的固碳与增汇能力。这种将购买海洋碳汇与替代性修复相结合的方式，实现了固碳与增汇并举，为保护海洋生态环境和应对气候变化提供了有效的司法实践路径。

（三）法律责任承担与环境修复并举

上述案例在处理破坏海洋生态资源刑事犯罪案件的过程中，充分体现了刑事责任与修复赔偿相协调的环境资源司法理念。被告林某正和高某祥因非法盗采海砂的行为，不仅面临刑事责任追究，还需要承担生态环境损害赔偿责任。

法院在处理此案时，准确适用法律规定，依法审查并确认检察院的诉讼主体地位，在查清事实的基础上，就案涉损失的赔偿达成调解协议。这种调解方式让被告在承担刑事责任的压力下，优先注重对生态环境的修复赔偿。通过让被告分 3 年期委托某资源环境交易中心购买海洋碳汇和劳务代偿等方式承担海洋环境治理辅助工作，实现了刑事责任与修复赔偿的有机结合，充分体现了司法审理在解决环境纠纷中的创新性和灵活性。

（四）生态技术调查官制度推广运用

2020 年，在福建省高级人民法院指导下，福建省漳州市中级人民法院在全国首创生态环境审判技术调查官制度，即法院在审理生态环境案件中聘请生态科学领域专家，作为审判辅助人员中的司法技术人员，全程参与案件审理，并重点针对环境损害程度、生态修复方案等核心要素给予技术支持。

2023 年，该制度在福建省全省推广运用。福建省全省法院共适用该制度审理生态环境案件近 30 件，涵盖水利、土壤、矿业、海渔、林业等领域。这一制度被写入 2023 年最高人民法院向全国人民代表大会常务委员会作的环境资源审判工作专项报告，并获评 2023 年全省改革优秀案例评选活动"试点探索先行"类案例。

2024 年 6 月，福建省高级人民法院发布了 9 个生态技术调查官典型案例，福建省云霄县人民法院首次在审理过程中运用"检察公益诉讼技术官＋法院生态环境审判技术调查官"机制，通过法、检两家共同引入技术支持力量，为生态环境案件的审理提供了专业技术支撑，采取的替代性修复方案对被破坏环境的修复提出更科学、更可行、更经济的方案，提高了司法判决的质量和效果，有效推进生态环境治理。由生态技术调查官全流程参与案件审理，重点针对环境损害程度、生态修复方案和修复费用等核心要素给予技术支持，通过辅助勘验生态损害现场真实性、审核专业司法鉴定合规性、出庭质询鉴定人员生态系统损害专业性问题等方式，协助法官更准确地查明案件事实以及对鉴定意见进行审查，并制定科学、合理的生态修复方案以确保修复措施有效、可行。不仅如此，生态技术调查官还可以监督和指导生态修复的实施过程，确保修复措施得到正确执行，并对修复效果进行评估，从而实现生态环境的有效恢复。

"让专业的人做专业的事，有利于推动'谁破坏谁修复'的理念得以落实。"[1]适用该制度审结的破坏生态环境案件均实现"一案一修复"。同时，在司法实践过程中，生态环境审判技术调查官协助法院总结出"植物净化""科学放流""造林增汇"等类型化修复模式，已经在全国多地得到推广运用。2024年8月14日，河北省承德市生态环境局组织聘任5名在大气、水、土壤、固体废物等专业领域从事管理、审查或研究的专业技术人员协助法官对生态环境案件中涉及的技术问题进行调查、询问、分析、判断，作为审判辅助人员的司法技术人员配合参与案件审理。2024年8月22日，西安铁路运输中级法院聘任两位生态技术调查官。2024年8月12日，吉林铁路运输法院环境资源审判合议庭审理一起种植回收合同纠纷案件，特邀长春市农业科学院育种专家作为黑土地技术调查官参加庭审。也是在2024年，吉林铁路运输法院制定了《关于生态技术调查官选任及参与诉讼活动的若干规定（试行）》。由此可见，全国各地法院均已逐步重视"生态技术调查官"的作用，"生态技术调查官"的介入，既能对案件的审理提供有效的技术支持，又能对相关诉讼活动开展监督，有利于审判部门提升案件审判质量和效

---

[1] 苏依婕：《"外脑"赋能 司法护绿——我省法院在全国首创生态环境审判技术调查官制度，让"谁破坏谁修复"理念得以落实》，载福建省人民政府网，http://www.fj.gov.cn/zwgk/ztzl/sxzygwzxsgzx/zx/202407/t20240718_6485122.htm。

果，引入"生态技术调查官"将是生态环境类案件的审理趋势。

第二节　湖南某碳汇开发公司、宁远县某镇 A 村村民委员会等合同纠纷案

一、案例价值

本案中，湖南某碳汇开发公司（原名称为湖南某林业有限责任公司）因疏于林场管理，怠于按合同约定进行林业种植、采伐，致使合同目的无法实现，经济利益受到损害。经村民委员会起诉，法院判令双方合作文件解除，而关于湖南某碳汇开发公司上诉时提及的合同解除后林地上林权归属的问题，基于双方未通过诉求或反诉请求进行主张，二审判决认为需根据双方协议约定协商处理或者另行主张。

本案涉及林业开发、合作及林权归属等问题，林业碳汇是温室气体自愿减排项目的重要形式之一，作为参与方，关注焦点通常更为集中在项目的开发、审批及国家核证自愿减排量的交易环节，而对于林权归属这一问题则关注较少。林业碳汇的开发是一个专业且长期的过程，需要大量资源及成本的投入，其间因合作各方争议而导致林场收回或是林权归属产生争议，都将直接影响到林业碳汇的开发甚至于所产生自愿减排量的归属。

二、案例简介[1]

（一）诉讼主张

1. 上诉人（原审被告）：湖南某碳汇开发公司

上诉人（原审被告）诉称：（1）依法撤销湖南省宁远县人民法院（2021）湘1126民初41××号民事判决，改判或发回重新审理；（2）本案一审、二审诉讼费用由宁远县某镇A村村民委员会承担。事实和理由如下：

（1）原审法院未对林地林木现状予以认定，导致裁判错误。原审法院仅认定合同解除的事实，并未对合同解除后林地林木予以确认。根据湖南某碳汇开发公司现场核实，合同所涉林地尚有林木未采伐。A村村民委员会在诉状中明确林木存活率及保存率不高，但未明确说明林地上无林木。原审法院未对林木事实审查认定，也未对地上林木权属予以明确，属于认定事实不清。根据《合作开发营林协议书》[2]约定，收益分配比例按伐倒木材材积分成，A村村民委员会占30%，湖南某碳汇开发公司占70%。合同履行过程中，湖南某碳汇开发公司已按约定向A村村民委员会支付过松树采脂收益的30%，足以证明目前林地上仍可产生收益，且A村村民委员会收取相关费用并予以确认，并非不能实现合同目的。湖南某碳汇开发公司已推进营造林业务，湖南某碳汇开发公司自愿积极履行协议。

（2）原判认定合同解除的事实程序不合法。双方签订的《合作开发营林协议书》明确约定了合同解除条件，A村村民委员会从未书面通知

---

[1] 参见湖南省永州市中级人民法院民事判决书,(2022)湘11民终3016号。
[2] 判决书原文为《合作开发营林协议书》,实际应为《合作开发营造林协议》(下同)。

湖南某碳汇开发公司要求解除合同，合同解除未达到双方约定的解除条件。同时，湖南某碳汇开发公司进行过造林且已按约定支付地上林木价值的收益，不存在违约情形。由此可知，A 村村民委员会未履行法定解除合同条件，未尽到通知义务。综上，请依法改判或发回重审。

2. 被上诉人（原审原告）：宁远县某镇 A 村村民委员会

被上诉人（原审原告）辩称：（1）原合同相对方 C 林纸公司（原名称为 C 纸业股份有限公司）在未征得 A 村村民委员会同意的情况下，擅自变更合作主体，擅自将合同的权利和义务转给湖南某碳汇开发公司的行为已构成违约。（2）A 村村民委员会跟 C 林纸公司签订合作协议至今已长达 19 年之久，A 村村民委员会未获得任何利益，经济利益明显遭到损害。无论是 C 林纸公司，还是湖南某碳汇开发公司，均未对合作的林地上未成活的林木进行补种，加上管理不善，合作林地上已杂草丛生，根本看不到林木。虽然合作协议约定 A 村村民委员会享有林木 30% 的分成，但 A 村村民委员会提供了 1048.9 亩的林地，合作协议履行一半多时间，A 村村民委员会未获取任何的经济利益。根据双方签订的协议约定，每 8 年一个轮伐期，至今已过去 20 年，都没有伐木。从合作林地的现状来看，今后 A 村村民委员会也无法获得应得利益。湖南某碳汇开发公司无诚意进行合作，不履行合作协议的义务，导致 A 村村民委员会无法通过跟 C 林纸公司签订的合作协议来实现自己的目的，双方签订的合作协议无继续履行的必要，依法应予以解除。

（二）案件情况

法院认定事实如下：2003 年 10 月 30 日，宁远县某镇 B 村村民委员会（并入 A 村后为 A 村村民委员会）作为甲方与 C 纸业股份有限公司作为乙方签订《合作开发营林协议书》，双方约定合作期限从 2003

年 11 月 1 日至 2033 年 11 月 1 日。协议书对基地建设规模、合作期限、合作方式、双方的权利义务、合作期满财产处置、税费负担、协议变更与解除等事项作了明确约定。协议约定：甲方向乙方提供 1048.9 亩速生丰产纸材林基地，收益分配比例按伐倒木材材积分成，甲方占 30%，乙方占 70%，采伐费用及林业税费按所得材积各自承担。造林基地内所营造林木，以 8 年为一个轮伐期，乙方有权视林木生长状况及木材市场行情等因素决定提前或推后砍伐。协议签订后，C 纸业股份有限公司在基地内种植了速材木。

2006 年 11 月 1 日，C 纸业股份有限公司向湖南某林业有限责任公司、宁远县某镇 B 村村民委员会发送了"关于《合作开发营林协议书》主体变更的函"，C 纸业股份有限公司将原协议书项下的全部权利及义务，并将原协议书项下的林权证过户至湖南某林业有限责任公司名下，湖南某林业有限责任公司与 B 村村民委员会均表示同意，并在主体变更函上加盖了公章予以确认，B 村村民集体决议上会议成员及其当时的村民委员会负责人均签名确认。

2006 年 10 月 10 日，案涉合作开发的山林林权证变更登记至湖南某林业有限责任公司名下。因林木存活率及保存率不高，且迄今为止林木未进行砍伐，A 村村民委员会认为合同签订至今双方无任何经济效益，协议已失去意义，遂向法院提起诉讼。

（三）本案结果

1. 一审结果

一审法院认为，B 村村民委员会与 C 纸业股份有限公司签订的《合作开发营林协议书》系双方真实意思表示，属于有效合同，对当事人具有法律约束力。B 村并入 A 村后，其在协议中的全部权利义务由 A 村村民委员会继受取得；C 纸业股份有限公司经 B 村村民委员会同意将协议书中的全部权利义务转让给湖南某林业有限责任公司，且案涉合作开发山林的林权证权利人已变更为湖南某林业有限责任公司，故《合作开发营林协议书》的当事人现应为 A 村村民委员会和湖南某碳汇开发公司，系本案的适格主体。

双方当事人应按照约定全面履行自己的权利义务。本案中，A 村村民委员会和湖南某碳汇开发公司双方在协议中约定，收益分配比例按伐倒木材材积分成，A 村村民委员会占 30%，湖南某碳汇开发公司占 70%，造林基地内所营造林木，以 8 年为一个轮伐期。

在协议的履行过程中，湖南某碳汇开发公司疏于管理，所种植的林木存活率不高，至本案诉讼发生时尚未进行过一次采伐，致使 A 村村民委员会和湖南某碳汇开发公司双方签订合同的目的不能实现，A 村村民委员会的经济利益受到损害，应予解除合同，故法院对 A 村村民委员会的诉请予以支持。A 村村民委员会直接向法院提起诉讼请求解除合同，符合法律规定，无须事先通知湖南某碳汇开发公司，因此，法院对湖南某碳汇开发公司提出的 A 村村民委员会未按照法律规定履行法定解除程序，解除合同未提前告知湖南某碳汇开发公司的答辩意见不予采纳。

依照《合同法》第 94 条第 4 项[1]、第 97 条[2]和最高人民法院《关于适用〈中华人民共和国民法典〉时间效力的若干规定》第 1 条第 2 款之规定，一审法院判决如下：

（1）解除宁远县某镇 A 村村民委员会与 C 林纸公司 2003 年 10 月

---

[1] 《合同法》已于2021年因《民法典》施行而废止，相关规定参见《民法典》第563条第1款第4项。

[2] 相关规定参见《民法典》第566条。

30 日签订的、后由 C 林纸公司将合同的权利义务全部转让给湖南某碳汇开发公司的《合作开发营林协议书》。

（2）驳回宁远县某镇 A 村村民委员会的其他诉讼请求。案件受理费 80 元，减半收取 40 元，由湖南某碳汇开发公司负担。

2. 二审结果

对原判认定的事实，二审法院予以确认。二审法院认为，本案系合同纠纷，经审查双方当事人的诉辩主张，本案争议焦点为原审判决案涉《合作开发营林协议书》解除是否恰当。现评析如下：

依据《合同法》第 94 条的规定，有下列情形之一的，当事人可以解除合同：（1）因不可抗力致使不能实现合同目的；（2）在履行期限届满之前，当事人一方明确表示或者以自己的行为表明不履行主要债务；（3）当事人一方迟延履行主要债务，经催告后在合理期限内仍未履行；（4）当事人一方迟延履行债务或者有其他违约行为致使不能实现合同目的；（5）法律规定的其他情形。

本案中，湖南某碳汇开发公司从 C 林纸公司受让案涉《合作开发营林协议书》中全部权利义务，与 A 村村民委员会共同合作营建纸材原料林基地。案涉《合作开发营林协议书》约定，收益分配比例按伐倒木材材积分成，A 村村民委员会占 30%，湖南某碳汇开发公司占 70%，造林基地内所营造林木，以 8 年为一个轮伐期。但在协议的履行过程中，湖南某碳汇开发公司疏于管理，所种植的林木存活率不高，至本案诉讼发生时尚未进行过一次采伐，致使案涉《合作开发营林协议书》合同目的不能实现，A 村村民委员会的经济利益受到损害。

A 村村民委员会直接向法院提起诉讼请求解除合同，符合上述法律规定，故原审法院判决案涉《合作开发营林协议书》依法解除，并无不当。对上诉人湖南某碳汇开发公司提出 A 村村民委员会未履行法定解除程序，原判认定合同解除条件的事实程序不合法的上诉理由，于法无据，二审法院不予支持。此外，本案A村村民委员会仅诉请解除案涉《合作开发营林协议书》，湖南某碳汇开发公司在原审中亦未提出反诉请求。关于合同解除后林地上林木权属，湖南某碳汇开发公司与A村村民委员会双方可依据案涉《合作开发营林协议书》约定协商处理或者另行主张权利。故对于上诉人湖南某碳汇开发公司提出原判未对合同解除后林地上林木权属予以明确与处理的上诉理由，二审法院不予支持。

综上所述，二审法院认为，上诉人湖南某碳汇开发公司的上诉请求不能成立，应予驳回；一审判决认定事实清楚，适用法律正确，应予维持。依照《民事诉讼法》（2021年）第177条第1款第1项[1]的规定，判决驳回上诉，维持原判。

三、合规研究

（一）林权权属对林业碳汇开发合同的重要影响

在碳交易的大框架下，林业碳汇已然成为不可或缺的关键一环。林权权属作为林业碳汇开发的基石，其稳定性直接与碳交易的连贯性、合法性挂钩。生态环境部办公厅2023年10月24日印发的《温室气体自愿减排项目方法学 造林碳汇（CCER—14—001—V01）》第5.2.1条对林业碳汇的项目周期进行了规定："项目计入期为可申请项目减排量登记的时间期限，从项目业主申请登记的项目减排量的产生时间开始，最短时间不低于20年，最长不超过40年。项目计入期须在项目寿命期

---

[1] 相关规定参见《民事诉讼法》（2023年）第177条第1款第1项。

限范围之内。"可见，林业碳汇是一个长期的项目，在如此长的周期之内很难保证不会出现风险。生态环境部对林业碳汇项目计入期有着明确时长要求，亦凸显其长期属性，其间林权若出现权属波动，极可能牵一发而动全身，干扰碳交易流程。

从碳交易实操视角看，碳市场中的买家对林业碳汇项目的林权稳定性极度敏感。以欧盟碳市场为例，诸多企业在购入林业碳汇减排量时，会严格核查林权权属凭证，确保对应林地的碳汇权益无瑕疵，否则便可能拒绝交易。这是因为一旦林权存在争议，碳减排量归属存疑，将直接冲击碳交易的稳定性，使交易面临违约与经济损失风险。

在法律服务维度，明晰林权权属是为林业碳汇项目保驾护航的首要任务，需要深度审查林权证书完整性、历史流转记录合法性，排查潜在纠纷隐患；拟定合同时，精准界定林权所有人与碳汇开发方权利义务，对可能的权属变更情形预设条款，防患未然；纠纷发生时，凭借专业法律服务，助力当事人维权，减少损失。

为预防林权权属问题导致林业碳汇开发合同出现无法履行的风险，在签订林业碳汇开发合同时，须就此问题进行专门约定，主要关注以下几点：

第一，参与林业碳汇开发工作的林权所有人，在开发协议签订时，必须如实提供林权权属证明以及林地信息数据，并按照合同约定要求履行配合开发工作的相关责任和义务。如林权所有人提供的林地存在权属争议或权利瑕疵，导致林业碳汇开发工作无法进行或权益受损，林权所有人须就此承担赔偿责任。

第二，林权所有人有权自主经营和管理其所有的林地，但必须按照已审核备案的造林计划或者林场经营方案进行合法砍伐和种植工作，确保相关林地在碳汇开发期间不被非法破坏。否则林权所有人或违法破坏人须就非法破坏行为向碳汇开发人承担相应的赔偿责任。

第三,林权所有人因在先合同,如植树造林项目开发、建设、承包、加工、运营管理等发生的争议,林权所有人均须自行解决,如因此导致在后的林业碳汇开发合同无法继续履行或者权益受损,林权所有人须就此承担赔偿责任。

第四,林权所有人对其所有的林地,出现经营实体性质的变更或所有人信息的变更,或者林权所有人把林业碳汇开发涉及的林地相关权利义务部分或整体转让给第三方时,必须保证转让时第三方同意继承其在林业碳汇开发合作中的相关合同权利和义务,并确保第三方通过签订林业碳汇开发合作协议补充条款或另行签订新合同等方式履行责任和义务。因此导致林业碳汇开发工作无法进行或权益受损的,林权所有人须就此承担赔偿责任。

上述案例中,农村集体经济组织与湖南某碳汇开发公司签订土地流转合同,最初目的是将林地砍伐后按比例分配收益。但该公司自签订合同之日起一直未砍伐树木,导致合同目的无法实现,最终被判合同解除。这种情况就属于在先合同对林业碳汇开发合同产生重大影响,并导致林业碳汇开发合作无法继续进行的情形。

(二)提前做好林业碳汇开发合同风险预防工作

1. 林权所有人

对于林权所有人而言,农村集体经济组织作为法定代理人,在与非本集体组织成员订立流转合同过程中,应遵循不侵害集体成员合法利益的原则,代表村集体与相对人展开平等协商。

从合同签订的审查角度来看,林权所有人在签订碳汇开发合同的时候,应当注意审查对方公司的资质,包括是否具有相关的林业碳汇开发经验及资质、公司是否涉及诉讼等不良信息。同时要注意审查合同效力问题、权属和期限问题、权益保障问题以及合规性问题。如合同中约定的收益分配方式明显不符合常理或交易习惯，应谨防对方可能假借开发之名从事其他无关活动。此外，还应当注意违约责任条款及权益保障等条款是否完备，避免产生纠纷后造成不必要的损失，建议在遇到该问题的时候寻求专业律师的意见，从而将风险降低到最小限度。

林权所有人在合同签订完毕，项目开始正常运作之后，应当时刻关注项目的进行情况，关注碳汇开发公司是否怠于履行职责，导致开发工作进展不顺利，或者是否将该林地用于其他用途从而损害了本合同应当产生的收益。同时也应当及时关注碳汇交易市场，了解市场行情，避免产生不必要的损失。此外，还要注意碳汇开发公司是否有私自转让开发权的情况，未经同意的转让合同也可能会造成损失，林权人可以通过诉讼途径主张该转让行为无效。

林权所有人在签订碳汇开发合同前，除了审查对方公司的资质、诉讼情况等信息外，还可以要求对方提供详细的项目开发计划、资金来源证明等材料，以进一步评估对方的履约能力。

林权所有人应当建立健全合同履行监督机制，定期对碳汇开发公司的履约情况进行检查和评估。可以通过聘请专业的监理机构、设立举报电话等方式，加强对项目的监督管理。

2．碳汇开发公司

对于碳汇开发公司而言，应当注意合同主体效力问题。根据《农村土地承包法》第 19 条、第 20 条的相关规定，承包集体土地应当遵循法定原则以及法定程序进行。其中，民主议定程序，即"承包方案应依法经本集体经济组织成员的村民会议三分之二以上成员或者三分之二以上村民代表的同意后才可签订承包合同"，是决定碳汇开发合同是否有效的重要程序性要件，未经过合法民主程序而签订的合同未来很有可能会被认定无效。

若合同涉及金额较大，碳汇开发公司应对开发项目进行尽职调查，并以尽职调查依据作为评估项目是否能够正常开发的重要依据，在评估结果显示项目开发条件不充分，不足以实现开发目的时，应在合同中设置无责解约条款。

碳汇开发公司在碳汇的开发过程中应当维护好与林权所有人的关系，尤其是在林权所有人采取集中委托开发的情况下，一定要定期评估集中受托人是否根据委托开发协议，将相关利益及时返还给林权所有人；或者事先在委托开发协议中对有关权益分配事项予以明确，保障交易支付安全，避免集中受托人和林权所有人因收益分配问题产生纠纷，进而影响项目开发。

同时，碳汇开发公司与林权所有人就开发的碳汇约定购买事宜的，应及时关注碳汇交易市场的价格以及政策变动，避免因价格的浮动和政策变化造成不必要的损失，不应为获取项目，不切实际地承诺高价收购或者背离项目实际情况，夸大项目碳汇收益。目前国家及地方并未针对碳汇领域的林权作出特别规定，但碳汇交易具有一定的特殊性，不排除未来会发布新的法律法规规章等的可能性，有可能会彻底改变目前的交易习惯。另外，无论是自己有碳汇开发团队还是与其他的碳汇开发团队合作，一定要注意审查专业性的问题，避免开发团队的不专业行为导致碳汇开发工作不如预期。

碳汇开发公司在签订合同前，应当对承包的林地进行详细的调查和评估，包括林地的权属、面积、树种、生长状况等信息，以确保项目的可行性。同时，还应当了解当地的法律法规和政策，确保合同的签订符合法律规定。

3. 建立风险防范机制

林权所有人和碳汇开发公司在项目开发合作过程中，应当共同建立风险防范机制，对可能出现的风险进行评估和预警。可以通过购买商业保险、设立风险基金等方式，降低风险损失。

对于碳汇公司经营不善导致破产的风险，林权所有人可以要求对方提供担保或者签订抵押合同，以确保在碳汇公司破产时能够获得相应的赔偿。

对于林地遭受自然灾害等不可抗力造成损失的风险，双方当事人可以在合同中约定不可抗力的范围和免责条款，以明确双方的责任和义务。同时，还可以购买自然灾害保险，降低风险损失。

对于碳汇价格浮动导致难以产生收益的风险，双方当事人可以在合同中约定价格调整机制，根据市场行情适时调整碳汇价格。同时，还可以通过签订长期合同、建立价格稳定基金等方式，降低价格波动风险。

第三节　深圳某容器公司诉深圳市发展和改革委员会行政处罚行为案

一、案例价值

本案属于最高人民法院公布的典型案例，深圳某容器公司作为温室气体重点排放单位，应当根据行政主管部门对年度排放报告的核查结果，按照行政主管部门规定的时限，足额清缴碳排放配额。重点排放单位未按时履行清缴或足额清缴碳排放配额义务，行政主管部门依法责令改正后，重点排放单位仍未履行补缴义务，行政主管部门依法作出行政处罚的，法院依法予以支持。

二、案例简介[1]

（一）诉讼主张

1. 上诉人（原审原告）：深圳某容器公司

上诉人（原审原告）诉称：2014年5月，被告深圳市发展和改革委员会对包括原告在内的温室气体重点排放单位2015年目标碳强度进行了调整。2015年5月被告通知，原告2014年度超额碳排放4928吨二氧化碳当量，要求原告在2015年6月30日前按照实际碳排放量在注册登记簿完成履约。2015年7月1日，被告通知要求原告在2015年7月10日前补缴与其超额排放量相等的碳排放配额，逾期未补缴将被处以相应的处罚。原告以其2014年用电量、工业产值比2013年度均有下滑为由拒绝支付。2015年8月4日，被告告知原告，对于其未按时足额履行2014年度碳排放履约义务的违法行为，拟从原告2015年度碳排放配额中扣除2014年度未足额补缴数量的碳排放配额，对原告处以其2014年度超额排放量乘以履约当月之前连续6个月碳排放配额交易市场平均价格3倍的罚款。原告不服该结果并向被告申请听证，被告依原告申请举行了听证，作出行政处罚决定书。原告不服，提起行政诉讼，诉请撤销被告作出的深发改罚〔2015〕1号行政处罚决定书。

2. 被上诉人（原审被告）：深圳市发展和改革委员会

被上诉人（原审被告）辩称：本案事实清楚，证据确凿。通过核查

---

[1] 参见广东省深圳市中级人民法院行政判决书,(2016)粤03行终450号。

报告、核查信息确认书等证据材料足以证明原告未按时足额履行 2014 年度碳排放履约义务，且未补交与其超额排放量相等的配额，被告据此作出处罚的程序合法，请求法院驳回原告诉请。

（二）案件情况

法院查明：2015 年 5 月 20 日，被告向原告送达了深发改〔2015〕575 号《关于确定管控单位 2014 年实际配额数量和实际碳排放量的通知》，告知原告：依据原告提交的经第三方核查机构核查的 2014 年碳排放报告和经市统计部门核定的 2014 年统计指标数据，确定原告 2014 年度目标碳强度为 2.362 吨/万元，实际工业增加值为 714 万元，实际配额数量为 1686 吨，实际碳排放量为 6614 吨，配额短缺量为 4928 吨，被告据此在深圳市碳排放权注册登记簿调整原告 2014 年的实际配额数量，原告应于 2015 年 6 月 30 日前按照 2014 年实际碳排放量在注册登记簿完成履约。2015 年 7 月 1 日，经深圳市碳排放注册登记簿系统查询，被告发现原告作为碳排放管控单位，存在未按时足额履行 2014 年度碳排放履约义务的情况。2015 年 7 月 2 日，被告向原告发出深发改〔2015〕749 号《关于责令深圳某容器公司补交配额的通知》，要求原告在 2015 年 7 月 10 日前补交与原告公司超额排放量相等的配额（4928 吨），并在《深圳商报》上对未按时足额履行 2014 年度碳排放履约义务的管控单位进行了公告。2015 年 7 月 21 日，被告依法对原告进行了调查。原告授权委托人李某在询问笔录中称，原告单位属于深圳碳排放权交易管控单位，不存在迁出本市行政区域或者解散、破产的情况。该单位已经收到相关通知文件，知道其 2014 年度实际碳排放配额数量和实际碳排放量，也知道应当于每年 6 月 30 日之前向主管部门提交与其上一年度实际碳排放量相等的配额及其可使用的核证自愿减排量之和来完成履约义务,但该单位未在2015年6月30日前完成相关履约义务。该单位已收到被告发出的《关于责令深圳某容器公司补交配额的通知》,知道应该在2015年7月10日前补交与其超额碳排放量相等的配额,逾期未补交会被主管部门予以相应的处罚。但原告认为,其用电量方面比2013年有大幅下滑,工业产值受市场影响出现下滑,不明白用电量少了为何还要提交这么多的配额,因此未按照前述通知的要求在2015年7月10日前补交与其超额碳排放量相等的配额。2015年8月4日,被告作出深发改违〔2015〕1号违法行为通知书,告知原告:原告涉嫌未按时足额履行2014年度碳排放履约义务的违法行为,违反了《深圳市碳排放权交易管理暂行办法》第36条第1款[1]的规定,且未按《关于责令深圳某容器公司补交配额的通知》的要求补交与原告超额排放量相等的配额。根据《深圳市碳排放权交易管理暂行办法》第75条第1款[2]的规定,拟从原告2015年度配额中扣除原告2014年度未足额补交的配额,并对原告处以其2014年超额排放量(4928吨)乘以履约当月(2015年6月)之前连续6个月碳排放权交易市场配额平均价格(42.86元/吨)3倍的罚款,共计633,642.24元。被告于2015年8月6日向原告邮寄送达了上述通知书。2015年8月19日,被告依原告的申请举行了听证。2015年9月7日,被告作出深发改罚〔2015〕1号行政处罚决定书,认定原告存在未按时足额履行2014年度碳排放履约义务的行为,违反了《深圳市碳排放权交易管理暂行办法》第36条第1款的规定,且未按《关于责令某容器公司补交配额的通知》的要求补交与其超额排放量相等的配额,根据《深圳市碳排放权交易管理暂行办法》

---

〔1〕《深圳市碳排放权交易管理暂行办法》已于2022年因《深圳市碳排放权交易管理办法》施行而废止,相关规定参见《深圳市碳排放权交易管理办法》(2024年)第39条。

〔2〕相关规定参见《深圳市碳排放权交易管理办法》(2024年)第52条第7项。

第 75 条第 1 款的规定，决定对原告处以从原告 2015 年度配额中扣除原告 2014 年度未足额补交的配额，并处原告 2014 年超额排放量（4928 吨）乘以履约当月（2015 年 6 月）之前连续 6 个月碳排放权交易市场配额平均价格（42.86 元 / 吨）3 倍的罚款，共计 633,642.24 元的行政处罚。被告于 2015 年 9 月 10 日将上述行政处罚决定书送达给原告。原告收到后不服，向法院提起行政诉讼。

另查，2013 年 4 月 7 日被告确认原告 2014 年度目标碳强度为 2.119 吨 / 万元。2014 年 5 月 4 日深圳市人民政府《关于碳交易有关问题的会议纪要》载明同意原告等 24 家企业的目标碳强度调整方案。2014 年 5 月 15 日，被告作出深发改〔2014〕472 号《关于调整艾默生网络能源有限公司等 35 家管控企业目标碳强度的通知》，对有关管控企业 2013 ~ 2015 年目标碳强度进行调整，其中原告调整后的 2014 年度目标碳强度为 2.362 吨 / 万元。

深圳市某认证中心有限公司接受原告的委托对其 2014 年度的温室气体排放情况进行核查，该公司于 2015 年 4 月 16 日出具的《深圳市碳排放权交易组织温室气体排放核查报告》载明：原告 2014 年 1 月 1 日 ~ 2014 年 12 月 31 日的温室气体直接排放量为 5.91 吨二氧化碳当量，能源间接温室气体排放量为 6608.24 吨二氧化碳当量，总排放量为 6614.15 吨二氧化碳当量。原告在《企业温室气体排放核查信息确认书》中确认上述信息及数据正确无误。深圳市统计局 2015 年 5 月 11 日向被告作出《关于确定管控单位 2014 年统计指标数据的函》，载明原告 2014 年增加值为 7136 千元。深圳排放权交易所有限公司 2015 年 7 月 11 日向被告作出《关于 2015 年上半年深圳工业配额成交数据的报告》，载明 2015 年 1 月 1 日 ~ 2015 年 6 月 30 日深圳市 2014 年配额的平均价格为 42.86 元 / 吨。

（三）本案结果

1．一审结果

一审法院认为，《深圳市碳排放权交易管理暂行办法》第11条第1款[1]规定："符合下列条件之一的碳排放单位（以下简称管控单位），实行碳排放配额管理：（一）任意一年的碳排放量达到三千吨二氧化碳当量以上的企业……"第19条[2]规定："主管部门应当在每年5月20日前，根据管控单位上一年度的实际碳排放数据和统计指标数据，确定其上一年度的实际配额数量。管控单位的实际配额数量按照下列公式计算：（一）属于单一产品行业的，其实际配额等于本单位上一年度生产总量乘以上一年度目标碳强度；（二）属于其他工业行业的，其实际配额等于本单位上一年度实际工业增加值乘以上一年度目标碳强度……"第36条[3]第1款规定："管控单位应当于每年6月30日前向主管部门提交配额或者核证自愿减排量。管控单位提交的配额数量及其可使用的核证自愿减排量之和与其上一年度实际碳排放量相等的，视为完成履约义务。"第75条[4]第1款规定："管控单位违反本办法第三十六条第一款的规定，未在规定时间内提交足额配额或者核证自愿减排量履约的，由主管部门责令限期补交与超额排放量相等的配额；逾期未补交的，由主管部门从其登记账户中强制扣除，不足部分由主管部门从其下一年度配额中直接扣除，并处超额排放量乘以履约当月之前连续六个月碳排放权交易市场配额平均价格三倍的罚款。"

本案中，原告2014年度实际碳排放量为6614吨，依照上述规定应

---

[1] 相关规定参见《深圳市碳排放权交易管理办法》（2024年）第10条第1款。
[2] 相关规定参见《深圳市碳排放权交易管理办法》（2024年）第16条。
[3] 《深圳市碳排放权交易管理办法》（2024年）中已无对应规定。
[4] 《深圳市碳排放权交易管理办法》（2024年）中已无对应规定。

属于碳排放管控单位，其2014年度目标碳强度为2.362吨/万元，其2014年度的实际配额应为2.362吨/万元×714万元=1686吨。原告的实际碳排放量超过了其实际配额，且未能在2015年6月30日前足额履行2014年度碳排放履约义务，也未按照被告的要求补交与其超额排放量相等的配额，违反了上述办法的规定。被告据此作出深发改罚〔2015〕1号行政处罚决定书，对原告处以从原告2015年度配额中扣除其2014年度未足额补交的配额，并处原告2014年超额排放量（4928吨）乘以履约当月（2015年6月）之前连续6个月碳排放权交易市场配额平均价格（42.86元/吨）3倍的罚款，共计633,642.24元的行政处罚，符合规定，程序合法，适用法律正确，法院予以支持。

《深圳市碳排放权交易管理暂行办法》第14条[1]规定，主管部门应当根据目标排放总量、产业发展政策、行业发展阶段和减排潜力、历史排放情况和减排效果等因素综合确定全市碳排放权交易体系的年度配额总量。第82条[2]第13项、第14项规定，排放总量，是指所有管控单位在某个固定时期内允许排放二氧化碳的最大数量，等于主管部门在该固定时期内分配的配额总量和允许使用的核证自愿减排量之和；配额总量，是指可以由主管部门分配给所有管控单位，允许管控单位排放二氧化碳的最大配额数量。根据上述规定，碳排放总量是根据其在某个固定时期内允许排放二氧化碳的总量确定的，碳排放配额总量是根据目标排放总量、产业发展政策、行业发展阶段和减排潜力、历史排放情况和减排效果等因素综合确定的，与企业上一年度实际工业增加值密切相关，故原告关于其2014年度用电量比2013年度减少，碳排放总量也应相应

---

〔1〕 相关规定参见《深圳市碳排放权交易管理办法》(2024年)第13条。
〔2〕《深圳市碳排放权交易管理办法》(2024年)中已无关于年度排放总量、配额总量定义条款。

减少的主张，缺乏事实和法律依据，法院不予采信。

综上所述，一审法院认为，原告诉请撤销被告作出的深发改罚〔2015〕1号行政处罚决定书，理由不成立，法院不予支持，依法应予以驳回。一审法院依据《行政诉讼法》（2014年）第69条[1]的规定，判决驳回原告深圳某容器公司的诉讼请求。

2．二审结果

二审法院认为，2012年10月30日《深圳经济特区碳排放管理若干规定》公布施行，第3条[2]规定："……碳排放管控单位的范围由深圳市人民政府（以下简称市政府）依据特区碳排放的总量控制目标和碳排放单位的碳排放量等情况另行规定。"根据《深圳经济特区碳排放管理若干规定》，深圳市政府于2014年发布施行《深圳市碳排放权交易管理暂行办法》，其中第11条第1款规定："符合下列条件之一的碳排放单位（以下简称管控单位），实行碳排放配额管理：（一）任意一年的碳排放量达到三千吨二氧化碳当量以上的企业……"上诉人属于《深圳市碳排放权交易管理暂行办法》规定中的实行碳排放配额管理的单位，应当受碳排放管控。本案争议的主要问题是被上诉人确定的上诉人2014年度碳排放实际配额和实际碳排放量是否正确，对上诉人作出的行政处罚程序是否合法。

《深圳经济特区碳排放管理若干规定》（2012年）第4条[3]规定："建立碳排放配额管理制度。市政府碳排放权交易主管部门在碳排放总量控制的前提下，根据公开、公平、科学、合理的原则，结合产业政策、行业特点、碳排放管控单位的碳排放量等因素，确定碳排放管控单

---

〔1〕 相关规定参见《行政诉讼法》（2017年）第69条。
〔2〕 相关规定参见《深圳经济特区碳排放管理若干规定》（2019年）第3条。
〔3〕 相关规定参见《深圳经济特区碳排放管理若干规定》（2019年）第4条。

位的碳排放额度。碳排放管控单位应当在其碳排放额度范围内进行碳排放。"《深圳市碳排放权交易管理暂行办法》第19条第2款规定了管控单位的实际配额数量计算公式，上诉人作为塑料化纤、纺织、金属及非金属制造和压延业中的塑料橡胶制品业企业，不属于单一产品行业企业，其碳排放实际配额数量计算公式为"本单位上一年度实际工业增加值乘以上一年度目标碳强度"。其中，上诉人的2014年实际工业增加值依据《深圳市碳排放权交易管理暂行办法》第5条第2款[1]的规定由深圳市统计部门负责核算，市统计部门核算的上诉人2014年工业增加值为714万元，结合上一年度目标碳强度2.362吨/万元，计算上诉人2014年可获得的实际配额数量为1686.468吨。被上诉人核定为1686吨，其误差不构成不合理的实质性错误，上诉人亦无异议，可予以确认。因没有上位法对碳排放实际配额计算公式作出统一的具有强制力的规定，地方政府规章《深圳市碳排放权交易管理暂行办法》依据经济特区法规《深圳经济特区碳排放管理若干规定》的授权规定的计算公式没有违反上位法，应当予以执行，上诉人关于实际配额计算公式不合理的主张，二审法院不予支持。

《深圳经济特区碳排放管理若干规定》（2012年）第7条第1款[2]规定："碳排放管控单位应当向市政府碳排放权交易主管部门提交经第三方核查机构核查的年度碳排放报告。"第三方核查机构和核查人员由《深圳市碳排放权交易管理暂行办法》第5条第2款规定的市场监督管理部门进行监督管理，上诉人委托的核查机构属于深圳市市场监督管理部门公布的备案核查机构名录范围，上诉人没有证据证明核查机构不具有相应资质且不知道核查机构作出的核查报告。核查机构对上诉人2014

---

[1] 相关规定参见《深圳市碳排放权交易管理办法》（2024年）第5条第2款及第6条第2款。
[2] 相关规定参见《深圳经济特区碳排放管理若干规定》（2019年）第7条第1款。

年度实际碳排放量核查结果为6614.15吨,并于2015年4月16日经上诉人书面确认,于2015年4月23日向被上诉人提交。被上诉人确认实际碳排放量为6614吨,与实际碳排放量数据误差微小,可予以确认。上诉人认为2014年度实际用电量减少则实际碳排放量应当减少,这与核查机构核查并经上诉人确认的实际碳排放量数据不符,上诉人以实际用电量减少为由主张实际碳排放量应当减少,也是对实际碳排放量的测算标准的错误理解。上诉人关于核查报告无效的理由不成立,二审法院不予支持。

《深圳经济特区碳排放管理若干规定》(2012年)第8条第1款[1]规定:"碳排放管控单位违反本规定,超出排放额度进行碳排放的,由市政府碳排放权交易主管部门按照违规碳排放量市场均价的3倍予以处罚。"被上诉人确定上诉人2014年度的实际碳排放量为6614吨,当年度实际配额数量为1686吨,短缺量为4928吨。参照《深圳市碳排放权交易管理暂行办法》第36条第1款的规定:"管控单位应当于每年6月30日前向主管部门提交配额或者核证自愿减排量。管控单位提交的配额数量及其可使用的核证自愿减排量之和与其上一年度实际碳排放量相等的,视为完成履约义务。"被上诉人确定上诉人的2014年度实际配额数量和实际碳排放量后,于2015年5月20日向上诉人作出书面通知,要求上诉人于2015年6月30日前完成履约,但上诉人未按照规定时间完成履约。上诉人主张其是对2014年度碳排放量和实际配额有疑义,因此未在6月30日前完成履约义务,但上诉人没有向被上诉人提出碳核查结果的复核,其单方疑义不构成不完成履约义务的正当事由,对上诉人提出的异议,二审法院不予支持。

---

[1] 相关规定参见《深圳经济特区碳排放管理若干规定》(2019年)第8条第1款。

《深圳市碳排放权交易管理暂行办法》第 75 条第 1 款规定："管控单位违反本办法第三十六条第一款的规定，未在规定时间内提交足额配额或者核证自愿减排量履约的，由主管部门责令限期补交与超额排放量相等的配额；逾期未补交的，由主管部门从其登记账户中强制扣除，不足部分由主管部门从其下一年度配额中直接扣除，并处超额排放量乘以履约当月之前连续六个月碳排放权交易市场配额平均价格三倍的罚款。"被上诉人于 2015 年 7 月 2 日作出责令补交配额的通知，责令上诉人于 2015 年 7 月 10 日前补交与超额排放量相等的配额 4928 吨，并告知了逾期未补交足额配额的处理和处罚后果。上诉人收到通知后仍未采取改正措施按时补交足额配额。2015 年 7 月 21 日，被上诉人对上诉人的委托代理人进行调查询问，调查上诉人未完成 2014 年度碳排放履约义务的事实并听取了申辩。2015 年 8 月 6 日，被上诉人向上诉人送达了违法行为通知书，告知了认定的违法事实、拟作出的处罚种类和理由及上诉人陈述申辩和申请听证的权利。上诉人提出听证申请后，被上诉人于 2015 年 8 月 13 日送达听证通知，于 8 月 19 日进行了听证，上诉人委托的参加听证人员对被上诉人拟作出的行政处罚决定及其相关证据均无异议，对 2014 年度实际碳排放量、需要提交的配额数量和罚款额度的合理性有异议。2015 年 9 月 7 日，被上诉人根据认定的事实，依据《深圳市碳排放权交易管理暂行办法》第 36 条第 1 款、第 75 条第 1 款的规定，对上诉人作出从 2015 年度配额中扣除 2014 年度未足额补交的配额，并处以罚款 633,642.24 元的处罚决定，依据的事实清楚，证据确凿，适用法律正确，处罚程序合法。

综上所述，上诉人认为被上诉人作出的处罚决定认定事实错误、处罚程序违法的上诉理由不成立，要求撤销一审判决和行政处罚决定的上诉请求不成立，二审法院不予支持。一审判决认定事实清楚，适用法律正确,二审法院予以维持。依照《行政诉讼法》(2014年)第89条第1款第1项之规定,判决驳回上诉,维持原判。

三、合规研究

(一)进行碳配额清缴履约相关法律依据

上述案例的起因在于2014年5月广东省深圳市发展和改革委员会对温室气体重点排放单位2015年目标碳强度进行了调整,深圳某容器公司作为温室气体重点排放单位,没有正确理解碳排放的概念,没有正确认识碳排放总量、碳配额的计量和核算,错误地认为己方公司在2014年度用电量较2013年度减少,故2014年度碳排放量就应当比2013年度低,从而未按时足额履行2014年度碳排放履约义务,导致最终被深圳市发展和改革委员会行政处罚。基于这种错误认知,深圳某容器公司对深圳市发展和改革委员会的处罚决定不服,据此向法院提起该案诉讼。经两级法院审理,依据碳排放权的相关规定作出了公正判决,驳回深圳某容器公司的诉讼请求。上述案例作为最高人民法院公布的典型案例,案件涉及温室气体重点排放单位的认定,碳排放总量、碳配额等概念的理解、计量及核算,温室气体重点排放单位对碳排放的履约义务等涉碳新类型法律法规,具有很强的前瞻性和指导性。

如今,碳配额清缴已经有了较为完善的依据。国务院发布的《碳排放权交易管理暂行条例》第8条规定了重点排放单位名录由国务院生态环境主管部门会同国务院有关部门确定。从立法上明确了需要履行碳配额清缴义务的主体来源。第9条规定了全国碳配额总量确定及分配方案的组织实施原则。第11条规定了重点排放单位编制温室气体排放报告的方式和有关责任。第12条规定了省级人民政府生态环境主管部门对重点排放单位报送的年度排放报告进行核查的方式。第 13 条规定了接受核查委托的技术服务机构相应的检测要求和检测责任。第 14 条规定了重点排放单位应当根据年度排放报告核查结果，按照国务院生态环境主管部门规定的时限，足额清缴其碳排放配额。

生态环境部发布了《碳排放权交易管理办法（试行）》。在法律法规和部门规章外，生态环境部还通过对发电行业发布配额总量和分配方案，以及对发电设施、钢铁、水泥、电解铝等不同行业发布温室气体核算方法与报告指南及核算方法技术指南等具体标准，对碳配额的履约清缴作出了具体、详尽的规定，对碳配额清缴实施作出了更加详细的规定。

由上可知，从纳入重点排放单位名录，到根据年度碳排放配额总量和分配方案向重点排放单位免费分配碳配额，再到重点排放单位编制年度排放报告并交由生态环境部门核查，最后依据核查结果按时限清缴碳配额。整个碳配额清缴的过程清晰、明确，有据可依，且具备足够的法律效力。

（二）准确全面理解涉碳新类型法律文件规定

1. 碳排放权交易制度的严格执行

（1）制度背景：《深圳市碳排放权交易管理暂行办法》明确规定了碳排放管控单位的定义、配额计算方法、履约义务及违规处罚措施。这些规定旨在通过市场化手段促进企业减少碳排放，实现环境可持续发展。

（2）执行情况：深圳某容器公司作为碳排放管控单位，未能在规定时间内提交足够的碳排放配额或核证自愿减排量，导致被处以行政处罚。这一案例展示了政府在碳排放管理方面的严格执法态度。

2. 企业环保责任的重要性

（1）合规意识：深圳某容器公司虽然在 2014 年度用电量减少，但实际碳排放量仍超过其配额，反映出企业在环保合规方面的不足。企业应加强对碳排放数据的管理和监控，确保符合环保法规要求。

（2）风险管理：未履行碳排放履约义务不仅会导致行政处罚，还会对企业声誉和财务状况造成负面影响。企业应建立健全环保管理体系，定期进行内部审计和培训，增强员工的环保意识，提高企业的合规能力。

3. 碳排放量的科学计算

（1）多因素考量：碳排放量的确定不仅是基于用电量，还涉及工业增加值、目标碳强度等多个因素。深圳某容器公司未能理解这一点，导致其对碳排放配额的计算存在误解。

（2）数据准确性：第三方核查机构的核查报告是确定碳排放量的重要依据。企业应确保提供准确的数据，配合核查工作，避免因数据不准确引发的法律纠纷。

4. 行政处罚的合法性

（1）程序正当性：深圳市发展和改革委员会在作出行政处罚前，依法进行了调查、听证等程序，确保了行政处罚的公正性和透明度。企业如对行政处罚有异议，可以通过法律途径进行申诉，但需提供充分的证据。

（2）法律依据：行政处罚的依据是《深圳市碳排放权交易管理暂行办法》的相关条款，法院在审理过程中也确认了这些规定的合法性和适用性。企业应熟悉相关规定，确保自身行为符合法律规定。

随着碳交易法律法规体系的完善，行政处罚依据也变得更加明确。《碳排放权交易管理暂行条例》第 21 条规定："重点排放单位有下列情形之一的，由生态环境主管部门责令改正，处 5 万元以上 50 万元以下的罚款；拒不改正的，可以责令停产整治：（一）未按照规定制定并执行温室气体排放数据质量控制方案；（二）未按照规定报送排放统计核算数据、年度排放报告；（三）未按照规定向社会公开年度排放报告中的排放量、排放设施、统计核算方法等信息；（四）未按照规定保存年度排放报告所涉数据的原始记录和管理台账。"第 22 条规定："重点排放单位有下列情形之一的，由生态环境主管部门责令改正，没收违法所得，并处违法所得 5 倍以上 10 倍以下的罚款；没有违法所得或者违法所得不足 50 万元的，处 50 万元以上 200 万元以下的罚款；对其直接负责的主管人员和其他直接责任人员处 5 万元以上 20 万元以下的罚款；拒不改正的，按照 50% 以上 100% 以下的比例核减其下一年度碳排放配额，可以责令停产整治：（一）未按照规定统计核算温室气体排放量；（二）编制的年度排放报告存在重大缺陷或者遗漏，在年度排放报告编制过程中篡改、伪造数据资料，使用虚假的数据资料或者实施其他弄虚作假行为；（三）未按照规定制作和送检样品。"第 24 条规定："重点排放单位未按照规定清缴其碳排放配额的，由生态环境主管部门责令改正，处未清缴的碳排放配额清缴时限前 1 个月市场交易平均成交价格 5 倍以上 10 倍以下的罚款；拒不改正的，按照未清缴的碳排放配额等量核减其下一年度碳排放配额，可以责令停产整治。"第 27 条规定："国务院生态环境主管部门会同国务院有关部门建立重点排放单位等交易主体、技术服务机构信用记录制度，将重点排放单位等交易主体、技术服务机构因违反本条例规定受到行政处罚等信息纳入国家有关信用信息系统，并依法向社会公布。"

生态环境部发布的《碳排放权交易管理办法（试行）》第 41 条还特别规定："违反本办法规定，涉嫌构成犯罪的，有关生态环境主管部门应当依法移送司法机关。"

由此可见，重点排放单位不依法履行碳配额清缴义务的，面临的法律责任和法律后果非常严重，不仅会受到行政处罚，甚至可能面临刑事追究。

（三）企业应该加强碳排放管理体系建设

1．增强环保合规意识

企业应该认识到环保合规不仅是法律责任，也是社会责任。通过加强内部管理，增强环保意识，可以有效避免因违规行为带来的法律风险和经济损失。

2．建立科学的碳排放管理体系

企业应建立一套科学的碳排放管理体系，包括数据收集、核查、报告等环节，确保碳排放数据的准确性和可靠性。同时，应积极采用新技术和新工艺，降低碳排放量，实现绿色生产。

3．重视法律风险防范

企业在面临行政处罚时，应及时咨询专业律师，了解自身权利和义务，通过合法途径维护自身权益。同时，应加强法律法规的学习，确保企业行为符合法律规定，避免不必要的法律纠纷。

4．积极参与碳排放权交易

碳排放权交易是一种有效的市场机制，可以帮助企业以较低的成本实现减排目标。企业应积极参与碳排放权交易，通过购买或出售配额，优化资源配置，实现经济效益和环境效益的双赢。

5．加强与政府和第三方机构的合作

企业应与政府部门和第三方核查机构保持良好的沟通和合作，及时了解相关政策和要求，确保自身的碳排放数据和管理符合标准。通过合作，可以提高和增强碳排放管理的效率和效果。

总之，通过上述案例可以看出，碳排放权交易制度的有效实施，对于促进企业减排和环境保护具有重要意义。企业应增强环保合规意识，建立科学的碳排放管理体系，积极参与碳排放权交易，确保自身行为符合法律规定，实现可持续发展。

第四节 北京某清洁能源咨询公司诉某光电投资公司服务合同纠纷案

一、案例价值

国家核证自愿减排量项目具有投资回收周期较长，技术服务专业化程度较高、程序较为复杂等特点，实践中，业主方会就国家核证自愿减排量项目委托专业第三方咨询、服务单位共同参与开发和提供服务。

本案属于最高人民法院公布的典型案例，本案中咨询服务的提供方与业主方在服务协议履行过程中出现关于协议是否已自动终止或解除的争议，存在服务提供方逾期未完成约定事务、业主方未及时足额付款以及基于政策变动主管机构暂缓受理温室气体自愿减排项目、减排量与审定的情况，在此情况下，法院区分服务提供方已完成项目和未完成项目的情形，对其提出的已完成国家核证自愿减排量的项目服务费及利息的诉讼请求予以支持，对协议未履行部分进行解除，对各方主体利益进行平衡，鼓励温室气体自愿减排交易和引导碳市场交易活动有序开展。

二、案例简介[1]

（一）诉讼主张

1. 原告：北京某清洁能源咨询公司

原告诉称：2014年7月4日，北京某清洁能源咨询公司与某光电投资公司签订了《中国温室气体自愿减排项目开发服务协议》（以下简称《服务协议》），约定由某光电投资公司全权委托北京某清洁能源咨询公司负责下列四个项目的温室气体自愿减排交易专业服务：（1）尚德红星二场50兆瓦并网光伏电站建设项目一期30兆瓦工程；（2）金坛正信喀什麦盖提20兆瓦光伏并网发电项目；（3）中建材喀什疏附20兆瓦光伏并网发电项目；（4）浚鑫科技喀什疏附20兆瓦光伏并网发电项目。

四个项目分别需要完成五个阶段的任务：任务1，项目设计文件开发；任务2，协助项目通过国家主管机构备案的审定机构审定；任务3，协助项目通过国家主管机构的项目备案申请的评估、备案和登记；任务4，协助项目执行、项目监测计划，完成项目减排量检测报告，通过国家主管机构备案的核证机构核证；任务5，协助通过国家主管机构的减排量备案申请的审批、备案和登记。某光电投资公司于每个项目的每一阶段任务完成后分别支付相应合同价款。

上述四个项目分别于2016年2月24日、2016年3月11日、2016年5月10日、2016年7月11日获得由国家主管机关备案的审定机构签字盖章的项目审定报告，并由北京某清洁能源咨询公司提交给某光电投资公司。因此按照合同约定，北京某清洁能源咨询公司已经完成全部

---

[1] 参见江苏省无锡市新吴区人民法院民事判决书，(2017)苏0214民初1213号。

四个项目的任务2，某光电投资公司应支付每个项目50,000元，合计200,000元的服务费用。此外，尚德红星二场一期项目于2016年10月通过国家主管机构的审查和备案，并在国家登记簿处登记，按照合同约定，北京某清洁能源咨询公司已完成尚德红星项目的任务3，某光电投资公司应支付该项目任务3对应的26,000元服务费用。而根据《服务协议》第7条第6款之约定，某光电投资公司应按照中国人民银行短期贷款基准利率4.35%加2‰日利率支付逾期付款利息，自2016年11月4日起计算至2017年1月31日止为89天，利息合计为46,855.48元，上述款项合计为272,855.48元。北京某清洁能源咨询公司分别于2016年8月24日、2016年10月18日向某光电投资公司发送请款通知书和催款通知书，但截至起诉之日某光电投资公司仍未支付上述款项。北京某清洁能源咨询公司决定解除合同，于2017年1月20日向某光电投资公司发送解约通知书，并在后续提起诉讼主张上述未付服务款及逾期利息。

2．被告：某光电投资公司

被告辩称：北京某清洁能源咨询公司未按照合同约定完成相应的服务内容，使某光电投资公司不能完全实现合同目的，根据《服务协议》的约定，合同已经自动终止，双方权利义务消灭，某光电投资公司无须支付相应费用及利息。根据合同约定，因减排量交易的最终目的尚未实现，且国家政策正在进行调整，某光电投资公司未能按照合同约定的周期完成审定及其他服务内容，政策调整后相关审定报告存在无法使用的可能性。故该合同已自动终止，无须解除，某光电投资公司也无须支付服务费用及利息。

（二）案件情况

法院查明事实如下：2014年7月4日，某光电投资公司与北京某清洁能源咨询公司签订《服务协议》一份，约定由某光电投资公司全权委托北京某清洁能源咨询公司负责四个项目的温室气体自愿减排交易专业服务，北京某清洁能源咨询公司协助某光电投资公司在一年内完成上述项目在国家发展和改革委员会的登记注册，在随后18个月内完成项目减排量在国家主管机构备案和国家登记簿登记，如果北京某清洁能源咨询公司未能按时完成，且经友好协商后判定北京某清洁能源咨询公司无能力继续协助某光电投资公司的国家核证自愿减排量项目设计及开发事宜，则本协议终止。

  北京某清洁能源咨询公司前三个阶段的服务内容为：任务1，项目设计文件的开发；任务2，协助某光电投资公司使项目通过经国家主管机构备案的审定机构的审定，任务完成标志为获得由审定机构签字的最终版项目审定报告；任务3，协助某光电投资公司使项目通过国家主管机构的项目备案申请的评估、备案和登记，任务完成标志为项目通过国家主管机构的审查和备案，并在国家登记簿处登记。付款条件为：北京某清洁能源咨询公司完成每个项目的任务2后，某光电投资公司在收到北京某清洁能源咨询公司发送的付款通知及相应数额的咨询费发票后10个工作日内，针对每个项目汇款50,000元，四个项目共计200,000元；北京某清洁能源咨询公司在完成任务3后，某光电投资公司在收到北京某清洁能源咨询公司发送的付款通知及相应数额的咨询费发票后的10个工作日内，针对每个项目汇款26,000元。如果某光电投资公司在规定期限内未能及时支付协议中规定的费用，则北京某清洁能源咨询公司有权就逾期未付款项按中国人民银行公布的利率加上2‰的日利率对到期应付金额按日计收复利，计息期从到期日起至该款项被全额支付之日止。中国质量中心分别于2016年1月30日出具《尚德红星二场50兆瓦并网光伏电站建设项目一期30MWP工程审定报告》，于2016年2

月 18 日出具《中建材喀什疏附 20MWP 光伏并网发电项目审定报告》，于 2016 年 2 月 22 日出具《浚鑫科技喀什疏附 20 兆瓦光伏并网发电项目审定报告》，于 2016 年 7 月 8 日出具《金坛正信喀什麦盖提 20 兆瓦光伏并网发电项目审定报告》，北京某清洁能源咨询公司于 2016 年 7 月 25 日向国家发展和改革委员会政务服务大厅提交尚德红星温室气体自愿减排交易项目备案材料并办理了备案手续。2017 年 1 月 20 日，北京某清洁能源咨询公司向某光电投资公司发出解约通知书 1 份，要求某光电投资公司尽快支付合同约定的共计 244,596.74 元的款项及逾期付款利息，同时提出解除《服务协议》。2017 年 2 月 22 日，北京某清洁能源咨询公司提起诉讼。以上事实，由《服务协议》、审定报告、截图、解约通知书及当事人陈述等证据在卷予以证实。

诉讼中，某光电投资公司称因为北京某清洁能源咨询公司未能在合理期限内完成《服务协议》约定的服务内容，根据《服务协议》的约定，视为双方终止本协议，并由北京某清洁能源咨询公司自行承担所投入的成本及支付前期的费用。北京某清洁能源咨询公司则称未在约定的期限内完成服务内容系某光电投资公司迟迟未能提供项目的基本资料及信息所导致。某光电投资公司提供了国家发展和改革委员会于 2017 年 3 月 14 日的公告 1 份，以证明国家发展和改革委员会已暂缓受理温室气体自愿减排项目、减排量、审定和核证机构、交易机构备案申请。北京某清洁能源咨询公司未能按期完成相应服务，导致现已取得的审定报告也可能出现无法使用的后果，使《服务协议》的目的无法实现。北京某清洁能源咨询公司认可该公告的真实性，但认为并不影响已备案的国家核证自愿减排量参与交易，因诉争项目已于 2016 年通过备案，并不受政策调整的影响。

(三)本案结果

法院认为,北京某清洁能源咨询公司与某光电投资公司之间的《服务协议》合法有效,现双方均有解除协议的意思表示,故法院确认该《服务协议》的未履行部分予以解除。关于北京某清洁能源咨询公司已经完成的各个项目的任务2以及尚德红星二场50兆瓦并网光伏电站建设项目一期30兆瓦工程项目的任务3,北京某清洁能源咨询公司提供的证据已能够证明其确实按照协议约定履行了相应义务。虽然北京某清洁能源咨询公司未能在《服务协议》约定期限内完成服务,但因双方在《服务协议》中约定要经友好协商后在判定北京某清洁能源咨询公司无能力继续履行协议时才终止协议,再结合北京某清洁能源咨询公司已向某光电投资公司交付审定报告而某光电投资公司也予以接受并未提出异议的情形,法院判定北京某清洁能源咨询公司主张的226,000元服务费用已符合付款条件,某光电投资公司应予支付。关于逾期付款利息,双方在《服务协议》中约定的利息远超银行同期贷款利率的4倍,经某光电投资公司请求,法院酌定逾期付款利率为中国人民银行同期同档贷款基准利率的4倍,从起诉之日起计算至实际给付之日止。据此,依照《合同法》的有关规定,判决如下:

(1)解除北京某清洁能源咨询公司与某光电投资公司于2014年7月4日签订的《服务协议》的未履行部分。

(2)某光电投资公司于本判决发生法律效力之日起10日内向北京某清洁能源咨询公司支付服务费用226,000元,并支付该款自2017年2月22日起至实际支付之日止按照中国人民银行同期同档贷款基准利率4倍计算的逾期付款利息。

(3)驳回北京某清洁能源咨询公司的其他诉讼请求。

三、合规研究

（一）国家核证自愿减排量项目开发流程及条件成就

上述案例发生时间为 2014 年，彼时生效的国家核证自愿减排量规范文件为国家发展和改革委员会 2012 年 6 月出台的《温室气体自愿减排交易管理暂行办法》，而本书写作时适用的是生态环境部、国家市场监督管理总局于 2023 年 10 月发布的《温室气体自愿减排交易管理办法（试行）》，两者在规定上存在一定差别。从当前适用的《温室气体自愿减排交易管理办法（试行）》的第二章、第三章规定可见，一个国家核证自愿减排量项目从设计到最终完成减排量登记，可以简要拆分为以下步骤：（1）项目评估及制作项目设计文件；（2）委托审定与核查机构对项目进行审定并出具项目审定报告；（3）通过注册登记系统公示项目设计文件，向注册登记机构申请温室气体自愿减排项目登记；（4）编制减排量核算报告，委托审定与核查机构对减排量进行核查；（5）公示减排量核算报告，申请项目减排量登记。

目前，项目开发方委托第三方咨询机构为其提供国家核证自愿减排量开发服务，主要是针对上述步骤 1，即"项目评估及制作项目设计文件"开展。

而步骤 2 "委托审定与核查机构对项目进行审定并出具项目审定报告"的相关工作和步骤 4 "编制减排量核算报告，委托审定与核查机构对减排量进行核查"，需要由市场上具有特定资质的第三方机构完成。

步骤 3 "通过注册登记系统公示项目设计文件，向注册登记机构申请温室气体自愿减排项目登记"和步骤 5 "公示减排量核算报告，申请项目减排量登记"则需要由项目业主申请完成。

但实际操作中，项目业主为加速项目开发进度，亦会委托第三方咨询机构在项目评估及设计文件制作工作外，协助其参与后续有关程序，甚至自身只提供相关的资质，主要工作交由第三方咨询机构代其完成。

上述案件中，原告、被告双方分别为国家核证自愿减排量项目业主方（某光电投资公司）与国家核证自愿减排量咨询服务提供方（北京某清洁能源咨询公司），《服务协议》主体内容为服务提供方协助业主方完成国家核证自愿减排量项目从设计到减排量获得国家主管机构审批、备案和登记整个流程，而双方在这一过程中设置任务节点作为付款条件，服务提供方因业主方未足额支付服务款项而提起诉讼。

项目开发方某光电投资公司以北京某清洁能源咨询公司未能在合理期限内完成《服务协议》约定的服务内容为由，主张该情形视为协议已终止，认为北京某清洁能源咨询公司应自行承担所投入的成本及支付前期的费用。法院对北京某清洁能源咨询公司已完成项目工作和未完成项目工作进行了区分，北京某清洁能源咨询公司提供服务的四个项目均完成了任务2"协助项目通过国家主管机构备案的审定机构审定"，其中一个项目还完成了任务3"协助项目通过国家主管机构的项目备案申请的评估、备案和登记"，法院对北京某清洁能源咨询公司关于已完成步骤对应的服务款项主张予以了支持，北京某清洁能源咨询公司与某光电投资公司于协议中将整体服务进行拆解并约定相应步骤的对应金额和付款节点，是法院能对完成程度进行区分及根据完成情况支持对应阶段金额的基础和依据。

因此在签订国家核证自愿减排量开发咨询合同时，应将整体服务根据各关键节点进行拆分并与款项支付挂钩，并为其设置明确的验收方式，这是保证合同履行和控制合同风险的重要手段。由于国家核证自愿减排量项目开发都需要依据明确的方法学进行，因此需要根据相应方法学中的开发流程确认关键节点的设置，对于不能以第三方咨询机构为主体独立完成的开发流程，需要在合同中明确注明其承担的只能是配合和协助义务。根据开发流程确认的关键阶段与付款挂钩时，开发方应该充分履行前置的验收义务，开发方依据方法学进行验收，发现咨询方没有完成相应开发工作时，有权不予支付相关款项。开发方怠于履行验收义务或者未能依据方法学合理提出验收意见的，应该按合同约定履行相应的付款义务。

（二）已接收工作成果后逾期的应慎重认定根本违约

某光电投资公司的主要辩护方向，即援引"如北京某清洁能源咨询公司未能按时完成，且经友好协商后判定北京某清洁能源咨询公司无能力继续协助某光电投资公司的国家核证自愿减排量项目设计及开发事宜，则本协议终止"条款，且上述案例的判决中也确认了北京某清洁能源咨询公司确实存在未按时完成工作的情况，但某光电投资公司已接受了北京某清洁能源咨询公司已有的工作成果，并且协议明确约定，终止需双方友好协商并判定北京某清洁能源咨询公司无力继续协助该国家核证自愿减排量项目，因此法院并未认可某光电投资公司关于协议自动终止或解除的主张。

国家核证自愿减排量项目开发周期较长，如果开发方与第三方产生争议导致根本违约的情况出现，实际上对双方而言都是一柄"双刃剑"。一方面，北京某清洁能源咨询公司的工作成果对于国家核证自愿减排量项目的开发具有重要的作用，是项目后续申报和审核的相关依据；另一方面，如果开发方在北京某清洁能源咨询公司确实逾期的情况下，以根本违约为由拒绝支付相关咨询服务费用，其理应不能再使用北京某清洁能源咨询公司的相关工作成果，这对开发方而言无疑也损失了宝贵的项目开发时间。由于国家核证自愿减排量项目开发周期长以及受政策影响较大等客观原因,逾期可能不全是或不完全是北京某清洁能源咨询公司自身造成的。因此综合来看,如果开发方出于项目开发需要,尽管主张了第三方咨询机构有工作成果交付逾期的问题,但还是接受了第三方咨询机构的工作成果,这在事实上也被视为一种"有瑕疵的交付完成状态"。而这种瑕疵交付,对于瑕疵一方是否造成违约后果以及造成何种违约后果,应该由主张违约的一方在合同履行过程中予以更加明确的示明,最好是以书面形式向对方提出违约主张;如果该违约主张最终仍以工作成果接受为目的,那这种主张就不应是一种根本性违约主张。

最高人民法院民事审判第一庭在《民事审判实务问答》一书中认为:"若当事人在合同中约定满足条件时合同自动解除,不宜认为该条件成就时,合同可以不经通知即解除。"[1]其理由在于,合同解除是合同权利义务终止的重要方式之一,是对合同效力状态的根本性改变。法律规定的合同解除方式,包括当事人协商一致解除合同,以及解除权人行使解除权解除合同。合同的解除须由当事人为相应的意思表示,意图即在于使各方当事人对合同效力状态是否发生根本性变化能够有明确的认识。《民法典》第565条第1款的规定意在强调当事人一方行使约定或法定的合同解除权时,应当向对方发出通知,作出明确意思表示。该条虽未覆盖约定自动解除条件的情形,但出于促进合同关系的变动在双方当事人之间清晰化、明确化的考量,若当事人在合同中约定满足条件时合同自动解除,不宜认为该条件成就时,合同可以不经通知即解除。因此在上述案例中,即便协议不存在"如北京某清洁能源咨询公司未能按时完成,且经友好协商后判定北京某清洁能源咨询公司无能力继续协

---

[1] 最高人民法院民事审判第一庭编:《民事审判实务问答》,法律出版社2021年版,第28~29页。

助某光电投资公司的国家核证自愿减排量项目设计及开发事宜"这一前提，某光电投资公司依据该条款主张协议已自行解除或终止的，也难以得到支持。某光电投资公司已经接受工作成果，其更无依据主张协议自行终止，也无法要求相应成本、费用均是由北京某清洁能源咨询公司自行承担。

（三）政策变动对国家核证自愿减排项目的影响重大

上述案例中《服务协议》为2014年7月4日签署，北京某清洁能源咨询公司四个项目完成任务2"协助项目通过国家主管机构备案的审定机构审定"的时间分别是2016年1月30日、2016年2月18日、2016年2月22日和2016年7月8日，最终仅有一个项目于2016年7月25日向国家发展和改革委员会政务服务大厅提交温室气体自愿减排交易项目备案材料并在后续办理了备案手续，完成了任务3。

某光电投资公司辩称北京某清洁能源咨询公司未能按期完成相应服务，导致已取得的审定报告也可能出现无法使用的后果，使《服务协议》的目的无法实现。某光电投资公司的上述主张基于国家发展和改革委员会公告2017年第2号，文件通告"暂缓受理温室气体自愿减排交易方法学、项目、减排量、审定与核证机构、交易机构备案申请。待《暂行办法》修订完成并发布后，将依据新办法受理相关申请。此次暂缓受理温室气体自愿减排交易备案申请，不影响已备案的温室气体自愿减排项目和减排量在国家登记簿登记，也不影响已备案的'核证自愿减排量（CCER）'参与交易"。根据上述公告文件，公告出台后不影响已备案的温室气体自愿减排项目和减排量在国家登记簿登记，但已知北京某清洁能源咨询公司仅就其中一个项目向国家发展和改革委员会政务服务大厅提交温室气体自愿减排交易项目备案材料并办理了备案手续，另外三个项目只完成了审定机构审定，因此这三个项目的继续开发势必难以进行。

2017年国家核证自愿减排量市场交易暂停对众多国家核证自愿减排量项目开发造成了重大的影响，很多正在进行中的国家核证自愿减排量开发项目被迫暂停，相关的前期投入无法收回，因此导致了很多纠纷的出现。在国家核证自愿减排量开发相关的协议，包括第三方咨询服务合同中，为避免政策变化导致合同目的无法实现，应该对此作出明确约定或将此视为一种不可抗力情形予以明确，即因政策变化开发无法完成或者与开发相关的合同目的无法实现的，有关责任方可以免责或不视为其违约。同时，对于这种政策变化导致的开发风险，各方应该根据方法学的要求，在关键节点的设置上更加具体、细化，以便于各方及时止损，避免损失扩大化或风险不可控。

第五节　刘某某等组织、领导传销活动案

一、案例价值

本案中邱某（在逃）获悉国家将着手碳汇交易的信息后，用虚假身份成立了多家碳汇公司并通过线上平台吸引会员非法收取会费，利用会员ID号进行牟利近4亿元。

另外，本案中刘某某、李某某、杨某某伙同邱某以投资"碳汇易"为名，要求参加者以缴纳会员费的方式获得加入资格，并按照一定顺序

组成层级，以直接和间接发展人员的数量和业绩为计酬和返利的依据，引诱参加者继续发展他人参加，从事骗取财物，扰乱经济社会秩序的网络传销活动，情节严重；赵某某帮助邱某协调管理网站及后台数据，对保障传销网站的正常运行起到辅助作用，情节严重。刘某某、李某某、杨某某、赵某某的行为均已构成组织、领导传销活动罪。

碳汇交易具有一定的金融属性，在涉及碳汇的交易中一定要避免传销、非法集资等刑事犯罪的风险，在未获得审批的情况下不要从事相关的工作，且从事相关工作的人员亦要注意不要参与到违法犯罪的行为中，一旦发现公司从事违法活动要及时向司法部门检举揭发并控制有关责任人员，避免损失无法挽回。

二、案例简介[1]

（一）诉讼主张

1. 上诉人1（原审被告1）：刘某某

上诉人1（原审被告1）诉称：（1）其是听信邱某等人的宣传，在不知是犯罪的情况下，以投资者的身份参与其中，其主观没有违法犯罪的意图；（2）其没有担任核心市场团队长，不存在负责广东、湖南片区市场的说法，不清楚发展会员有多少；（3）其没有获利600万元，只是银行流水，不能认定为个人获利。

2. 上诉人2（原审被告2）：杨某某

上诉人2（原审被告2）诉称：其是受人蒙骗参加传销活动，原判量刑过重，请求二审从轻处罚。

---

[1] 参见湖南省益阳市中级人民法院刑事裁定书,(2019)湘09刑终226号。

3. 上诉人 3（原审被告 3）：赵某某

上诉人 3（原审被告 3）诉称：其是公司劳务性员工，不清楚公司的传销活动，未协调管理传销网站及后台数据，无主观犯罪故意，不应认定为犯罪，请求二审法院予以改判。

另有原审被告李某某未上诉。

（二）案件情况

法院查明事实如下：2016 年 10 月，邱某（在逃）获悉国家将着手碳汇交易的信息后，便以其化名林某、辛某、潘某三个虚假身份，伙同夏某（又名夏某甲，在逃）先后组织创建了碳汇投资公司和碳汇易公司，打着专注低碳、绿色发展和购买碳汇金融机构的幌子，实行多层级虚拟"碳汇"产品交易的网络传销活动，扰乱经济社会秩序。为了推进犯罪活动，邱某聘请黎某设计了会员注册网站，聘请李某设计了会员积分管理网站搭建了两个碳汇交易投资平台，为吸收他人入会以获取 ID 号，并利用 ID 号为收取犯罪获利铺设基础。

邱某为招摇过市，掩盖其犯罪目的，于 2017 年 4 月 7 日派谌某甲代表公司与北京环境交易所签订了碳汇交易合同，获取了该所碳汇交易会员资格，之后因北京环境交易所发现邱某的碳汇投资公司以北京环境交易所战略会员、交易会员的名义昭示公众，以高额回报为诱饵，实施网络传销的行径，依照《北京环境交易所会员管理办法》[1]、《北京环境交易所核证自愿减排量入场交易协议书》[2] 及《北京环境交易所碳排放权交易规则（试行）》[3] 等相关规定，解除了其与邱某的碳汇投资公司签订

---

[1]《北京环境交易所会员管理办法》已于 2020 年因《北京绿色交易所有限公司会员管理办法（修订版）》施行而废止。

[2] 已失效。

[3] 已失效。

的合同，并于 2017 年 4 月 25 日公告取消邱某的碳汇投资公司交易会员的资格。

邱某为了挽回前期注册公司的投入，便继续以碳汇投资公司和碳汇易公司的名义，以 1.2 万元至 4.8 万元的不同等级入会费吸收会员进行虚拟碳汇交易，以每个 ID 号每周收取 200 元管理费、5% 的收益税费、1% 的手续费的手段从中牟利。为了扩大社会影响并增强犯罪诱惑，邱某还采取讲课、观看视频、开发布会等方式进行宣传鼓动，以投资收益（静态收益）误导加入者认为自己不会蚀本，以市场收益（动态收益）引诱加入者发展下线，以回购复投收益套牢已加入者。

经司法鉴定，2017 年 4 月 30 日至 2017 年 12 月 12 日，邱某利用两个碳汇交易投资平台吸引投资人注册 ID 号达 105,534 个，层数达 36 层，涉案注册资金达 15 亿元，收取管理码金额达 4.6743123290 亿元；邱某非法获利 4 亿余元。

赵某某通过网上应聘，于 2017 年 4 月 5 日与碳汇投资公司签约了劳务合同，先后在碳汇易公司担任运营部、客服中心总监。赵某某明知邱某等人利用公司"碳汇易投资平台"的会员注册网站和积分管理网站进行网络传销活动，仍为其吸收他人入会和平台网站的管理、维护、协调等提供帮助。具体行为包括：联系碳汇交易网络平台搭建人黎某，对网络平台进行测试、修复和完善，以解决会员注册不了、验证码无法发送、识别不了邮箱格式、网页登录不流畅等问题；联系 C 资产管理平台搭建人李某甲，把 C 资产管理平台和碳汇易交易平台进行系统对接，完成和完善积分转换和佣金、层级、积分的生成及会员 ID 号与推荐人 ID 号对应、收益及提现等问题；与财务部门对接，完成"碳汇交易"结算，为邱某通过网络实施传销活动提供了帮助。赵某某明知邱某公司没有其他商品交易和服务提供，特别是 2017 年 5 月底公司被北京环境交易所除名后，网上出现了大量关于邱某公司的碳汇交易是传销的舆论，赵某某明知邱某公司涉嫌违法犯罪，仍为辛某（邱某）提供涉公司"碳汇易是传销"的微信截图和联系发帖人删帖的帮助，并以月薪1.8万元获取利益。

2017年4月，刘某某通过刘某在邱某的公司投资成为"碳汇易"会员后，利用从邱某公司获得的ID号，按照邱某制定的规则和通过邱某公司会员注册网站和积分管理网站的两个碳汇交易平台，大肆发展下线会员。经鉴定，2017年4月至2017年12月11日，刘某某的账号下发展会员达万余人、注册会员资金2亿余元，成为邱某名下6个主力团队之一，刘某某从中非法获利600余万元。

2017年3月，李某某在听说购买碳汇可以赚钱后，于同年6月中旬到邱某位于深圳市宝安区的某资产管理公司进行咨询，先后买了5份碳汇易成为会员，获得了5个ID号，加上购买管理码费，共花费7万余元，并挂在刘某某名下成为其下线。李某某通过自己的ID号又发展了杨某某等23个层级、200余人成为自己的下线会员。李某某从中非法获利80余万元。

杨某某经李某某推荐成为碳汇易会员，2017年6～11月，其花费15.6万元购买了12个碳汇交易ID号和60个管理号。经鉴定，杨某某拥有的ID号下共发展下线22个层级、200余人、申购ID号891个。杨某某从中非法获利30余万元。

2017年12月28日，李某某在广东省深圳市龙岗区住所被抓获到案，到案后如实供述了其组织、领导传销活动的犯罪事实。

2017年12月11日，杨某某在广东省深圳市北站被抓获到案，到案后如实供述了参与碳汇易公司的以购买虚假碳汇形式进行组织、领导传销活动的犯罪事实。

2018年1月10日，赵某某在广东省深圳市宝安区被抓获归案，到案后如实供述了在碳汇易公司运营部工作时，明知该公司进行传销活动仍为其提供运营、技术方面服务的犯罪事实。

2018年2月24日，刘某某在湖南省被抓获归案。

案发后，已冻结邱某在中国建设银行以辛某为户名的账号上的资金4346.5696万元，以林某为户名的账号上的资金5079.9834万元；2018年3月22日和4月8日，南县公安局暂扣邱某违法所得495万元；2018年2月24日，南县公安局暂扣刘某某的黑色奔驰E300型轿车一辆；2018年5月10日，南县人民检察院暂扣李某某违法所得5万元。

上述事实，有各被告人的供述与辩解，同案人赖某的供述，证人安某、李某乙、谌某乙、朱某、黄某、李某、黎某等人的证言，到案情况、身份信息资料、银行流水、微信聊天记录、司法鉴定意见书、现金缴款单等证据予以证实。

（三）本案结果

1. 一审结果

一审法院认为，刘某某、李某某、杨某某伙同邱某以投资"碳汇易"为名，要求参加者以缴纳会员费的方式获得加入资格，并按照一定顺序组成层级，以直接和间接发展人员的数量和业绩为计酬和返利的依据，引诱参加者继续发展他人参加，从事骗取财物，扰乱经济社会秩序的网络传销活动，情节严重；赵某某帮助邱某协调管理网站及后台数据，对保障传销网站的正常运行起到辅助作用，情节严重。刘某某、李某某、杨某某、赵某某的行为均已构成组织、领导传销活动罪。

赵某某在参与邱某网络传销组织活动的共同犯罪中，协调管理传销网络和后台数据，起辅助作用，是从犯，依法应当减轻处罚；刘某某、李某某、杨某某在邱某网络传销组织活动犯罪中积极参与，起次要作用，是从犯，对刘某某依法应当从轻处罚，对李某某、杨某某依法应当减轻处罚。

李某某、杨某某、赵某某到案后均如实供述自己的犯罪事实，刘某某在开庭审理过程中亦如实供认犯罪事实，依法均可从轻处罚。据此，依照《刑法》（2017年）第224条之一、第25条第1款、第27条、第67条第3款、第52条、第53条、第64条之规定，经一审法院审判委员会研究决定，判决：

（1）刘某某犯组织、领导传销活动罪，判处有期徒刑5年，并处罚金40万元；

（2）李某某犯组织、领导传销活动罪，判处有期徒刑3年，并处罚金15万元；

（3）杨某某犯组织、领导传销活动罪，判处有期徒刑2年，并处罚金10万元；

（4）赵某某犯组织、领导传销活动罪，判处有期徒刑1年6个月，并处罚金5万元。

2．二审结果

二审法院认为，关于刘某某、赵某某上诉提出，其行为不应构成犯罪的辩护意见。经查，邱某聘请专业人员搭建网站，以投资"碳汇易"为名，通过低碳减排、绿色环保、投资收益等虚假宣传，吸引不特定对象网上注册成为会员，通过出售虚拟商品"碳单位"绑定加入会员，以收取会员费为门槛，以返利和发展会员获得高额提成为诱饵，以直接或间接发展下线会员数量或者销售额为计酬和支付返利的依据，并按照一定的顺序组成多叉树形层级结构，其行为符合组织、领导传销活动罪的构成要件，刘某某、李某某、杨某某先以投资者加入其中，后又利用邱某搭建的网络平台发展下线人员，并从中非法获利；上诉人赵某某明知邱某利用网络进行碳汇交易涉嫌犯罪，仍为其提供帮助，其行为依法均应当认定构成组织、领导传销活动罪，辩护意见与法律规定不符，二审法院不予采信。故该上诉理由不成立，二审法院不予采纳。

关于刘某某上诉提出，其没有担任核心市场团队长的辩护意见。经查，刘某某积极利用邱某搭建的网络平台发展下线人员，其账号下拥有会员达万余人、注册会员资金2亿余元，其在邱某搭建的整个传销组织架构中属于6个主力团队成员之一的事实，不仅有同案人供述，而且有银行流水、微信聊天记录、司法鉴定意见书等证据予以印证，上述证据来源合法，足以认定。故该上诉理由不成立，二审法院不予采纳。关于刘某某上诉提出其没有获利600万元的辩护意见，经查，上诉人刘某某非法获利金额的认定系侦查机关聘请专业鉴定机构鉴定得出，作出鉴定书的鉴定机构及鉴定人员具备相应资质，鉴定程序合法，二审法院予以采信。故该上诉理由不成立，二审法院不予采纳。

关于上诉人杨某某提出，其是受人蒙骗参加传销活动，原判量刑过重，请求二审从轻处罚的辩护意见。经查，原审法院已在充分考虑杨某某所有量刑情节的基础上作出合理处罚。故该上诉理由不成立，二审法院不予采纳。

因此，二审法院认为，原判认定事实清楚，证据充分，定罪准确，量刑适当，审判程序合法。依照《刑事诉讼法》（2013年）第225条第1款第1项[1]之规定，裁定驳回上诉，维持原判。

---

[1] 相关规定参见《刑事诉讼法》（2018年）第236条第1款第1项。

三、合规研究

（一）进行碳交易须严格遵守相关法律规定

上述案例中，主要犯罪人员邱某通过虚构碳汇产品及交易的方式，引诱他人加入和参与其搭建的"碳汇易"平台，非法吸储资金数额巨大，其本人出逃，给投资者造成了难以估量的损失。

在国家大力扶持"双碳"经济的背景下，作为新型资产的碳汇资产获得了众人的关注，但很多投资者对其资产性质和产生方式以及交易机制均缺乏必要的了解，在政策驱动和利好作用下，部分别有用心的违法人员抓住并利用投资者理财谋利的需求，打着投资后高回报的名义，以引诱、诈骗、非法吸储等方式进行违法操作。

从我国现有碳资产性质来看，全国碳资产主要是碳配额和国家核证自愿减排量两类，后者又称为碳信用。碳配额主要是由国家有关部门根据全国碳减排需要，免费分配给重点排放单位而产生；国家核证自愿减排量则是由相关国家核证自愿减排项目根据明确的方法学开发并审定通过后产生。在这两者之外，各试点交易地区，也可以根据地方降碳减排需求，通过创设地方碳普惠机制，从而开发出相应的碳普惠减排量，但这种减排量只能用于地方使用。因此，只有充分了解所谓碳汇资产的产生方式，才能有效避免被虚构的碳汇资产或碳汇投资项目所蒙蔽。

国务院发布的《碳排放权交易管理暂行条例》第6条第2款规定："碳排放权交易产品包括碳排放配额和经国务院批准的其他现货交易产品。"

生态环境部发布的《碳排放权交易管理办法（试行）》第20条规定："全国碳排放权交易市场的交易产品为碳排放配额，生态环境部可以根据国家有关规定适时增加其他交易产品。"

生态环境部、国家市场监管总局发布的《温室气体自愿减排交易管理办法（试行）》第 23 条规定："全国温室气体自愿减排交易市场的交易产品为核证自愿减排量。生态环境部可以根据国家有关规定适时增加其他交易产品。"

生态环境部发布的《碳排放权交易管理规则（试行）》第 5 条规定："全国碳排放权交易市场的交易产品为碳排放配额，生态环境部可以根据国家有关规定适时增加其他交易产品。"

北京绿色交易所发布的《温室气体自愿减排交易和结算规则（试行）》第 9 条规定："全国温室气体自愿减排交易市场的交易产品为核证自愿减排量，以及根据国家有关规定适时增加的其他交易产品。"

由上述规定可知，目前国内可交易的主要碳资产，均有着明确的产生方式，且资产交易须经国务院或生态环境部批准，不能自行创设，包括相关金融衍生品。

生态环境部发布的《碳排放权登记管理规则（试行）》第 4 条规定："重点排放单位以及符合规定的机构和个人，是全国碳排放权登记主体。"

生态环境部发布的《碳排放权交易管理规则（试行）》第 4 条规定："全国碳排放权交易主体包括重点排放单位以及符合国家有关交易规则的机构和个人。"第 8 条规定："交易主体参与全国碳排放权交易，应当在交易机构开立实名交易账户，取得交易编码，并在注册登记机构和结算银行分别开立登记账户和资金账户。每个交易主体只能开设一个交易账户。"

北京绿色交易所发布的《温室气体自愿减排交易和结算规则（试行）》第 5 条规定："全国温室气体自愿减排交易主体是指符合国家有关规定的法人、其他组织和自然人。"第 6 条规定："交易主体应当符合交易机构规定的条件,在交易机构开户并签署入场交易协议。交易主体进入交易机构进行全国温室气体自愿减排交易,应当向全国温室气体自愿减排注册登记机构(以下简称注册登记机构)申请取得实名注册登记账户后,向交易机构申请取得实名交易账户。交易主体信息发生变化时,应当及时向交易机构提交交易账户信息变更申请。交易主体应当保证提交的开户、变更申请资料真实、完整、准确和有效。"

由上述规定可知,参与碳资产交易的主体是特定的。首先,相关主体必须符合国家有关规定及交易规则,须完整经历开立登记账户、资金账户、交易账户、结算账户等一系列手续,且相关账户具有唯一性。其次,根据《碳排放权交易管理暂行条例》的有关规定,不得参与碳排放权交易的人员包括:生态环境主管部门、其他对碳排放权交易及相关活动负有监督管理职责的部门、全国碳排放权注册登记机构、全国碳排放权交易机构以及该条例规定的技术服务机构的工作人员。

上述案例中,邱某与北京绿色交易所签订碳汇交易合同并获取会员资格,是为掩盖其非法目的而获取特定主体身份。因此,在进行所谓碳汇投资前,投资者需要审慎做好对碳汇产品的来源及其交易主体的考察与分析,在碳汇产品来源合法、交易方式合规的前提下,再按照投资目标,寻求合理的投资方式及投资收益。

(二)应妥善控制碳交易相关金融活动风险

随着互联网技术的广泛应用,传销组织借助互联网在手段上不断翻新,打着"金融创新"的旗号,以"资本运作""消费投资""网络理财""众筹""慈善互助"等名义从事传销活动。常见的表现形式有组织者、经营者注册成立电子商务企业,以此名义建立电子商务网站,或者以网络营销、网络直销等名义,变相收取入门费,设置各种返利机制，激励会员发展下线，上线从直接或者间接发展的下线的销售业绩中计酬，或以直接或者间接发展的人员数量为依据计酬或者返利。这类行为，无论其手段如何翻新，只要符合传销组织骗取财物、扰乱市场经济秩序本质特征的，均应以组织、领导传销活动罪论处。

组织者或者经营者利用网络发展会员，要求被发展人员以缴纳或者变相缴纳"入门费"为条件，获得提成和发展下线的资格。通过发展人员组成层级关系，并把直接或者间接发展的人员数量作为计酬或者返利的依据，引诱被发展人员继续发展他人参加，骗取财物，扰乱经济社会秩序的，以组织、领导传销活动罪追究刑事责任。

上述案例为非常典型的组织、领导传销活动罪，邱某成立的公司主要通过收取会费的方式策划、操纵并发展人员参加传销活动，骗取巨额财物，非法获利4亿余元，该行为严重扰乱市场经济秩序，严重影响社会稳定。

上述案例中的刘某某、李某某、杨某某、赵某某虽然不是传销活动的最初发起人、决策人和操纵者，但他们均是传销组织成员，参与了犯罪行为，对传销活动的扩张起到了组织、策划、布置、协调和推波助澜的骨干性作用。无论从他们负责管理的范围，还是他们在营销网络中的层级、涉案金额、发展和引诱他人发展下线的人数，均明显有别于其他层级的传销人员，因此，属于刑法打击的对象。

作为碳交易公司，应当注意避免产生合规风险，案例中的碳汇投资公司和碳汇交易公司打着碳汇交易的幌子进行网络传销活动，最终被认定为犯罪。这表明碳交易公司必须严格遵守国家法律法规，不得从事非法活动。在开展业务时，应确保公司的注册、运营、交易等环节都符合相关法律规定。不得有欺诈、虚假宣传等行为，否则可能面临合同解除并受到法律制裁。另外，碳交易市场受政策、经济环境等多种因素影响，价格波动较大。公司在进行碳汇交易业务时，需要对市场进行充分的调研和分析，合理评估市场风险。如果公司盲目开展业务，可能会因市场变化而亏损。

作为碳交易投资者，首先，应当谨防诈骗，投资者在参与碳交易时，要警惕各种诈骗行为。上述案例中，邱某等人通过虚假宣传、高额回报等手段吸引投资者加入，实际上是进行传销活动。投资者应通过正规渠道了解碳交易市场，对过于诱人的投资回报保持警惕，避免陷入诈骗陷阱。其次，碳交易市场价格波动较大，投资者需要充分认识到市场风险。在进行投资决策时，要根据自己的风险承受能力和投资目标，合理配置资产。不要盲目跟风投资，避免因市场波动造成损失。投资者还可以通过多元化投资来分散风险，如同时投资不同类型的碳交易产品或其他金融产品。投资者在参与碳交易时，需要获取准确、及时的信息。如果信息不透明或不准确，可能会导致投资决策失误。因此，投资者要关注碳交易市场的政策动态、价格走势等信息，通过正规的信息渠道获取信息。

作为碳交易从业人员，必须遵守法律法规，不得参与非法活动。上述案例中的赵某某明知公司进行传销活动，仍为其提供运营、技术方面的服务，最终被认定为犯罪。从业人员要增强法律意识，了解自己的行为可能带来的法律后果，严格遵守职业道德规范。在工作中，从业人员要对公司的业务进行合法合规性审查，发现问题及时向有关部门报告，避免因公司的非法行为而牵连自己。碳交易从业人员的职业发展与碳交易市场的发展密切相关。如果市场不稳定或公司经营不善，从业人员可能面临失业风险。因此，从业人员要不断提升自己的专业技能和综合素质，增强自己的竞争力。同时，从业人员要关注行业动态，及时调整自己的职业规划，适应市场变化。

作为碳交易所，需要注意做好资格审查，上述案例中，邱某的公司以虚假身份创建碳汇投资公司和碳汇交易公司，虽与北京环境交易所签订合同获得了碳汇交易会员资格，但被发现以交易所名义进行网络传销后，其公司的会员资格被取消。碳交易所应加强对会员资格的审查，包括对公司的真实身份、业务背景、经营目的等进行深入调查，确保会员单位具有合法合规的经营资质和真实的碳汇交易需求，谨防被不法分子利用，成为其非法活动的幌子。碳交易所未来应建立健全交易监测机制，实时监控会员单位的交易行为，对异常交易如短期内大量注册ID号、收取高额费用等情况及时预警并进行深入调查，还应当及时做好信息披露的工作，上述案例中邱某公司利用虚假宣传吸引投资者，而碳交易所未能及时发现并制止这种虚假信息的传播。故碳交易所还应强化信息披露管理，要求会员单位真实、准确、完整地披露公司信息、交易产品信息和交易情况等，对于虚假披露或隐瞒重要信息的会员单位进行严厉处罚。碳交易所自身也应及时向市场公布重要信息，如会员资格的变动、违规行为的处理等，提高市场透明度，避免投资者因信息不透明而陷入非法交易陷阱。

第六节　某低碳公司诉广碳交易中心合同纠纷案

一、案例价值

碳排放权交易是一种市场机制，旨在通过设定碳排放上限和允许企业买卖碳排放配额来控制温室气体排放。本案既警示企业在未来碳配额交易过程中应当注意风险规避，也提醒交易机构加强对碳交易市场的监管，确保交易的合法性和有效性，避免交易主体虚假交易、扰乱市场秩序，承担碳交易市场相应的社会责任。

本案涉及碳排放权交易中心是否负有保证交易参与者实际拥有与交易申报相对应的碳排放配额或资金的义务，法院审理后认为，确保交易账户中持有满足成交条件的碳排放配额或资金，是进行碳排放配额交易双方的义务，而非广碳交易中心的义务。这对于未来碳排放配额交易主体在交易过程中的风险防范具有重要意义。本案也警示交易主体在参与碳交易市场时，尤其是签订交易协议时，在目前缺乏明确的法律规定的背景下，更应严守交易中心的交易规则，在交易前可要求对方出示交易账户信息，确保对方账户的碳排放配额或资金满足交易需要，并在交易时明确违约责任，必要时可事先与交易中心约定保证责任，以最大化保障自身权益。对于企业自身而言，应诚信经营，严守交易规则，避免因违约行为而遭受经济损失和损害商业信誉。

二、案例简介[1]

（一）诉讼主张

1. 上诉人（原审原告）：某低碳公司

上诉人（原审原告）诉称：某低碳公司是广碳交易中心的会员，一直依据广碳交易中心的交易规则完成广东碳排放权配额的交易。2018年6月28日，某低碳公司通过广碳交易中心交易账户发出交易指令，交易系统显示某低碳公司已经履行236,350吨碳排放权配额的交付义务，但

---

[1] 参见广东省广州市中级人民法院民事判决书，(2020)粤01民终23215号。

广碳交易中心未将对应的 3,781,600 元价款结算到某低碳公司账户。经查询，广碳交易中心向某低碳公司出具的交易凭证显示：广碳交易中心已经收到购买方通某公司的资金。此后，某低碳公司多次同广碳交易中心及通某公司协商结算或退还碳排放权配额，至今仍有 84,000 吨碳排放权配额未付款或退还。综上，某低碳公司认为，广碳交易中心的性质决定了交易各方是通过交易中心账户集中结算，以提高交易效率及交易信用，现广碳交易中心的行为严重损害了交易中心信用，应承担相应的法律责任，于是起诉要求：广碳交易中心向某低碳公司赔偿 2,183,160 元（暂按 2019 年 9 月 16 日广碳交易中心发布的碳排放权配额开盘价 25.99 元/吨计算，实际按履行之前广碳交易中心发布的碳排放权配额最高开盘价计算）。

2. 被上诉人（原审被告）：广碳交易中心

被上诉人（原审被告）辩称：（1）本案应由通某公司承担某低碳公司的损失及相关法律责任。某低碳公司与通某公司达成了碳排放权配额转让合同，涉及的合同资金划转依照相关约定进行，广碳交易中心并未收到涉案碳排放权配额转让的资金。（2）某低碳公司的诉讼请求缺乏法律和合同依据，没有请求权基础，某低碳公司主张的损失属于其应当承担的市场风险。对于本案碳排放权配额交易形式、交易对手、交易条件的选择以及对违约可能带来的结果和损失，某低碳公司明知且接受，自愿与通某公司达成了相关协议。广碳交易中心根据某低碳公司与通某公司的要求提供相关交易服务，已经履行了相关职责，不能因为通某公司的违约而将违约的损失归责于广碳交易中心。综上，广碳交易中心认为，作为碳排放权交易场所，广碳交易中心本身承担的是提供交易设施以及交易服务的基本功能，并不对交易双方因交易而引起的纠纷负责，某低碳公司主张的损失是通某公司违约所致，某低碳公司要求广碳交易中心赔偿相关损失，缺乏事实和法律依据。

3．第三人：通某公司

第三人通某公司诉称：就本案的事实部分，其确认某低碳公司主张的涉案碳排放权配额交易相关事实。根据广碳交易中心的交易规则，广碳交易中心对涉案交易有一定的监管及过错责任。

4．第三人：贺某某

第三人贺某某未到庭陈述意见。

（二）案件情况

法院查明事实如下：某低碳公司（甲方）与第三人通某公司（乙方）于2018年签订《广东碳排放配额转让合同》（以下简称《转让合同》）。该合同约定：……2.1 本合同转让广东碳排放配额合计236,350吨。……3.1 转让方式。双方依据有关法律、法规、政策，就本合同项下碳排放配额的转让在广东碳排放交易所的广东碳排放权交易系统上以初始转让、协议转让等适合方式进行。3.2 转让价格。甲方转让碳配额给乙方的交易价格为16元/吨，交易总价为3,781,600元。3.3 转让时间。本合同项下的碳排放配额交易将于2018年6月29日（含）发起转让交易。……3.5 具体转让及支付方式。乙方在2018年6月28日（含）前支付50,000元保证金到甲方账户，甲方收到后与广碳交易中心确认，广碳交易中心审核确认后在2018年6月28日将甲方账户中的236,350吨碳排放配额以初始转让的方式划拨至乙方账户。乙方在2018年7月31日前将余款3,781,600元及交易手续费7563.2元共计3,789,163.2元转入广碳交易中心账户中，由广碳交易中心审核通过后，从广碳交易中心账户转入甲方账户，甲方收到全部款项后，将50,000元保证金原路退回给乙方。

该合同第 5 条其他条款还约定，通某公司的法定代表人贺某某为通某公司的连带责任保证人，为该合同项下的余款支付及乙方义务履行提供连带责任保证。第三人贺某某在该合同"乙方保证人（贺某某）签名"处签名。

合同签订后，通某公司向某低碳公司支付了 50,000 元保证金（非通过交易系统支付）。广碳交易中心根据该合同及某低碳公司、通某公司的要求，于 2018 年 6 月 28 日在其交易系统完成上述 236,350 吨碳排放权配额的转让划拨，并出具交易凭证。事后，通某公司没有按约定于 2018 年 7 月 31 日将资金转入其交易账户（没有付款）。因通某公司未能按照《转让合同》约定时间支付合同款项，某低碳公司与通某公司于 2018 年 11 月 20 日签订《广东碳排放配额补充协议》，双方协议约定，通某公司同意按《转让合同》违约条款处理，即某低碳公司取得通某公司 25 万吨广东碳排放权配额（其中 16.6 万吨已于 2018 年 8 月 14 日划拨到某低碳公司账户），剩余 8.4 万吨碳排放权配额通某公司将于 2018 年 11 月 24 日前划拨到某低碳公司账户。该协议还约定 2018 年 12 月 10 日前，通某公司有权向某低碳公司购回 8.4 万吨碳排放权配额。此后，通某公司既没有向某低碳公司划拨 8.4 万吨碳排放权配额，也没有支付该 8.4 万吨碳排放权配额的对价款项。

广碳交易中心 2017 年 3 月 31 日发布的《广州碳排放权交易中心碳排放配额交易规则（2017 年修订）》（以下简称《广碳交易中心交易规则（2017 年）》）第 16 条[1]规定："交易参与人在发起委托申报前，应当确保交易账户中持有满足成交条件的碳排放配额或资金。"第 26 条规定："广碳所在当天交易结束后进行交易清算。碳排放配额由出让方交易账户转入受让方交易账户；资金通过结算银行由受让方交易账户转入

---

[1] 此交易规则已于2019年修订，本案中涉及的相关条款无变化。

出让方交易账户。"某低碳公司据此认为，在涉案碳排放权交易中，广碳交易中心应当核实及保证通某公司的交易资金到位，在某低碳公司已支付碳排放权配额的情况下，广碳交易中心负有向某低碳公司结算支付交易款项的义务，广碳交易中心并不能以其未收到通某公司缴存的涉案转让款项为由而免责。

本案审理期间，通某公司破产清算案正由广东省东莞市第一人民法院审理，某低碳公司在该案中已就通某公司尚未支付的涉案转让款申报了债权。

（三）本案结果

1. 一审结果

一审法院认为，本案争议焦点在于在通某公司没有向某低碳公司支付涉案碳排放配额转让款的情形下，广碳交易中心是否因此负有向某低碳公司赔偿损失的法律责任。本案中，对于交易双方选择的碳排放配额交易模式，广碳交易中心既没有义务保证通某公司的交易账户必须持有满足涉案交易的相应资金，也没有义务保证某低碳公司一定可以获得涉案交易款项。因此，一审法院认为某低碳公司主张广碳交易中心应向其承担赔偿责任不能成立，具体理由如下。

首先，确保交易账户中持有满足成交条件的碳排放配额或资金，是进行碳排放配额交易双方的义务，而非广碳交易中心的义务。对此，《广碳交易中心交易规则（2017年）》第16条已有明确规定："交易参与人在发起委托申报前，应当确保交易账户中持有满足成交条件的碳排放配额或资金。"某低碳公司和通某公司作为交易参与人在广碳交易中心进行碳排放配额交易，应受到该规定的约束。根据《广碳交易中心交易规则（2017年）》第6条的规定："交易参与人是指在广碳所进行碳排放配额交易的各方参与人,主要包括:(一)纳入广东省碳排放配额交易体系的控排企业、单位和新建项目企业;(二)符合规定的投资机构、其他组织和个人。"广碳交易中心并不属于交易参与人,因此其并不负有该项义务。

其次,关于某低碳公司认为广碳交易中心在本案交易模式中应保证通某公司实际拥有与交易申报相对应的资金的主张,缺乏明确的约定,广碳交易中心不负有这样的约定义务。一方面,广碳交易中心与某低碳公司之间并没有就此进行特别约定。另一方面,《广碳交易中心交易规则(2017年)》第26条第1款规定:"广碳所在当天交易结束后进行交易清算。碳排放配额由出让方交易账户转入受让方交易账户;资金通过结算银行由受让方交易账户转入出让方交易账户。"对交易结算时间和结算方式进行了规范,但并未直接规定广碳交易中心在任何交易模式下均负有保证交易参与者实际拥有与交易申报相对应的碳排放配额或资金的义务。

再次,关于某低碳中心认为广碳交易中心应保证交易参与者实际拥有与交易申报相对应的碳排放配额或资金的主张,缺乏明确的法律规定,广碳交易中心不负有这样的法定义务。虽然无论是国家发展和改革委员会发布的《碳排放权交易管理暂行办法》[1],还是《广东省碳排放管理试行办法》,都规定了交易机构应建立交易风险管理制度,但都没有明确规定交易机构负有保证交易参与者实际拥有与交易申报相对应的碳排放配额或资金的义务。在立法尚未进行明确规定的情况下,仅根据"交易机构应建立交易风险管理制度"即一概认定交易机构负有这种保证责任,缺乏充分正当的理由。

最后,某低碳公司自愿放弃交易时买方须有资金保障的条件而甘

---

[1] 已失效。

冒风险，应自行承担相应的商业风险。《广碳交易中心交易规则（2017年）》第 16 条"交易参与人在发起委托申报前，应当确保交易账户中持有满足成交条件的碳排放配额或资金"的规定，既是对交易双方的约束，也是对双方权利的保障。然而，某低碳公司在本案中选择的交易模式，实际已自愿放弃了这一规则的保障。某低碳公司与通某公司约定碳排放配额转让划拨至通某公司账户的时间是 2018 年 6 月 28 日，而关于转让款的支付时间，合同明确约定为"乙方在 2018 年 7 月 31 日前将余款 3,781,600 元及交易手续费 7563.2 元共计 3,789,163.2 元转入广碳交易中心账户中"。据此，某低碳公司在交易时明知通某公司的交易账户并没有相应的资金，其是自愿在这种情况下先行把自己的碳排放配额转让划拨给通某公司的。作为专业从事碳排放配额投资业务的商事主体，某低碳公司对于碳排放配额转让款项远期交付可能存在的风险是明知的。某低碳公司甘冒风险，自愿放弃广碳交易中心既有交易规则的保障，事前又未与广碳交易中心约定保证责任（低碳公司与通某公司法定代表人贺某某约定了保证责任），广碳交易中心根据某低碳公司的指示将涉案碳排放配额划拨给通某公司，某低碳公司却要求广碳交易中心对通某公司未支付转让款承担赔偿责任，有违诚信。

综上所述，一审法院认为，在本案的碳排放权交易模式中，作为提供交易平台和相关服务的广碳交易中心，对于某低碳公司和通某公司之间的碳排放权交易，既没有违反约定的义务，也没有违反法定的义务。某低碳公司主张广碳交易中心应对通某公司未支付转让款承担赔偿责任，缺乏事实和法律依据，其诉讼请求不能成立。经法院审判委员会讨论决定，依照《合同法》第 8 条第 1 款[1]、第 60 条[2]，《民事诉讼法》

---

〔1〕 相关规定参见《民法典》第465条第1款。
〔2〕 相关规定参见《民法典》第509条。

（2017年）第64条第1款[1]，最高人民法院《关于适用〈中华人民共和国民事诉讼法〉的解释》（2020年）第90条[2]的规定，判决驳回原告某低碳公司的诉讼请求。

2．二审结果

二审法院审理后认为：本案二审的争议焦点是广碳交易中心是否应当对某低碳公司承担违约赔偿责任。根据《广碳交易中心交易规则（2017年）》的规定，广碳交易中心为碳排放额交易提供交易场所、相关设施及交易相关服务，交易参与人对其交易账号发出的交易指令和产生的交易结果承担相应的法律责任，对其所订立的合同承担相应的风险和法律责任。因此，广碳交易中心作为交易平台，而非涉案交易相对方或者保证方，无法定或者约定的义务承担交易风险。某低碳公司作为商业主体，在涉案转让合同中约定先行转让其碳配额，其应当自行承担碳配额转让款项远期交付可能产生的风险。某低碳公司主张涉案交易由广碳交易中心促成或者直接操纵，并未提供相关证据予以证明，二审法院不予采纳。因此，某低碳公司要求广碳交易中心对通某公司未支付碳配额转让款承担赔偿责任无合同或者法律依据，一审法院不予支持并无不当，二审法院予以维持。

某低碳公司还请求调查通某公司在2018年6月20日之前未按时履行碳配额缴清义务的相关资料，因调查内容与本案待证事实无关联性，故二审法院不予许可。

贺某某经法院合法传唤无正当理由拒不到庭参加诉讼，亦未向法庭提供证据及答辩，二审法院视其放弃抗辩权利并依法作出缺席判决。

综上所述，二审法院认为，某低碳公司的上诉理由均不成立，应予

---

[1] 相关规定参见《民事诉讼法》（2023年）第67条第1款。
[2] 相关规定参见最高人民法院《关于适用〈中华人民共和国民事诉讼法〉的解释》（2022年）第90条。

驳回。一审法院认定事实清楚,适用法律正确,应予维持。依照《民事诉讼法》(2017年)第170条第1款第1项[1]的规定,判决维持原判,驳回上诉。

三、合规研究

(一)碳交易责任追究需要有明确的法律依据

本案曾作为"全国涉碳第一案"而产生较大的影响,案件发生当时,全国碳交易市场规则尚未出台。但本案审理法院认为,根据《广碳交易中心交易规则(2017年)》,交易参与人在发起委托申报前,应确保交易账户中持有满足成交条件的碳排放配额或资金。这表明交易主体有义务确保自身具备交易条件,同时须承担因账户资金不足而无法完成交易的风险。某低碳公司在明知通某公司账户没有相应资金的情况下,自愿先行转让碳配额,应承担交易无法完成的风险。这一点也在法院判决中被特别强调,体现出法院支持交易主体应自行承担其自愿承担的商业风险。法院在判决中还强调了市场参与者应遵守市场规则,尊重自主决策的后果。某低碳公司放弃了广碳交易中心交易规则的保障,再要求广碳交易中心对通某公司的违约行为承担赔偿责任,有违诚信原则。

生态环境部发布的《碳排放权交易管理规则(试行)》第19条规定:"交易机构应建立风险管理制度,并报生态环境部备案。"第24条规定:"交易机构应当建立风险准备金制度。风险准备金是指由交易机构设立,用于为维护碳排放权交易市场正常运转提供财务担保和弥补不可预见风险带来的亏损的资金。风险准备金应当单独核算,专户存储。"同时

---

[1] 相关规定参见《民事诉讼法》(2023年)第177条第1款第1项。

在第四章"信息管理"和第五章"监督管理"中，针对交易机构信息发布和交易机构及其人员应当承担的相关责任进行了规定。第38条第2款规定："交易机构与交易主体之间发生有关全国碳排放权交易的纠纷，可以自行协商解决，也可以依法向仲裁机构申请仲裁或者向人民法院提起诉讼。"

北京绿色交易所发布的《温室气体自愿减排交易和结算规则（试行）》第40条规定："交易机构建立风险准备金制度。风险准备金是指由交易机构设立，用于为维护全国温室气体自愿减排交易和结算活动正常开展提供财务担保和弥补不可预见风险带来的亏损的资金。风险准备金应当单独核算，专户存储。"并同样在第四章"信息管理"、第五章"风险管理"和第六章"交易行为监督"中，对交易机构及其人员应当承担的相关责任进行了规定。但温室气体交易规则没有对交易机构和交易主体之间产生纠纷争议解决的方式进行规定。

由上述规定可知，交易机构承担责任的情形主要有以下几种：（1）未按规定要求履行交易机构职责的。如未按规定履行相关交易和结算责任或者在信息披露、监督和风险管理过程中疏于履行相关披露、监督或管理职责的，因此导致交易主体遭受交易损失时，须依法承担相应的赔偿责任。（2）违反规定，操作内幕交易、串通交易、违规交易的，主要是指交易机构相关人员渎职或者利用职务之便谋取不正当利益的情形。交易机构人员对外代表交易机构履行相关职责，其违规交易行为给交易主体造成交易损失时也可能导致交易机构承担相应的赔偿责任。（3）其他交易机构违反与交易主体所订立协议的违约责任。

可以看到，由于交易机构在交易过程中主要提供的是一种交易服务，而并非参与交易本身，因此其对交易承担责任的情形是具体的、有限的，通常情况下交易主体无法依据其与其他交易方达成的交易合同约定，追究交易机构的责任。交易主体对交易机构的责任追究，主要是一种侵权责任追究，在因果关系的论证上，着重于交易机构的交易服务行为与交易主体的交易损失之间的关系，必须具有直接的因果关系而非间接的因果关系。随着全国市场交易规则的出台，一旦交易主体能够证明其交易损失与交易机构的行为之间具有直接因果关系，在追究交易机构时还可以充分利用其风险准备金制度，得到赔偿上的保障。

上述案例中，某低碳公司与通某公司进行碳排放权配额交易，某低碳公司按照合同约定将碳排放权配额转让给通某公司，但通某公司未能按时支付转让款。这种情形并不属于交易机构在提供交易服务时需要担负的责任之一。因此可能面临的资金无法及时回笼的风险，应该由相关交易主体自行承担。

（二）起草碳交易合同应重视交易风险的防控

某低碳公司作为专业从事碳排放配额投资业务的商事主体，在选择交易模式时应更加谨慎，充分考虑交易对手的信用状况和资金实力，避免因盲目追求交易而忽视潜在的风险，但是其在交易时明知通某公司的交易账户没有相应的资金，却自愿在这种情况下先行把自己的碳配额转让划拨给通某公司，相关交易风险也应由其自行承担。

上述案例警示交易主体在碳市场交易过程中，应当注意风险预防。交易主体可以通过以下方法进行风险预防，确保交易有序进行：

第一，加强风险评估。在进行碳交易之前，交易主体应充分了解交易对手的信用状况、资金实力和经营情况，对交易风险进行全面评估。可以通过查询信用报告、了解行业口碑等方式获取信息，降低交易风险。同时注意关注市场动态和政策变化，及时调整交易策略，避免因市场波动和政策调整带来的风险。

第二，完善合同约定。在签订碳交易合同之前，交易主体应仔细审查合同条款，明确双方的权利和义务，特别是关于付款方式、违约责任等方面的条款，还可以约定保证金、违约金等条款，增加交易对手的违约成本，提高合同的履行率。对于可能出现的风险情况，应在合同中明确约定风险分担机制和解决方式，避免因风险发生而产生纠纷。

以上措施仅是预防风险，无法完全避免交易风险，交易主体还可通过购买商业保险的方式，将部分风险转移给保险公司，降低因交易风险带来的损失。

对于交易平台的责任，上述案例中，法院主要从约定义务、法定义务两方面进行了分析。首先，广碳交易中心与某低碳公司之间并没有就保证通某公司实际拥有与交易申报相对应的资金进行特别约定。同时，交易规则中对交易结算时间和结算方式进行了规范，但并未直接规定广碳交易中心在任何交易模式下均负有保证交易参与者实际拥有与交易申报相对应的碳排放配额或资金的义务。其次，广碳交易中心作为交易平台，其主要职责是提供交易设施和服务，并不参与交易本身，没有义务保证通某公司的交易账户必须持有足够的资金以满足交易，也没有义务保证某低碳公司一定可以获得涉案交易款项。无论是《碳排放权交易管理暂行办法》还是《广东省碳排放管理试行办法》，虽然都规定了交易机构应建立交易风险管理制度，但都没有明确规定交易机构负有保证交易参与者实际拥有与交易申报相对应的碳排放配额或资金的义务。广碳交易中心是根据低碳公司的指示将涉案碳排放配额划拨给通某公司，在整个交易过程中，广碳交易中心作为提供交易平台和相关服务的机构，并没有违反约定的义务和法定的义务。

虽然交易平台非碳市场交易相对方或者保证方，无法定或者约定义务承担交易风险，但也应当依照相关行政规章和政策建立和执行风险管理制度，加强对交易过程的监管，主要可从以下几个方面入手：

第一，增加对交易参与者资金实力和信用状况的审核要求，对交易主体的信用状况进行评价和公示，确保交易的公平、公正、公开，促进交易主体诚实守信，规范经营提高交易的安全性。

第二，建立健全风险管理制度，加强对交易风险的监测和预警，及时采取措施防范和化解风险。

第三，建立交易信息披露制度，及时公布交易信息，提高交易的透明度。对违规行为严肃处理，维护市场秩序。可以建立违规行为举报机制，鼓励市场参与者对违规行为进行举报，加强对市场的监督。

第四，加强与金融机构的合作，为交易主体提供融资、结算等服务，提高交易的效率和便利性。

此外，交易平台可以为交易主体提供专业的服务，如市场分析、风险评估、法律咨询等，帮助交易主体降低交易风险。发挥行业组织的作用，推动碳交易行业自律，制定行业规范和标准，加强行业内部的交流与合作，提高行业整体的风险防范能力。

第七节　四川某发电公司与北京某环保公司合同纠纷案

一、案例价值

碳排放配额交易，是利用市场机制控制和减少温室气体排放的一种手段，也是落实我国碳达峰目标碳中和愿景的重要方式。随着全国碳交易市场的不断发展，以及电力行业绿色低碳转型的推进，碳排放配额交易也进入了市场化的新阶段。

本案为北京市高级人民法院民一庭（环境资源审判庭）公布的五件环境资源审判领域典型案例之一，也是北京市首例碳排放配额交易案。本案中出现了包括在双方尚未签署具体合同的情况下双方交易合同是否成立且生效、碳排放配额交易是否需通过招投标程序进行、非重点排放单位是否符合碳排放配额交易主体要求以及出让方违约时违约责任的计算及标准认定等争议内容。法院在审理过程中，贯彻《民法典》中的新发展理念，从增强环境保护、鼓励诚实守信履约、推动形成绿色生产生活方式和助力碳达峰碳中和目标实现的角度，对纠纷进行了合理的判决。

二、案例简介[1]

（一）诉讼主张

1. 原告：四川某发电公司

原告诉称：2021年12月10日，四川某发电公司发出"全国碳排放权交易市场配额采购第二次比选公告"，就2021年度全国碳排放权交易市场配额采购项目进行采购比选。2021年12月14日，四川某发电公司收到北京某环保公司报价文件，文件中载明，北京某环保公司提供全国碳排放权交易市场配额数量为460,000吨，含税单价44.7元/吨，交割时间为2021年12月16日前，并承诺如无法完成报价文件中

---

[1] 参见北京市朝阳区人民法院民事判决书，(2022)京0105民初76453号。

记载的配额交易，则四川某发电公司可在市场上按商业合理的方式购买与合同交易标的等量的全国碳排放权交易市场配额，如有差价，由北京某环保公司补足。2021年12月15日，四川某发电公司向北京某环保公司送达了中标通知书，北京某环保公司中标后数次致函四川某发电公司，提出修改碳排放配额交易中标价格，并商请将碳排放配额交割时间延后。四川某发电公司同意将碳排放配额的交割时间延后至2021年12月22日前，但不同意修改碳排放配额交易中标价格。2021年12月22日，北京某环保公司致函四川某发电公司，明确拒绝按照含税单价44.7元/吨的标准提供碳排放配额460,000吨。为确保自身生产经营，四川某发电公司于2021年12月23日向某石油化工公司采购了碳排放配额459,023吨，含税单价为51元/吨，该交易已经履行完毕。四川某发电公司认为，四川某发电公司与北京某环保公司就碳排放配额交易虽尚未签订书面合同，但双方已经通过要约、承诺的方式就碳排放配额交易订立了合同关系，对于标的物、价款、数量、违约责任等合同要素均有明确约定，北京某环保公司在订立合同后拒绝履行合同义务，构成违约，应当按约定向四川某发电公司支付碳排放配额采购差价2,891,844.9元[（51元/吨－44.7元/吨）×459,023吨]及利息。

2．被告：北京某环保公司

被告辩称：不同意四川某发电公司的全部诉讼请求，北京某环保公司不具有碳排放交易主体资格，北京某环保公司仅提供碳排放交易行业咨询，实为中介服务公司。四川某发电公司发出的通知虽名为比选公告，实为碳排放配额采购的招标，但此次招标不符合《招标投标法》及《招标投标法实施条例》的相关规定，此次招投标因程序违法而不成立。同时北京某环保公司在庭审中辩称：此次交易北京某环保公司并非主动报价，而系应四川某发电公司要求配合报送材料、参与比选，报价金额也是应四川某发电公司要求确定为 44.7 元 / 吨，参与比选的材料系由案外人提交，北京某环保公司员工作为证人出庭证明此事。此外北京某环保公司主张，参与比选及提交的材料均无北京某环保公司董事长、法定代表人的签字及授权。

北京某环保公司主张，案涉碳排放配额交易属于《招标投标法》中规定的需进行招标采购的项目，四川某发电公司发布的第二次比选公告实际上就是招投标公告，应当在适用《碳排放权登记管理规则（试行）》《碳排放权交易管理规则（试行）》《碳排放权结算管理规则（试行）》的基础上适用《招标投标法》；而且四川某发电公司发布中标通知后须签订书面合同才能成立并发生法律效力，此前均系双方的磋商；即使合同成立了，在《碳排放权交易管理办法（试行）》的特殊规则下，四川某发电公司也违反了碳排放配额交易应当采取竞价方式、应当在全国交易系统内进行交易的禁止性规定。北京某环保公司并非《碳排放权交易管理规则（试行）》规定的重点排放单位，案涉碳排放配额交易应落实于场内交易。北京某环保公司并非碳排放配额交易的适格主体，四川某发电公司要求北京某环保公司完成比选公告、比选程序及签订合同的行为，实际上不具有法律效力；北京某环保公司的实际身份为中介，主要业务是劝谈进而促成交易，即使双方最终签订了合同，也无法实际履行、完成交易。

北京某环保公司对四川某发电公司提出的损失计算依据不予认可。

（二）案件情况

法院查明事实如下：四川某发电公司于 2021 年 12 月 14 日发布四川某发电公司配额采购第二次比选公告，公告落款日期为 2021 年 12 月 10 日，内容包括："一、比选项目：2021 年度全国碳排放权交易配额采购项目。二、项目地点：全国。三、比选内容：1. 标的物名称：全国碳排放权交易市场配额；2. 采购量：本次采购总量46万吨，各比选申请人可根据自身情况确定交易量；3. 评标方式：本次比选采取价格排序方式，比选人按项目报价从低到高进行选择，价格相同时以报价时间先后进行排序；4. 报价有效期：2021年12月16日；5. 交割方式：通过全国碳排放权交易系统以大宗协议方式进行；6. 交割时间：2021年12月16日前（实际交割时间以采购合同约定时间为准）……"附件《报价表》备注栏注明"请提供拥有全国碳排放权交易市场配额持有证明（全国碳排放权交易市场注册登记账户或交易账户的配额存量截图）"。2021年12月14日，北京某环保公司向四川某发电公司发送"××××报价文件"邮件，其中报价表载明交易配额数量为460,000吨，含税单价为44.7元/吨，交割时间为2021年12月16日前，北京某环保公司在报价表中承诺："若我司无法完成上述承诺，贵司可在市场上按商业合理的方式购买与合同交易标的等量的全国碳排放权交易市场配额，如有差价，应由我司补足。"落款日期为2021年12月14日，落款处加盖北京某环保公司公章。邮件附件为"拥有全国碳排放权交易市场配额持有证明"，显示标的名称为"2019～2020年配额"，登记可用量为7,152,316吨。2021年12月15日，四川某发电公司向北京某环保公司发送中标通知书，确定北京某环保公司为中标人，要求北京某环保公司尽快联系合同签订事宜，并准备足量配额。自2021年12月16日起双方多次进行沟通，北京某环保公司称由于市场原因，协商将合同签订及标的物交割时间延后，承诺将于12月28日前完成合同签订及标的物交割，并多次承诺"若我司无法完成上述承诺，贵司可在市场上按商业合理的方式购买与合同交易标的等量的全国碳排放权交易市场配额，如有差价，由我司补足"，四川某发电公司对此回函，仅同意将合同签订及标的物交割时间延后至 2021 年 12 月 22 日或之前。2021 年 12 月 20 日，四川某发电公司向北京某环保公司发送销售合同，交割日期注明为 2021 年 12 月 22 日之前，北京某环保公司仅对合同中单价、差额进行了调整并回传四川某发电公司，但双方基于对合同内容的分歧并未签署合同。2021 年 12 月 21 日，北京某环保公司告知四川某发电公司已准备好 20 万吨配额并要求四川某发电公司提供开票信息及上海配额交易账号；2021 年 12 月 22 日，北京某环保公司致函四川某发电公司称，由于政策性波动和实际操作竞标时间又处于履约月，存在市场交易实际困难，故提出补充协议或解除中标合约；为保障履约，其直接为四川某发电公司介绍可交易价格为 50 元且数量够的企业，其不再参与该交易活动。同时北京某环保公司还告知，涉案合同系由签约人擅自决定，没有经过北京某环保公司高层及全体股东同意，系越权签署。经法院查证，2021 年 12 月 23 日，四川某发电公司与案外人某石油化工公司签订《合约 - 关于中国碳排放权配额的购买与销售》，约定四川某发电公司向某石油化工公司购买碳排放配额 459,023 吨，单价 51 元 / 吨，交易总价 23,410,173 元，配额交割时间为 2021 年 12 月 24 日之前。四川某发电公司于 2021 年 12 月 23 日付清 23,410,173 元。

（三）本案结果

法院认为，根据双方诉辩意见及查明事实，本案争议焦点为：（1）双方合同关系是否成立；（2）双方合同关系是否有效；（3）四川某发电公司主张的损失请求数额及计算方式是否有依据。针对上述争议分述如下：

第一，关于双方合同关系是否成立的问题，根据查明事实，法院认为双方合同关系成立，四川某发电公司发布第二次比选公告，载明了采购标的物名称、数量、交割时间、报价方式等，属于要约邀请。北京某环保公司参与比选并向四川某发电公司发送报价表，明确了交易配额数量、单价、交割时间及违约责任等，并附"拥有全国碳排放权交易市场配额持有证明"，报价表不仅加盖北京某环保公司公章，而且内容确定具体，含有合同主要要素内容，应认定系北京某环保公司向四川某发电公司发出要约。四川某发电公司于 2021 年 12 月 15 日以发送中标通知书的方式作出承诺。双方之间的合同关系自中标通知书到达时成立。

第二，关于双方合同关系是否有效的问题，法院认为，双方合同关系有效，具体理由如下：其一，《招标投标法》第 3 条第 1 款、第 3 款规定，在中国境内进行下列工程建设项目，包括项目的勘察、设计、施工、监理以及与工程建设有关的重要设备、材料等的采购，必须进行招标：（1）大型基础设施、公用事业等关系社会公共利益、公众安全的项目；（2）全部或者部分使用国有资金投资或者国家融资的项目；（3）使用国际组织或者外国政府贷款、援助资金的项目。法律或者国务院对必须进行招标的其他项目的范围有规定的，依照其规定。本案中，四川某发电公司发布比选公告采购的标的物为碳排放配额，不属于工程建设项目及与工程建设相关的重要设备、材料等的采购，并非依法必须进行招标的项目，故四川某发电公司采购碳排放配额不受《招标投标法》的约束，四川某发电公司以比选方式采购碳排放配额，不违反法律法规的强制性规定。其二，关于双方订立合同是否为双方真实意思表示，北京某环保公司主张其并非主动向四川某发电公司报价，而是应四川某发电公司要求配合报送材料、参与比选，报价金额也是应四川某发电公司要求确定为 44.7 元 / 吨。北京某环保公司用以证明上述主张成立的主要证据系员工的证言，而四川某发电公司对证人证言的真实性、关联性均有异议。由于证人系北京某环保公司员工，与北京某环保公司具有利害关系，且北京某环保公司未能提交其他证据对证人证言予以佐证，故法院对证人的证言难以采信。而且，北京某环保公司向四川某发电公司发送的报价表加盖了北京某环保公司公章，北京某环保公司的法定代表人也就该次交易与四川某发电公司进行过沟通，因此，法院认为北京某环保公司主张其报送报价表等行为是根据四川某发电公司要求进行的配合行为的抗辩意见不能成立，北京某环保公司报送报价表等行为应属双方之间正常的交易行为，是双方真实的意思表示。其三，《碳排放权交易管理办法（试行）》第9条规定，省级生态环境主管部门应当按照生态环境部的有关规定，确定本行政区域重点排放单位名录，向生态环境部报告，并向社会公开。第20条规定，全国碳排放权交易市场的交易产品为碳排放配额，生态环境部可以根据国家有关规定适时增加其他交易产品。第21条规定，重点排放单位以及符合国家有关交易规则的机构和个人，是全国碳排放权交易市场的交易主体。根据上述规定，生态环境主管部门根据规定确定重点排放单位名录，重点排放单位系碳排放权交易主体之一，碳排放权交易市场的交易产品包括碳排放配额。本案中，双方均确认北京某环保公司不是生态环境主管部门确定的重点排放单位，不享有碳排放配额。但北京某环保公司向四川某发电公司发送的报价表后附的"拥有全国碳排放权交易市场配额持有证明"显示，登记可用量为7,152,316吨；2021年12月21日北京某环保公司称"20万吨50元搞定了随后继续"，并要求四川某发电公司提供"开票信息""上海配额交易账号"，四川某发电公司按北京某环保公司要求提供了上述信息后，当晚，北京某环保公司告知又确定了230,000吨，剩余数量次日上午可以确定。根据上述证据及微信记录可知，北京某环保公司虽不具备全国碳排放权交易主体资格，但北京某环保公司有获取可支配碳排放配额的途径，进而完成向四川某发电公司交割碳排放配额的现实可能性，上述履约方式是双方的真实意思表示，且不违反法律法规的强制性规定。其四，《碳排放权交易管理办法（试行）》第22条第1款规定，碳排放权交易应当通过全国碳排放权交易系统进行，可以采取协议转让、单向竞价或者其他符合规定的方式。从北京某环保公司询问四川某发电公司"上海配额交易账号"一节可以看出，如双方正常履约，北京某环保公司知晓且准备通过全国碳排放权交易系统向四川某发电公司交割其可支配的碳排放配额，四川某发电公司也具备接受交易配额的系统账号，四川某发电公司最终获取交易的碳排放配额的交易方式亦不违反上述规定。

综上，北京某环保公司向四川某发电公司交割碳排放配额的合同关系系双方真实意思表示，且不违反法律、行政法规的强制性规定，不违背公序良俗，应属合法有效。

第三，关于四川某发电公司主张的损失请求数额及计算方式是否有依据的问题，如上所述，双方合同关系合法有效，双方均应依约履行各自的义务。双方合同关系成立后，北京某环保公司于2021年12月16日致函四川某发电公司称由于市场原因，北京某环保公司在12月17日完成合同签订及标的物交割存在困难，承诺将于12月28日前完成合同签订及标的物交割，四川某发电公司同意延期至12月22日或之前，双方对此予以确认，可视为双方协商一致将标的物交割时间变更为2021年12月22日或之前。2021年12月20日，虽北京某环保公司提出将单价调整至54元/吨，但四川某发电公司并未同意。2022年12月22日，北京某环保公司又致函四川某发电公司，以存在市场交易实际困难为由，提出签订补充协议或解除合约，称北京某环保公司不再参与该交易活动。在北京某环保公司明确表示不履行合同义务后，四川某发电公司于 2021 年 12 月 23 日与某石油化工公司签订合约购买碳排放配额，单价为 51 元 / 吨，交易总价为 23,410,173 元。北京某环保公司在与四川某发电公司的多次函件、微信往来记录中均承诺"若我司无法完成上述承诺，贵司可在市场上按商业合理的方式购买与合同交易标的等量的全国碳排放权交易市场配额，如有差价，由我司补足"。现四川某发电公司要求北京某环保公司支付碳排放配额采购差价款有事实依据及合同依据。

四川某发电公司要求北京某环保公司支付碳排放配额采购差价款 2,891,844.9 元，对于该数额是否合理，四川某发电公司解释称，在 2021 年 12 月 22 日获知北京某环保公司拒绝履约后，立即与"备份"企业进行联系，获知某石油化工公司可以提供 459,023 吨足额配额，报价 51 元 / 吨，该报价不含税单价约为 48.11 元 / 吨，比当期市场挂牌协议成交均价低 1.2 元 / 吨，且因时间极其紧迫，四川某发电公司没有进一步议价的能力和时间。对此，法院认为，民事主体从事民事活动，应当遵循诚信原则，秉持诚实，恪守承诺。北京某环保公司根本违约，导致四川某发电公司在采购碳排放配额过程中较为被动，四川某发电公司就后续采购配额过程及价格的陈述无明显不合理的情形下，北京某环保公司未举证证明四川某发电公司采购过程有违商业合理方式、采购价格明显过高，故法院对四川某发电公司要求北京某环保公司支付碳排放配额采购差价款 2,891,844.9 元予以支持。关于四川某发电公司主张的差价款 2,891,844.9 元的利息，如北京某环保公司依约履行，四川某发电公司本无须支出差价款，差价款之利息系四川某发电公司因北京某环保公司违约行为产生的实际损失，四川某发电公司要求北京某环保公司支付利息，符合法律规定，利息计算标准亦合理适当。依照《民法典》第 7 条、第 9 条、第 143 条、第 509 条、第 577 条，《民事诉讼法》（2021

年）第67条第1款[1]规定，法院判决如下：

（1）北京某环保公司于判决生效后7日内向四川某发电公司支付碳排放配额采购差价款2,891,844.9元及利息，利息以2,891,844.9元为基数，按全国银行间同业拆借中心公布的贷款市场报价利率为标准，自2022年2月1日起计算至差价款付清之日止。

（2）驳回四川某发电公司的其他诉讼请求。

北京某环保公司后续提起上诉，北京市第三中级人民法院认可一审法院所认定事实，驳回北京某环保公司上诉，维持原判。

三、合规研究

（一）碳配额交易的主体适格性对交易合同的影响

《碳排放权交易管理暂行条例》第7条第1款规定："纳入全国碳排放权交易市场的温室气体重点排放单位（以下简称重点排放单位）以及符合国家有关规定的其他主体，可以参与碳排放权交易。"

《碳排放权交易管理办法（试行）》第21条规定："重点排放单位以及符合国家有关交易规则的机构和个人，是全国碳排放权交易市场的交易主体。"

由此可知，全国碳排放权市场交易主体并非只有重点排放单位，符合有关交易规则的机构和个人也可以成为全国碳排放权交易市场的交易主体。

从目前的规定来看，所谓符合国家有关交易规则的机构和个人，主要应符合以下两个方面的要求：（1）不能是规定禁止从事碳交易的相关

---

[1] 相关规定参见《民事诉讼法》（2023年）第67条第1款。

机构和人员。国务院发布的《碳排放权交易管理暂行条例》第 20 规定："生态环境主管部门、其他负有监督管理职责的部门、全国碳排放权注册登记机构、全国碳排放权交易机构以及本条例规定的技术服务机构的工作人员参与碳排放权交易的，由国务院生态环境主管部门责令依法处理持有的碳排放配额等交易产品，没收违法所得，可以并处所交易碳排放配额等产品的价款等值以下的罚款；属于国家工作人员的，还应当依法给予处分。"（2）需要按照交易规则的要求，在登记机构、交易机构、结算机构依法开立登记、交易、结算账户，并且相关账户具有唯一性，即拥有相关交易资格的前提是按照交易场所的规则进行注册登记并对其负责。

除此以外，目前暂无其他规定对符合国家有关交易规则的机构和个人作出过更加具体的解释。

上述案例中，北京某环保公司以主体不适格为依据，主张合同未生效：（1）认为案涉交易属于《招标投标法》中规定的需进行招标采购的项目，四川某发电公司所采用的比选方式违背法律规定；（2）认为北京某环保公司并非重点排放单位，主体不适格。

对于北京某环保公司的上述主张，法院认为：（1）碳排放配额交易并不属于《招标投标法》第 3 条规定的勘察、设计、施工、监理等工程建设项目以及与工程建设有关的重要设备、材料等的采购情形，并非依法必须进行招投标，可以通过比选方式进行采购。（2）本案中根据双方举证，北京某环保公司在向四川某发电公司发送的报价表附有"拥有全国碳排放权交易市场配额持有证明"，显示其具有可支配的在全国碳排放权交易系统中登记的碳排放配额，同时在双方沟通中，北京某环保公司提及要求四川某发电公司提供"开票信息"和"上海配额交易账号"，并提及已获取了若干吨数的碳排放配额。法院根据上述证据认为，北京某环保公司虽不是重点排放单位，亦不具备全国碳排放权交易主体资格，但其拥有获取可支配碳排放配额的途径，进而具有完成交割碳排放配额的现实可能性，认定履约方式属于双方真实意思表示，且不违反法律法规的强制性规定，并不导致合同无效。

可以看到，法院作出上述判决，主要立足于北京某环保公司有完成交易的能力而非关注于其是否具备进场交易的资格，即法院根据证据认为，北京某环保公司可以支配进场交易的完成，进而实现约定碳配额出售的目的。但截至2025年上半年，上海环境能源交易所在全国碳排放权交易账户服务中，仍然只对重点排放单位提供了开户指引及申请文件。因此在碳排放配额交易合同中，一方主体不适格或被认定不具备进场交易资格的，其签订的交易合同必定存在相当大的履行风险。因此，本判例虽对类似案件具有一定的参考价值，但并不能作为类似案件的裁判标准。如下文所述，不同地方法院的裁判标准，也存在很大的不确定性。

（二）碳排放配额交易的方式对交易合同的影响

在山东省聊城市中级人民法院对提级管辖的聊城某公司诉茌平某供热公司碳排放权交易纠纷案作出的判决中，聊城某公司与茌平某供热公司均系温室气体重点排放单位，2021年因茌平某供热公司经营困难，在当地政府的协调下双方达成协议，茌平某供热公司将包含2019年碳排放配额和2020年碳排放配额（尚未清缴）在内的排放指标转让给聊城某公司，聊城某公司按照协议支付价款。因案涉碳排放额交易未在全国碳排放权交易系统中进行，当事人双方最终未能通过全国碳排放权注册登记系统确认交易，聊城某公司无法取得茌平某供热公司转让的碳排放配额的所有权，聊城某公司提起诉讼，请求解除双方签订的《指标转让协议》。法院经审理后认定，原告、被告于2021年10月29日签订的

《指标转让协议》中关于碳排放配额转让的内容无效，被告茌平某供热公司返还原告聊城某公司碳排放配额转让款，并赔偿损失共计330余万元。该案也是山东省首例碳排放权交易纠纷案件。[1]

国务院发布的《碳排放权交易管理暂行条例》第14条规定："重点排放单位应当根据省级人民政府生态环境主管部门对年度排放报告的核查结果，按照国务院生态环境主管部门规定的时限，足额清缴其碳排放配额。重点排放单位可以通过全国碳排放权交易市场购买或者出售碳排放配额，其购买的碳排放配额可以用于清缴。重点排放单位可以按照国家有关规定，购买经核证的温室气体减排量用于清缴其碳排放配额。"

《碳排放权交易管理暂行条例》第15条规定："碳排放权交易可以采取协议转让、单向竞价或者符合国家有关规定的其他现货交易方式。"

生态环境部发布的《碳排放权交易管理规则（试行）》第6条规定："碳排放权交易应当通过全国碳排放权交易系统进行，可以采取协议转让、单向竞价或者其他符合规定的方式。协议转让是指交易双方协商达成一致意见并确认成交的交易方式，包括挂牌协议交易及大宗协议交易。其中，挂牌协议交易是指交易主体通过交易系统提交卖出或者买入挂牌申报，意向受让方或者出让方对挂牌申报进行协商并确认成交的交易方式。大宗协议交易是指交易双方通过交易系统进行报价、询价并确认成交的交易方式。单向竞价是指交易主体向交易机构提出卖出或买入申请，交易机构发布竞价公告，多个意向受让方或者出让方按照规定报价，在约定时间内通过交易系统成交的交易方式。"

山东省的案例与前述案例不同的判决思路，主要反映了以下两个问题：

---

〔1〕 参见王希玉、陈闪：《山东聊城中院宣判全省首例碳排放权交易纠纷案》，载中国法院网2024年1月2日，https://www.chinacourt.org/article/detail/2024/01/id/7737358.shtml。

第一，碳排放配额的自由交易属性及其受限条件。由于碳排放配额由国家免费发放给重点排放单位，主要用于重点排放单位履行其清缴义务。因此，碳排放配额作为碳资产虽然具有明确的市场价值，但是否允许不受限制地自由交易，即自配额发放至重点排放单位账户后，重点排放单位是否即可自主支配交易？目前来看是受到一定限制的。

生态环境部办公厅下发的《关于全国碳排放权交易市场2021、2022年度碳排放配额清缴相关工作的通知》在"一、差异化开展配额分配"中规定："对全部排放设施关停或淘汰后仍存续的重点排放单位，不予发放预分配配额，在核定阶段统一发放；对因涉法、涉诉、涉债或涉司法冻结等情况存在履约风险的重点排放单位，调整配额发放及履约方式。对以上重点排放单位，在核定阶段，其配额发放至省级生态环境主管部门账户，并由省级生态环境主管部门将履约通知书发放至重点排放单位；在清缴阶段，省级生态环境主管部门委托全国碳排放权注册登记机构（以下简称注登机构）对重点排放单位配额进行强制履约（优先使用当年度配额，剩余部分优先用于另一年度的强制履约），完成履约后剩余部分配额发放至重点排放单位账户，未足额完成履约的应及时督促重点排放单位补足差额、完成履约。对全部排放设施关停或淘汰后不再存续的重点排放单位（以营业执照注销为准），不发放配额，不参与全国碳市场履约。对符合上述情形的重点排放单位，不可预支2023年度配额……"

可见，对于部分重点排放单位，生态环境部门有权不予发放预分配配额并在清缴时由生态环境主管部门强制履约后，再将剩余配额发还。这主要是出于一旦将碳配额发给相关重点排放单位，就可能导致这些配额被提前控制、转移，进而对有关重点排放单位履行清缴义务造成重大障碍。

在前述山东省的案例中，供热公司交易的碳排放配额即属于这种尚未清缴的情形，而该供热公司本身已陷入经营困难，其将尚未清缴的碳排放配额出售，是否能够缓解其经营困难并不确定，而碳排放配额出售后，其在履行清缴义务时，显然更无力承担在市场购买碳排放配额的费用。法院出于公共利益的考虑有一定道理，但笔者认为，该判决依据《民法典》第153条第2款"违背公序良俗的民事法律行为无效"的规定，认为双方于2021年10月29日签订的《指标转让协议》中关于碳排放配额转让的条款无效，值得商榷。

总结来看，除重点排放单位外，现有规定允许其他符合国家交易规则的主体参与碳排放权交易，只是因为当前市场现状而暂未开放交易。此外，进场交易是为了完成碳排放配额的交割，即权属转移。交易主体就碳排放配额交易自行签订合同的行为，并不违反相关规定，只是就相关交易合同是否能够最终完成进场交割而言，需要根据实际情况作出判断。

第二，由于碳资产交易市场尚不成熟，为避免相关合同风险，有关市场交易主体应高度关注相关交易风险，避免因履约不能而遭受交易损失。一是针对碳排放权交易，现阶段仍应将具备进场交易资格的重点排放单位作为交易条件，选择已履行清缴义务后结转的碳排放配额作为交易标的，签订相关交易合同，尤其是在一方签约主体不是重点排放单位时，其应对提供重点排放单位进行场内交割事宜作出妥善的承诺和安排。二是与经营状况不佳、存在重大风险的重点排放单位就其碳排放配额进行交易时，要更加注意相关风险的防控，避免交易不能。三是对远期交易应采取审慎态度。由于碳排放配额交易目前的主要目的是满足重点排放单位履行清缴义务使用，其还不是一种成熟的可完全交由市场自由定价的资产，很容易受到政策的限制和影响。如果不是出于履约清缴需要，而是出于市场投资获益的目的而选择暂不通过交易机构交割，则随着政策、市场的变动相关风险也很难得到有效的控制。

从上述两案对比可以看出，北京法院对于交易双方在交易系统外直接达成碳排放配额交易的行为并不禁止，并未反对场外交易，甚至在2016年为规范场外交易北京市发展和改革委员会和北京市金融工作局出台《北京市碳排放配额场外交易实施细则》，对符合规范框架下的场外交易行为持开放态度。而山东法院则认为"如果放任重点排放单位在场外交易，则会导致全国碳排放权交易制度虚化，不利于发挥市场机制推动温室气体减排，也会影响碳排放权的交易安全和交易秩序，进而不利于建立绿色低碳循环发展的经济体系"，对于在全国碳排放权交易系统外私下交易碳排放配额，认定该行为属于违背公共秩序，应属于无效。

由此可见，各地法院对该情况的认定存在分歧，而当前规定仍需要进一步完善，目前相关裁判规则仍不统一，也给相关交易带来了重大的风险和不确定性，对此相关交易主体应高度重视。

第八节　韩某某等破坏计算机信息系统案

一、案例价值

本案属于最高人民法院公布的典型案例，本案中，韩某某默许并授意员工被告人刘某某、赵某某对站内烟气连续在线监测系统中二氧化硫、氮氧化合物、烟尘等大气污染物的后台参数进行篡改。上述行为造成二氧化硫、氮氧化合物、烟尘等大气污染物的在线监控数据与实时上传到国家环保部门的监控数据严重不符，致使生态环境主管部门不能有效监控该企业烟气污染物是否超标排放。三名被告人的行为违反了国家规定，破坏了环境质量监测系统，影响了环保部门对污染物排放的有效监控。法院依法判处被告人相应刑罚，严厉打击破坏环境监测计算机信息系统犯罪行为，是贯彻落实最严格制度、最严密法治保护生态环境的生动体现，也为惩治碳排放数据造假等违法行为提供了借鉴。司法机关的严惩体现了对环境保护的重视，对潜在违法者形成了震慑，提升了公众的环境保护意识，促使企业遵守碳排放标准。本案判决结果对推动环境保护法规的实施、加强环境监管、促进碳排放控制具有重要意义，为实现碳达峰碳中和目标提供了有力的司法支持。

二、案例简介[1]

（一）诉讼主张

1．上诉人1（原审被告人1）：韩某某

上诉人1（原审被告人1）诉称：（1）本案不属于《刑法》（2017年）第286条第1款[2]规定的"后果严重"的情形，且其没有直接实施或者强令、指使、授意他人修改监测系统参数的行为，故其行为不构成破坏计算机信息系统罪；（2）不应认定其为主犯；（3）其具有自首情节，可以减轻或者从轻处罚。

2．上诉人2（原审被告人2）：刘某某

上诉人2（原审被告人2）诉称：（1）现有证据无法认定其犯破坏

---

[1] 参见天津市第一中级人民法院刑事裁定书，(2018)津01刑终567号。
[2] 相关规定参见《刑法》（2023年）第286条第1款。

计算机信息系统罪；（2）其具有认罪、初犯、偶犯等情节，建议二审法院对其减轻处罚。

3. 上诉人3（原审被告人3）：赵某某

上诉人3（原审被告人3）诉称：（1）其没有犯罪故意，其行为不构成破坏计算机信息系统罪；（2）即便认定其构成犯罪，因为其没有前科劣迹、平时表现较好、家中有小孩需要抚养等，建议二审法院对其改判缓刑。

（二）案件情况

一审法院查明的事实如下：被告人韩某某作为天津市某某新能源科技有限公司下属的某某供热站站长，于2016年11月前后至2017年2月17日，默许并授意该站员工被告人刘某某、赵某某对站内烟气连续在线监测系统中二氧化硫、氮氧化合物、烟尘等大气污染物的后台参数进行篡改，造成二氧化硫、氮氧化合物、烟尘等大气污染物在线监控数据与实时上传到国家环保部门的监控数据严重不符，所传输的被篡改数据使计算机信息系统不能客观反映烟气排放的真实情况，致使环保部门不能有效监控该企业烟气污染物是否超标排放。2017年2月17日，经天津市环境监控中心对该单位锅炉净化设施出口现场监测，二氧化硫排放浓度（小时均值）为377毫克/立方米，严重超过锅炉大气污染物排放标准。

被告人韩某某、刘某某、赵某某后被查获。

上述事实，有经法庭举证质证，法院依法确认的案件来源及抓获经过、现场图及照片、辨认笔录及照片、证人证言、监测报告、现场检查（勘察）笔录、案件调查报告、被告人供述辩解等证据予以证实，各被告人均未提出异议，足以认定。

(三) 本案结果

1. 一审结果

一审法院认为，被告人韩某某、刘某某、赵某某违反国家规定，针对环境质量检测系统多次实施篡改、干扰传输数据的行为，致使检测数据严重失真，使计算机信息系统不能客观反映烟气排放的真实情况，超标排放污染物，后果严重，其行为均已构成破坏计算机信息系统罪。公诉机关指控各被告人的罪名成立，法院予以支持。韩某某在共同犯罪中起主要作用，系主犯；赵某某、刘某某起次要作用，系从犯，依法应从轻处罚。庭审中，三被告人认罪态度较好，依法可从轻处罚。鉴于本案适用认罪认罚从宽制度，依法从宽处罚。综上，三被告人所犯破坏计算机信息系统罪的法定量刑幅度为5年以下有期徒刑或者拘役。对公诉人综合本案情况发表的建议分别判处被告人韩某某有期徒刑1年2个月，被告人刘某某有期徒刑1年，被告人赵某某有期徒刑11个月的量刑意见，法院均予以采纳。依照《刑法》（2017年）第286条第1款和第2款、第25条第1款、第26条第1款和第4款、第27条的规定，判决如下：（1）被告人韩某某犯破坏计算机信息系统罪，判处有期徒刑1年2个月；（2）被告人刘某某犯破坏计算机信息系统罪，判处有期徒刑1年；（3）被告人赵某某犯破坏计算机信息系统罪，判处有期徒刑11个月。

2. 二审结果

二审法院经审理后认为：

（1）关于对上诉人韩某某、刘某某、赵某某的行为定性问题。根据最高人民法院、最高人民检察院《关于办理环境污染刑事案件适用法律若干问题的解释》（2016年）（以下简称《环境污染刑事案件解释》）第

10条第1款[1]的规定,违反国家规定,针对环境质量监测系统实施下列行为,或者强令、指使、授意他人实施下列行为的,应当依照《刑法》第286条的规定,以破坏计算机信息系统罪论处:修改参数或者监测数据的;干扰采样,致使监测数据严重失真的;其他破坏环境质量监测系统的行为。本案中,上诉人韩某某作为某某供热站站长,违反国家规定,默许并授意该站员工刘某某、赵某某对站内烟气连续在线监测系统中二氧化硫、氮氧化合物、烟尘等大气污染物的后台参数进行篡改。三人的行为均构成破坏计算机信息系统罪。辩护人提出的三人不构成破坏计算机信息系统罪的意见,二审法院不予采纳。

(2)关于本案主从犯认定问题。经查,本案中,上诉人韩某某作为天津市某某新能源科技有限公司下属的某某供热站站长,虽然没有直接修改参数或者监测数据,但是默许并授意该站员工刘某某、赵某某实施违法行为,目的是某某供热站能够节约成本,逃避环境监管部门的处罚。在共同犯罪中,韩某某起主要作用,刘某某、赵某某起次要、辅助作用,故应认定韩某某为主犯,刘某某、赵某某为从犯。对于韩某某及其辩护人提出的相关意见,二审法院不予采纳。

(3)关于上诉人韩某某、刘某某、赵某某的量刑问题。根据《刑法》(2017年)第286条第1款的规定,违反国家规定,对计算机信息系统功能进行删除、修改、增加、干扰,造成计算机信息系统不能正常运行,后果严重的,处5年以下有期徒刑或者拘役;后果特别严重的,处5年以上有期徒刑。本案中,韩某某、刘某某、赵某某均构成破坏计算机信息系统罪,应当判处5年以下有期徒刑或者拘役。韩某某被公安机关传唤到案,并非主动到案,不构成自首。刘某某、赵某某均为从

---

[1] 相关规定参见《环境污染刑事案件解释》(2023年)第11条第1款。

犯，依法从轻处罚。三人在原审庭审时认罪态度较好，且均适用认罪认罚机制，可以酌情从轻处罚。原审在对三人量刑时已经充分考虑三人分别具有的上述情节，对韩某某判处有期徒刑 1 年 2 个月，对刘某某判处有期徒刑 1 年，对赵某某判处有期徒刑 11 个月，量刑并无不当。对于三上诉人及其辩护人提出的相关意见，二审法院不予采纳。

二审法院认为，上诉人韩某某、刘某某、赵某某违反国家规定，修改参数或者监测数据，致使环保部门不能有效监控烟气污染物是否超标排放，三人行为均构成破坏计算机信息系统罪。韩某某系主犯，刘某某、赵某某系从犯。原判决认定事实和适用法律正确，量刑并无不当，审判程序合法。韩某某、刘某某、赵某某及其辩护人提出的意见依据不足，二审法院不予采纳。对于天津市人民检察院第一分院的意见，二审法院予以支持。依照《刑事诉讼法》（2012 年）第 225 条第 1 款第 1 项[1]之规定，裁定驳回上诉，维持原判。

三、合规研究

（一）碳交易行为涉及的刑民交叉问题

近年来，重点排放单位、技术服务机构或其他主体破坏环境监测计算机信息系统，篡改、伪造环境监测数据的案件时有发生，扰乱环境保护监管秩序，严重影响温室气体排放与环境污染物协同治理成效。环境监测数据的真实性和准确性对于有效监管企业污染排放至关重要，然而，部分企业为了追求经济利益，不惜采取非法手段篡改环境监测数据，严重破坏了环境监管秩序。上述案例中，三名被告人破坏计算机信

---

[1] 相关规定参见《刑事诉讼法》（2018年）第236条第1款第1项。

息系统案便是一起典型的企业相关人员为逃避环境监管而篡改烟气连续在线监测系统参数的案件，其涉及的法律问题和判决结果对于同类案件具有重要的参考价值。

上述案例中三名被告人违反了《刑法》（2017年）第286条的规定："违反国家规定，对计算机信息系统功能进行删除、修改、增加、干扰，造成计算机信息系统不能正常运行，后果严重的，处五年以下有期徒刑或者拘役；后果特别严重的，处五年以上有期徒刑。违反国家规定，对计算机信息系统中存储、处理或者传输的数据和应用程序进行删除、修改、增加的操作，后果严重的，依照前款的规定处罚。故意制作、传播计算机病毒等破坏性程序，影响计算机系统正常运行，后果严重的，依照第一款的规定处罚。单位犯前三款罪的，对单位判处罚金，并对其直接负责的主管人员和其他直接责任人员，依照第一款的规定处罚。"

三名被告人对计算机信息系统中存储、处理或者传输的数据进行了非法修改，造成了严重后果。根据《环境污染刑事案件解释》（2016年）第10条第1款的规定，违反国家规定，针对环境质量监测系统实施下列行为，或者强令、指使、授意他人实施下列行为的，应当依照《刑法》第286条的规定，以破坏计算机信息系统罪论处：修改参数或者监测数据的；干扰采样，致使监测数据严重失真的；其他破坏环境质量监测系统的行为。三名被告人的行为违反了国家规定，破坏了环境质量监测系统，影响了环保部门对污染物排放的有效监控。

上述案例涉及环境犯罪与计算机犯罪的交叉，被告人的行为既破坏了环境监管秩序（通过篡改数据逃避环境监管），又损害了计算机信息系统的正常运行。法院最终以破坏计算机信息系统罪对被告人定罪处罚，是基于其行为直接侵犯的客体主要是计算机信息系统的正常功能和数据真实性。这表明在处理此类交叉案件时，需要准确分析行为的本质特征和主要侵犯的法益，选择适用恰当的罪名。

此类案件凸显了环境监管中计算机信息系统的重要性，以及破坏该系统对环境监管的严重危害。它警示企业应依法依规进行生产经营，不得通过非法手段干扰环境监测，同时也促使环保部门加强对环境监测系统的安全防护和监管，防止类似篡改数据事件的发生，确保环境监测数据的真实性和可靠性，从而有效保护环境和公众健康。

根据《环境污染刑事案件解释》的要求，企业在开展"双碳"业务的过程中可能面临多项刑民交叉风险，值得企业高度关注。

1. 严重污染环境刑事责任追究

《环境污染刑事案件解释》第1条规定："实施刑法第三百三十八条规定的行为，具有下列情形之一的，应当认定为'严重污染环境'……（六）二年内曾因在重污染天气预警期间，违反国家规定，超标排放二氧化硫、氮氧化物等实行排放总量控制的大气污染物受过二次以上行政处罚，又实施此类行为的；（七）重点排污单位、实行排污许可重点管理的单位篡改、伪造自动监测数据或者干扰自动监测设施，排放化学需氧量、氨氮、二氧化硫、氮氧化物等污染物的……（九）违法所得或者致使公私财产损失三十万元以上的……"

《刑法》第338条规定："违反国家规定，排放、倾倒或者处置有放射性的废物、含传染病病原体的废物、有毒物质或者其他有害物质，严重污染环境的，处三年以下有期徒刑或者拘役，并处或者单处罚金；情节严重的，处三年以上七年以下有期徒刑，并处罚金……"

可以看出，对于重点排放单位而言，不履行减少碳排放的规定，现实中可能会与违法违规排放行为相结合，进而导致大气污染，一旦达到司法解释规定的严重污染程度，将既需要承担民事、行政责任，又面临刑事责任的追究。

2. 破坏森林刑事责任追究

《环境污染刑事案件解释》第 2 条规定："实施刑法第三百三十八条规定的行为，具有下列情形之一的，应当认定为'情节严重'……（四）违法所得或者致使公私财产损失一百万元以上的……（七）致使森林或者其他林木死亡五十立方米以上，或者幼树死亡二千五百株以上……"

由上述规定可知，林业碳汇开发过程中，所开发的林地如遭到人为破坏，破坏人不仅将需要承担相应的民事赔偿责任，还可能面临行政处罚和刑事责任追究。

尤其值得关注的是相应的金额判定标准，造成公私损失 30 万元以上即构成严重污染标准，造成公私损失 100 万元以上即构成情节严重标准，有关金额标准并不算太高，企业有相应违法违规行为的，遭受刑事追责的概率也因此增加。

3. 提供虚假证明刑事责任追究

《环境污染刑事案件解释》第 10 条规定："承担环境影响评价、环境监测、温室气体排放检验检测、排放报告编制或者核查等职责的中介组织的人员故意提供虚假证明文件，具有下列情形之一的，应当认定为刑法第二百二十九条第一款规定的'情节严重'：（一）违法所得三十万元以上的；（二）二年内曾因提供虚假证明文件受过二次以上行政处罚，又提供虚假证明文件的；（三）其他情节严重的情形。实施前款规定的行为，在涉及公共安全的重大工程、项目中提供虚假的环境影响评价等证明文件，致使公共财产、国家和人民利益遭受特别重大损失的，应当依照刑法第二百二十九条第一款的规定，处五年以上十年以下有期徒刑，并处罚金。实施前两款规定的行为，同时索取他人财物或者非法收受他人财物构成犯罪的，依照处罚较重的规定定罪处罚。"

《刑法》第 229 条规定："承担资产评估、验资、验证、会计、审计、法律服务、保荐、安全评价、环境影响评价、环境监测等职责的中介组织的人员故意提供虚假证明文件，情节严重的，处五年以下有期徒刑或者拘役，并处罚金……有前款行为，同时索取他人财物或者非法收受他人财物构成犯罪的，依照处罚较重的规定定罪处罚……"

上述案例虽然以破坏计算机信息系统罪论处，但实践中违法违规行为人为达到伪造目的，除篡改监测数据外，往往还存在提供虚假证明文件或联合相关专业机构或专业人员提供虚假证明文件的问题，或者存在利用自身职权向他人索取不正当利益或者为实现不正当目的而向他人提供不正当利益的行为。

因此，"双碳"业务开展过程中涉嫌的虚假违法违规行为，往往可能导致多个刑事责任的追究，且可能涉嫌职务或单位犯罪问题。当存在多个犯罪情形时可能会加重对相关人员的处罚责任或者适用较重的处罚责任。

（二）维护环境监管秩序具有重要作用

1. 警示企业和个人

企业和相关人员应认识到篡改环境监测数据等破坏计算机信息系统行为的严重法律后果，不得为追求经济利益而触犯法律红线。这不仅关乎企业自身的合法经营和社会责任，也关系整个社会的环境质量和可持续发展。

2. 完善监管与执法

生态环境部门应进一步加强对企业环境监测的监管力度，完善监测系统的技术防护和管理措施，防止数据被篡改。同时，执法部门在处理此类案件时，应准确适用法律，确保对犯罪行为的打击力度，形成有效的法律威慑,共同推动环境保护和法治建设的协同发展。

上述案例是一起典型的企业相关人员为逃避环境监管而实施的犯罪案件。法院的判决明确了此类行为在刑法上的定性和量刑标准,对于维护环境监管秩序、保障计算机信息系统安全具有重要意义。同时,在适用认罪认罚从宽制度时,法院仍须在法定量刑幅度内,综合考虑案件的各种情节进行量刑。如在上述案例中,在对三被告人从轻处罚时,依然根据其在共同犯罪中的地位、作用以及犯罪行为的性质和后果等因素,确定了不同的刑期,确保量刑的公正和平衡,避免因过度从宽而损害法律的严肃性。

第三章

碳排放重点规范合规要点解读

建立合规管理制度、开展合规管理工作、发扬合规管理文化是现代企业治理过程中的重点和难点环节。对于新兴的"双碳"市场及其相关企业而言，如何依托现行碳交易法律体系，从行政法规、部门规章及部门规范性文件具体要求出发，构建符合法律规定的"双碳"合规管理机制，是相关企业进行经营风险管理的核心。

本章通过系统区分合规主体及其"责任性规定"（禁止性、限制性规范）和"权利性规定"（促进性、鼓励性规范），有效厘清碳交易过程中各方享有的权利与应该履行的义务，并在此基础上确定碳交易活动中应该遵循的法律规范性要求。

在前述区分框架下，本部分还重点对《碳排放权交易管理暂行条例》这一上位行政法规，以及《碳排放权交易管理办法（试行）》《温室气体自愿减排交易管理办法（试行）》两个部门规章进行了解读，以便更加深入、全面地理解相关法律规范性要求并利于实务操作。

第一节 【行政法规】碳排放权交易管理暂行条例

（中华人民共和国国务院令第 775 号）

一、立法说明

《碳排放权交易管理暂行条例》是国务院为了规范碳排放权交易及相关活动，加强对温室气体排放的控制，积极稳妥推进碳达峰碳中和，促进经济社会绿色低碳发展，推进生态文明建设而制定的行政法规。该条例于 2024 年 1 月 5 日国务院第 23 次常务会议通过，并自 2024 年 5 月 1 日起施行，适用于全国碳排放权交易市场的碳排放权交易及相关活动。其内容主要包括各级生态环境主管部门的职责分工和监督管理工作、重点排放单位的义务以及技术服务机构、交易机构的工作要求和责任承担等。

二、合规要求与解读

（一）合规主体：国务院、生态环境主管部门和其他对碳排放权交易及相关活动负有监督管理职责的政府职能与监管部门

1. 责任性规定

第三条 碳排放权交易及相关活动的管理，应当坚持中国共产党的领导，贯彻党和国家路线方针政策和决策部署，坚持温室气体排放控制

与经济社会发展相适应,坚持政府引导与市场调节相结合,遵循公开、公平、公正的原则。

国家加强碳排放权交易领域的国际合作与交流。

解读:碳排放权交易受到国内政策与国际合作的双重影响,因此其市场交易具有较大的政策与国际影响波动性。

第四条 国务院生态环境主管部门负责碳排放权交易及相关活动的监督管理工作。国务院有关部门按照职责分工,负责碳排放权交易及相关活动的有关监督管理工作。

地方人民政府生态环境主管部门负责本行政区域内碳排放权交易及相关活动的监督管理工作。地方人民政府有关部门按照职责分工,负责本行政区域内碳排放权交易及相关活动的有关监督管理工作。

解读:明确由国务院生态环境主管部门负责对碳排放权交易及其相关活动进行监督管理。其他政府职能部门按照分工参与并负责相应的碳排放权交易及其相关活动的监督管理工作,由生态环境主管部门负责整体监督管理,其他政府职能部门按照行政职责负责相应的具体部分的监督管理。

第五条 ……国务院生态环境主管部门会同国务院市场监督管理部门、中国人民银行和国务院银行业监督管理机构,对全国碳排放权注册登记机构和全国碳排放权交易机构进行监督管理,并加强信息共享和执法协作配合。

碳排放权交易应当逐步纳入统一的公共资源交易平台体系。

解读:明确由国务院生态环境主管部门牵头负责对全国碳排放权注册登记机构和全国碳排放权交易机构进行监督管理,特别强调了碳排放权交易的公共资源交易属性,表明碳排放配额这一碳资产属于一种公共资源。

第六条 碳排放权交易覆盖的温室气体种类和行业范围,由国务院生态环境主管部门会同国务院发展改革等有关部门根据国家温室气体排放控制目标研究提出,报国务院批准后实施。

碳排放权交易产品包括碳排放配额和经国务院批准的其他现货交易产品。

解读:明确国务院负责对碳排放权交易覆盖的温室气体种类、行业范围及现货交易产品进行审批。目前全国碳排放权现货交易产品为碳排放配额。

第七条 ……生态环境主管部门、其他对碳排放权交易及相关活动负有监督管理职责的部门(以下简称其他负有监督管理职责的部门)、全国碳排放权注册登记机构、全国碳排放权交易机构以及本条例规定的技术服务机构的工作人员,不得参与碳排放权交易。

解读:明确不得参与碳排放权交易的主体范围。[1]但对禁止交易的期限以及回避交易的适用尚无具体规定。

第八条 国务院生态环境主管部门会同国务院有关部门,根据国家温室气体排放控制目标,制定重点排放单位的确定条件。省、自治区、直辖市人民政府(以下统称省级人民政府)生态环境主管部门会同同级有关部门,按照重点排放单位的确定条件制定本行政区域年度重点排放单位名录。

重点排放单位的确定条件和年度重点排放单位名录应当向社会

---

[1] 参见《证券法》第40条规定:"证券交易场所、证券公司和证券登记结算机构的从业人员,证券监督管理机构的工作人员以及法律、行政法规规定禁止参与股票交易的其他人员,在任期或者法定限期内,不得直接或者以化名、借他人名义持有、买卖股票或者其他具有股权性质的证券,也不得收受他人赠送的股票或者其他具有股权性质的证券。任何人在成为前款所列人员时,其原已持有的股票或者其他具有股权性质的证券,必须依法转让。实施股权激励计划或者员工持股计划的证券公司的从业人员,可以按照国务院证券监督管理机构的规定持有、卖出本公司股票或者其他具有股权性质的证券。"

公布。

解读：明确由国务院生态环境主管部门牵头负责制定重点排放单位的确定条件。明确由省级生态环境主管部门牵头负责制定区域内年度重点排放单位名录。明确重点排放单位的确定条件和单位名录必须向社会公布。国家温室气体排放控制目标是变动的，具有较强的政策导向，可能构成对既定标准的改变。

第九条 国务院生态环境主管部门会同国务院有关部门，根据国家温室气体排放控制目标，综合考虑经济社会发展、产业结构调整、行业发展阶段、历史排放情况、市场调节需要等因素，制定年度碳排放配额总量和分配方案，并组织实施。碳排放配额实行免费分配，并根据国家有关要求逐步推行免费和有偿相结合的分配方式。

省级人民政府生态环境主管部门会同同级有关部门，根据年度碳排放配额总量和分配方案，向本行政区域内的重点排放单位发放碳排放配额，不得违反年度碳排放配额总量和分配方案发放或者调剂碳排放配额。

解读：明确由国务院生态环境主管部门牵头负责制定年度碳排放配额总量和分配方案，并组织实施。明确由省级生态环境主管部门牵头负责向区域内重点排放单位发放碳排放配额。这里进一步对国家温室气体排放控制目标的确定标准进行了说明，因需综合考虑多种宏观因素作出，具有较大不确定性，也会对年度碳排放配额和分配方案的制定产生直接影响。

第十条 依照本条例第六条、第八条、第九条的规定研究提出碳排放权交易覆盖的温室气体种类和行业范围、制定重点排放单位的确定条件以及年度碳排放配额总量和分配方案，应当征求省级人民政府、有关行业协会、企业事业单位、专家和公众等方面的意见。

解读：明确提出碳排放权交易覆盖的温室气体种类、行业范围以及制定重点排放单位确定条件和年度碳排放配额总量和分配方案，需要公开征求意见。这是因为有关内容对碳排放权交易的开展具有至关重要的影响，但具体征求意见的方式尚需明确，除职能部门主动征求意见外，也应明确由国务院生态环境部建立统一意见征求平台，收集社会公众相关意见。

第十二条 省级人民政府生态环境主管部门应当对重点排放单位报送的年度排放报告进行核查，确认其温室气体实际排放量。核查工作应当在规定的时限内完成，并自核查完成之日起 7 个工作日内向重点排放单位反馈核查结果。核查结果应当向社会公开……

解读：明确由省级生态环境主管部门负责对重点排放单位报送的年度排放报告进行核查。明确核查工作期限及核查结果应向社会公开。

第十六条 国务院生态环境主管部门建立全国碳排放权交易市场管理平台，加强对碳排放配额分配、清缴以及重点排放单位温室气体排放情况等的全过程监督管理，并与国务院有关部门实现信息共享。

解读：明确由国务院生态环境主管部门负责建立全国碳排放权交易市场管理平台，并需要将监督管理信息与国务院有关部门进行共享。这里的全国碳排放权交易市场管理平台即指全国碳排放权注册登记、交易、结算系统平台。

第十七条 生态环境主管部门和其他负有监督管理职责的部门……进行现场检查，检查人员不得少于 2 人，并应当出示执法证件。检查人员对检查中知悉的国家秘密、商业秘密，依法负有保密义务。

解读：明确生态环境主管部门和其他负有监督管理职责的部门进行现场检查属于行政检查，应遵守《行政处罚法》及地方行政检查规定如《广东省行政检查办法》等有关规定。对拒绝、阻碍行政检查的行为，有关部门可以强制检查并予以行政处罚措施，有关行为人不服的，可以就行政处罚措施提出异议、复议、诉讼。对有关部门人员违反保密义务，泄露检查过程中知悉的国家秘密、商业秘密，应依法给予责任追究。

第十八条 任何单位和个人对违反本条例规定的行为，有权向生态环境主管部门和其他负有监督管理职责的部门举报。接到举报的部门应当依法及时处理，按照国家有关规定向举报人反馈处理结果，并为举报人保密。

解读：明确生态环境主管部门和其他负有监督管理职责的部门负责对接到的举报依法及时处理，并要求向举报人反馈处理结果，并为举报人保密。但此处规定的反馈处理结果是以按照国家有关规定要求为前提的，如根据《市场监督管理投诉举报处理暂行办法》第32条的规定："法律、法规、规章规定市场监督管理部门应当将举报处理结果告知举报人或者对举报人实行奖励的，市场监督管理部门应当予以告知或者奖励。"

第十九条 生态环境主管部门或者其他负有监督管理职责的部门的工作人员在碳排放权交易及相关活动的监督管理工作中滥用职权、玩忽职守、徇私舞弊的，应当依法给予处分。

解读：明确政府相关职能或监管部门工作人员在履职和监督管理工作中未依法履职的，应当依法给予处分。该处分是行政处分，相关违法行为还可能同时导致有关人员受到纪律处分或被追究民事、刑事责任。

第二十条 生态环境主管部门、其他负有监督管理职责的部门、全国碳排放权注册登记机构、全国碳排放权交易机构以及本条例规定的技术服务机构的工作人员参与碳排放权交易的，由国务院生态环境主管部门责令依法处理持有的碳排放配额等交易产品，没收违法所得，可以并处所交易碳排放配额等产品的价款等值以下的罚款；属于国家工作人员的，还应当依法给予处分。

解读：明确对禁止参与碳排放权交易的有关人员违法参与碳排放权交易时由国务院生态环境主管部门责令依法处理持有的碳排放配额等交易产品，没收违法所得，并处罚款；对国家工作人员还将依法给予处分。

第二十七条 国务院生态环境主管部门会同国务院有关部门建立重点排放单位等交易主体、技术服务机构信用记录制度，将重点排放单位等交易主体、技术服务机构因违反本条例规定受到行政处罚等信息纳入国家有关信用信息系统，并依法向社会公布。

解读：明确由国务院生态环境主管部门牵头负责建立信用记录制度，有关行政处罚信息应纳入征信系统并向社会公布。一旦相关处罚信息被记录，将对重点排放单位、技术服务机构碳排放配额分配以及从业资质和信誉等方面产生较大不利影响。

第二十八条 违反本条例规定，给他人造成损害的，依法承担民事责任；构成违反治安管理行为的，依法给予治安管理处罚；构成犯罪的，依法追究刑事责任。

解读：明确对碳排放权交易违法行为除进行已规定的行政责任追究外，还要进行民事和刑事责任追究。

第二十九条 对本条例施行前建立的地方碳排放权交易市场，应当参照本条例的规定健全完善有关管理制度，加强监督管理。

本条例施行后，不再新建地方碳排放权交易市场，重点排放单位不再参与相同温室气体种类和相同行业的地方碳排放权交易市场的碳排放权交易。

解读：明确地方碳排放权交易市场按本条例健全完善相关管理制

度。明确不再新建地方碳排放权交易市场以及重点排放单位不再参与地方碳排放权市场的交易，加速推进全国碳排放权交易市场的建设。

2．权利性规定

第十二条　……省级人民政府生态环境主管部门可以通过政府购买服务等方式，委托依法设立的技术服务机构对年度排放报告进行技术审核……

解读：对重点排放单位年度排放报告的核查结果直接关系重点排放单位后续履行碳排放配额的清缴义务，因此核查工作应及时完成。实践中，因一个省级区域内待核查的重点排放单位数量众多，省级生态环境主管部门往往采用政府采购的方式，将核查工作委托给具备核查资质的第三方市场技术服务机构完成，该核查资质是特殊资质，提供核查服务的技术服务机构不得再向重点排放单位提供其他可能导致双方产生利益关联的技术性服务，如为重点排放单位编制年度排放报告提供技术性服务等，否则相关核查结果无效。

第十七条　生态环境主管部门和其他负有监督管理职责的部门，可以在各自职责范围内对重点排放单位等交易主体、技术服务机构进行现场检查。

生态环境主管部门和其他负有监督管理职责的部门进行现场检查，可以采取查阅、复制相关资料，查询、检查相关信息系统等措施，并可以要求有关单位和个人就相关事项作出说明。被检查者应当如实反映情况、提供资料，不得拒绝、阻碍……

解读：明确生态环境主管部门和其他负有监督管理职责的部门，有权在各自职权范围内对交易主体、技术服务机构进行现场检查，其中对技术服务机构进行现场检查的，由市场监督管理部门负责。本条赋予生态环境主管部门和其他负有监督管理职责的部门进行随机检查的权利，

第三章 碳排放重点规范合规要点解读

强化监督管理的执行力度。

第二十条 生态环境主管部门、其他负有监督管理职责的部门、全国碳排放权注册登记机构、全国碳排放权交易机构以及本条例规定的技术服务机构的工作人员参与碳排放权交易的,由国务院生态环境主管部门……可以并处所交易碳排放配额等产品的价款等值以下的罚款……

解读:禁止参与碳排放权交易人员参与碳排放权交易的,国务院生态环境主管部门可以在所交易碳排放配额等产品的价款等值以下对其进行罚款,即不以交易获利而以交易标的市场价值为处罚标准。

第二十一条 重点排放单位有下列情形之一……拒不改正的,可以责令停产整治:

(一)未按照规定制定并执行温室气体排放数据质量控制方案;

(二)未按照规定报送排放统计核算数据、年度排放报告;

(三)未按照规定向社会公开年度排放报告中的排放量、排放设施、统计核算方法等信息;

(四)未按照规定保存年度排放报告所涉数据的原始记录和管理台账。

第二十二条 重点排放单位有下列情形之一……拒不改正的……可以责令停产整治:

(一)未按照规定统计核算温室气体排放量;

(二)编制的年度排放报告存在重大缺陷或者遗漏,在年度排放报告编制过程中篡改、伪造数据资料,使用虚假的数据资料或者实施其他弄虚作假行为;

(三)未按照规定制作和送检样品。

第二十四条 重点排放单位未按照规定清缴其碳排放配额……拒不改正的……可以责令停产整治。

183

解读：第 21 条、第 22 条、第 24 条赋予了生态环境主管部门和其他负有监督管理职责的部门对重点排放单位责令停产整治的权利，对未依法执行相关规定的重点排放单位将产生重大不利影响，需要特别注意。

第三十二条 国务院生态环境主管部门会同国务院民用航空等主管部门可以依照本条例规定的原则，根据实际需要，结合民用航空等行业温室气体排放控制的特点，对民用航空等行业的重点排放单位名录制定、碳排放配额发放与清缴、温室气体排放数据统计核算和年度排放报告报送与核查等制定具体管理办法。

解读：国家促进民用航空业按照现行碳排放权交易原则制定民用航空碳排放权交易相关具体管理办法。

（二）合规主体：重点排放单位及其他交易主体

1. 责任性规定

第十一条 重点排放单位应当采取有效措施控制温室气体排放，按照国家有关规定和国务院生态环境主管部门制定的技术规范，制定并严格执行温室气体排放数据质量控制方案，使用依法经计量检定合格或者校准的计量器具开展温室气体排放相关检验检测，如实准确统计核算本单位温室气体排放量，编制上一年度温室气体排放报告（以下简称年度排放报告），并按照规定将排放统计核算数据、年度排放报告报送其生产经营场所所在地省级人民政府生态环境主管部门。

重点排放单位应当对其排放统计核算数据、年度排放报告的真实性、完整性、准确性负责。

重点排放单位应当按照国家有关规定，向社会公开其年度排放报告中的排放量、排放设施、统计核算方法等信息。年度排放报告所涉数据的原始记录和管理台账应当至少保存 5 年……

解读：明确重点排放单位负责依法严格执行温室气体排放监测、检测、核算和年度排放报告编制工作，年度排放报告相关信息应向社会公开。明确重点排放单位对排放统计核算数据和年度报告负有相应责任。这是因为重点排放单位是排放统计核算和年度报告编制的责任主体，而该两项工作是确定重点排放单位履行碳排放配额清缴的关键依据，因此必须严格依法开展。

第十二条 ……省级人民政府生态环境主管部门可以通过政府购买服务等方式，委托依法设立的技术服务机构对年度排放报告进行技术审核。重点排放单位应当配合技术服务机构开展技术审核工作，如实提供有关数据和资料。

解读：省级生态环境主管部门将年度排放报告技术审核工作委托给第三方市场技术服务机构完成的，该技术服务机构在委托范围内代省级生态环境主管部门行使有关审核职能，因此有别于一般平等主体之间开展的民商事合作，重点排放单位必须按照有关审核规定进行配合。但是该委托代理不转移行政管理权，重点排放单位不配合技术服务机构开展审核工作的，仍应由省级生态环境主管部门负责对有关行为进行纠正或处罚。

第十四条 重点排放单位应当根据省级人民政府生态环境主管部门对年度排放报告的核查结果，按照国务院生态环境主管部门规定的时限，足额清缴其碳排放配额……

解读：明确重点排放单位有按期依据省级生态环境主管部门对年度排放报告核查结果清缴碳排放配额的义务。碳排放配额清缴是全国碳排放权交易制度的核心机制，它使碳排放配额成为重点排放单位的刚性需求，进而具备市场交易价值，成为一种新的市场资产。

第十五条 ……禁止任何单位和个人通过欺诈、恶意串通、散布虚假信息等方式操纵全国碳排放权交易市场或者扰乱全国碳排放权交易市场秩序。

解读：明确不得操纵或者扰乱全国碳排放权交易市场秩序，违反该规定的责任主体一般是交易主体，但非交易主体也可能成为相关违法行为的主体。

第二十一条 重点排放单位有下列情形之一的，由生态环境主管部门责令改正，处5万元以上50万元以下的罚款；拒不改正的，可以责令停产整治：

（一）未按照规定制定并执行温室气体排放数据质量控制方案；

（二）未按照规定报送排放统计核算数据、年度排放报告；

（三）未按照规定向社会公开年度排放报告中的排放量、排放设施、统计核算方法等信息；

（四）未按照规定保存年度排放报告所涉数据的原始记录和管理台账。

解读：明确重点排放单位未按规定执行温室气体排放质量控制方案、报送排放统计核算数据和年度排放报告、向社会公开年度排放报告相关信息、保管相关数据和台账的，将由生态环境主管部门依法给予责令改正、罚款乃至停产整治的处罚。

本条要求重点排放单位必须依法制定并执行温室气体排放数据质量控制方案，该方案主要包括温室气体排放监测、温室气体排放边界及排放源确认、温室气体排放监测方法及数据管理、监测条件评估及排放设备台账建立、监测数据结果评估及不确定性分析等方面。通过严格制定并执行温室气体排放数据质量控制方案，能够帮助重点排放单位核算真实排放数据，针对性采取节能减耗措施，降低能源消耗成本。

第二十二条 重点排放单位有下列情形之一的，由生态环境主管部门责令改正，没收违法所得，并处违法所得 5 倍以上 10 倍以下的罚款；没有违法所得或者违法所得不足 50 万元的，处 50 万元以上 200 万元以下的罚款；对其直接负责的主管人员和其他直接责任人员处 5 万元以上 20 万元以下的罚款；拒不改正的，按照 50% 以上 100% 以下的比例核减其下一年度碳排放配额，可以责令停产整治：

（一）未按照规定统计核算温室气体排放量；

（二）编制的年度排放报告存在重大缺陷或者遗漏，在年度排放报告编制过程中篡改、伪造数据资料，使用虚假的数据资料或者实施其他弄虚作假行为；

（三）未按照规定制作和送检样品。

解读：明确重点排放单位及其主管人员和直接责任人员未按规定统计核算温室气体排放量、制作和送检样品以及编制的年度排放报告存在问题的，将由生态环境主管部门依法给予责令改正、没收违法所得、罚款、按比例核减下一年度碳排放配额乃至停产整治的处罚。

本条主要是规范重点排放单位要严格执行年度温室气体排放报告的编制工作，不得遗漏更不得造假，确保年度温室气体排放报告能够全面、准确地反映重点排放单位的温室气体排放数量。本条特别强调，对相关违法行为，不仅要处罚重点排放单位，还要对负责人员和直接责任人员进行追究。

第二十四条 重点排放单位未按照规定清缴其碳排放配额的，由生态环境主管部门责令改正，处未清缴的碳排放配额清缴时限前 1 个月市场交易平均成交价 5 倍以上 10 倍以下的罚款；拒不改正的，按照未清缴的碳排放配额等量核减其下一年度碳排放配额，可以责令停产整治。

解读：明确对未按规定清缴碳排放配额的重点排放单位将由生态环

境主管部门依法给予责令改正、罚款、按未清缴配额量核减下一年度碳排放配额乃至停产整治的处罚。

本条要求重点排放单位严格按照规定期限和核查结果履行碳排放配额清缴的法定义务，这种清缴是强制性的。重点排放单位自身持有的碳排放配额不足以完成清缴时，可以通过碳排放权交易方式额外购买碳排放配额或国家核证自愿减排量以完成清缴。通过这种方式，鼓励重点排放单位采取节能环保措施，在核查确认的年度排放报告的基础上，降低温室气体排放数量；并在完成自身清缴义务后，将剩余的碳排放配额通过交易的方式出售给其他有需要的重点排放单位，真正享受到节能环保的市场红利。重点排放单位额外购买碳排放配额或国家核证自愿减排量履行清缴义务，无疑加重了其经营成本负担，将迫使其采取有效措施降低温室气体排放。

第二十五条 操纵全国碳排放权交易市场的，由国务院生态环境主管部门责令改正，没收违法所得，并处违法所得1倍以上10倍以下的罚款；没有违法所得或者违法所得不足50万元的，处50万元以上500万元以下的罚款。单位因前述违法行为受到处罚的，对其直接负责的主管人员和其他直接责任人员给予警告，并处10万元以上100万元以下的罚款。

扰乱全国碳排放权交易市场秩序的，由国务院生态环境主管部门责令改正，没收违法所得，并处违法所得1倍以上10倍以下的罚款；没有违法所得或者违法所得不足10万元的，处10万元以上100万元以下的罚款。单位因前述违法行为受到处罚的，对其直接负责的主管人员和其他直接责任人员给予警告，并处5万元以上50万元以下的罚款。

解读：明确操纵或扰乱全国碳排放权交易市场秩序的行为将由国务院生态环境主管部门依法给予责令改正、没收违法所得、罚款以及对直接负责的主管人员和其他直接责任人员给予警告和罚款的处罚。

本条要求碳排放权交易主体不得采取虚假交易、合谋交易、价格垄断、不正当竞争、滥用市场优势地位等违法行为在全国碳排放权交易市场投机倒把或者非法牟利。这些行为极大损害了全国碳排放权交易市场的公信力，严重动摇碳排放权交易制度基础，破坏国家"双碳"目标，因此为法规所明令禁止。

第二十六条 拒绝、阻碍生态环境主管部门或者其他负有监督管理职责的部门依法实施监督检查的，由生态环境主管部门或者其他负有监督管理职责的部门责令改正，处 2 万元以上 20 万元以下的罚款。

解读：明确拒绝、阻碍监督检查的行为将由生态环境主管部门或者其他负有监督管理职责的部门依法给予责令改正、罚款的处罚。

2．权利性规定

第七条 纳入全国碳排放权交易市场的温室气体重点排放单位（以下简称重点排放单位）以及符合国家有关规定的其他主体，可以参与碳排放权交易……

解读：明确可以参与全国碳排放权市场交易的主体范围。目前全国碳排放权市场交易的主体是重点排放单位，符合国家有关规定的其他主体范围尚未明确。值得注意的是，交易主体参与碳排放权交易是一种权利而非义务，重点排放单位分配的免费碳排放配额足以完成清缴义务的，也可以选择不参与碳排放权交易。

第十一条 ……重点排放单位可以委托依法设立的技术服务机构开展温室气体排放相关检验检测、编制年度排放报告。

解读：明确重点排放单位可以将相关温室气体检验检测、年度排放报告编制工作委托给市场第三方技术服务机构完成。此处规定的接受委托的技术服务机构应具备相应的检验检测资质或年度排放报告编制技术能力，但并不要求其具有年度排放报告的核查资质。接受重点排放单位委托后，该技术服务机构不得再为该重点排放单位所在省级区域生态环境主管部门提供相应的核查技术服务。

第十四条 ……重点排放单位可以通过全国碳排放权交易市场购买或者出售碳排放配额，其购买的碳排放配额可以用于清缴。

重点排放单位可以按照国家有关规定，购买经核证的温室气体减排量用于清缴其碳排放配额。

解读： 明确重点排放单位可以通过购买碳排放配额和国家核证温室气体减排量履行清缴义务，使交易标的具有了明确的使用需求和市场价值。

第十五条 碳排放权交易可以采取协议转让、单向竞价或者符合国家有关规定的其他现货交易方式……

解读： 明确碳排放权交易可以采取的方式。目前要特别注意在全国碳排放权交易市场及其系统之外进行碳排放配额交易的相关风险，如相关交易不能在交易市场及其系统完成并进行登记，有关交易目的可能无法实现，进而导致相关交易损失及交易无法得到有效保障。

（三）合规主体：全国碳排放权注册登记机构、全国碳排放权交易机构、技术服务机构和其他非交易主体

1. 责任性规定

第五条 全国碳排放权注册登记机构按照国家有关规定，负责碳排放权交易产品登记，提供交易结算等服务。全国碳排放权交易机构按照国家有关规定，负责组织开展碳排放权集中统一交易。登记和交易的收费应当合理，收费项目、收费标准和管理办法应当向社会公开。

全国碳排放权注册登记机构和全国碳排放权交易机构应当按照国家

有关规定，完善相关业务规则，建立风险防控和信息披露制度……

解读：明确全国碳排放权注册登记机构、全国碳排放权交易机构的基本职责以及收费原则。明确全国碳排放权注册登记机构和交易机构需建立风险防控和信息披露制度。我国生态环境部已组织制定了《碳排放权登记管理规则（试行）》、《碳排放权交易管理规则（试行）》和《碳排放权结算管理规则（试行）》，于2021年5月14日发布并实施。

第十三条 接受委托开展温室气体排放相关检验检测的技术服务机构，应当遵守国家有关技术规程和技术规范要求，对其出具的检验检测报告承担相应责任，不得出具不实或者虚假的检验检测报告。重点排放单位应当按照国家有关规定制作和送检样品，对样品的代表性、真实性负责。

接受委托编制年度排放报告、对年度排放报告进行技术审核的技术服务机构，应当按照国家有关规定，具备相应的设施设备、技术能力和技术人员，建立业务质量管理制度，独立、客观、公正开展相关业务，对其出具的年度排放报告和技术审核意见承担相应责任，不得篡改、伪造数据资料，不得使用虚假的数据资料或者实施其他弄虚作假行为。年度排放报告编制和技术审核的具体管理办法由国务院生态环境主管部门会同国务院有关部门制定。

技术服务机构在同一省、自治区、直辖市范围内不得同时从事年度排放报告编制业务和技术审核业务。

解读：明确技术服务机构可以接受委托开展温室气体排放相关的检验检测技术服务。明确技术服务机构进行检验检测的要求、承担的责任，尤其是不得同时在省级范围内同时开展年度排放报告编制和技术审核业务，避免技术服务机构"又当运动员，又当裁判员"从而导致弄虚作假行为。

第二十三条 技术服务机构出具不实或者虚假的检验检测报告的，由生态环境主管部门责令改正，没收违法所得，并处违法所得5倍以上10倍以下的罚款；没有违法所得或者违法所得不足2万元的，处2万元以上10万元以下的罚款；情节严重的，由负责资质认定的部门取消其检验检测资质。

技术服务机构出具的年度排放报告或者技术审核意见存在重大缺陷或者遗漏，在年度排放报告编制或者对年度排放报告进行技术审核过程中篡改、伪造数据资料，使用虚假的数据资料或者实施其他弄虚作假行为的，由生态环境主管部门责令改正，没收违法所得，并处违法所得5倍以上10倍以下的罚款；没有违法所得或者违法所得不足20万元的，处20万元以上100万元以下的罚款；情节严重的，禁止其从事年度排放报告编制和技术审核业务。

技术服务机构因本条第一款、第二款规定的违法行为受到处罚的，对其直接负责的主管人员和其他直接责任人员处2万元以上20万元以下的罚款，5年内禁止从事温室气体排放相关检验检测、年度排放报告编制和技术审核业务；情节严重的，终身禁止从事前述业务。

解读：明确对于技术服务机构及其直接负责的主管人员和其他直接责任人员出具不实或虚假检测报告，出具年度排放报告或技术审核意见存在重大缺陷或者遗漏，在技术审核过程中篡改、伪造数据资料，使用虚假数据资料或实施其他弄虚作假等相关违法行为，将由生态环境主管部门依法给予责令改正、没收违法所得、罚款乃至禁止从业的处罚。

本条要求技术服务机构及其服务人员必须严格按照有关规定执行检验检测、年度排放报告编制和技术审核等工作，因相关工作在整个碳排放权交易体系中具有关键作用，一旦出现问题，后果往往比较严重，且容易同时引发相关的民事及刑事责任追究的风险。

2. 权利性规定

第十八条 任何单位和个人对违反本条例规定的行为，有权向生态环境主管部门和其他负有监督管理职责的部门举报……

解读：公众有权对碳排放权交易相关违法行为进行举报，该举报权的行使不以主体关联性为要求。

第二节 【部门规章】碳排放权交易管理办法（试行）

（中华人民共和国生态环境部令第19号）

一、立法说明

《碳排放权交易管理办法（试行）》是生态环境部为了规范全国碳排放权交易市场，推动温室气体减排，促进绿色低碳发展而制定的部门规章。该办法自2021年2月1日起施行，标志着中国碳排放权交易市场正式进入法治化、规范化发展的新阶段。其内容主要涉及重点排放单位履行清缴义务过程中，有关碳排放配额交易的规范，以及主管部门的监督管理工作和交易机构的职责。这些规范内容为碳排放权交易市场的运行提供了明确的指导和监管框架，确保了市场的公平、透明和有效性。

二、合规要求与解读

（一）合规主体：生态环境主管部门等政府职能与监管部门

1. 责任性规定

第四条 生态环境部按照国家有关规定建设全国碳排放权交易市场。

全国碳排放权交易市场覆盖的温室气体种类和行业范围，由生态环境部拟订，按程序报批后实施，并向社会公开。

解读：明确全国碳排放权交易市场由生态环境部负责建设。表明相关政府管理职能正式从国家发展和改革委员会交由生态环境部负责。

第五条 生态环境部按照国家有关规定，组织建立全国碳排放权注册登记机构和全国碳排放权交易机构，组织建设全国碳排放权注册登记系统和全国碳排放权交易系统……

解读：明确生态环境部负责组织建立全国碳排放权注册登记机构和全国碳排放权交易机构。

生态环境部根据《碳排放权交易管理办法（试行）》，组织制定了《碳排放权登记管理规则（试行）》、《碳排放权交易管理规则（试行）》和《碳排放权结算管理规则（试行）》，已于2021年5月14日发布并实施。

第六条 生态环境部负责制定全国碳排放权交易及相关活动的技术规范，加强对地方碳排放配额分配、温室气体排放报告与核查的监督管理，并会同国务院其他有关部门对全国碳排放权交易及相关活动进行监督管理和指导。

省级生态环境主管部门负责在本行政区域内组织开展碳排放配额分

配和清缴、温室气体排放报告的核查等相关活动，并进行监督管理。

设区的市级生态环境主管部门负责配合省级生态环境主管部门落实相关具体工作，并根据本办法有关规定实施监督管理。

解读：明确生态环境部、省级生态环境主管部门、设区的市级生态环境主管部门在全国碳排放权交易及相关活动中的有关管理职能。其中，省级生态环境主管部门负责在区域内组织开展碳排放配额分配和清缴、温室气体排放报告核查等工作，在全国碳排放权交易及相关活动中具有至关重要的作用。

第九条 省级生态环境主管部门应当按照生态环境部的有关规定，确定本行政区域重点排放单位名录，向生态环境部报告，并向社会公开。

解读：明确省级生态环境主管部门确定区域内重点排放单位名录，需要向生态环境部报告，并向社会公开。这里并未赋予生态环境部审批的权利，其认为省级生态环境主管部门确定的重点排放单位名录有问题的，主要由其根据本办法进行审核后依法移出，但上级行政部门可以进行监督，相关重点排放单位也有权就此提出异议。

第十一条 存在下列情形之一的，确定名录的省级生态环境主管部门应当将相关温室气体排放单位从重点排放单位名录中移出：

（一）连续二年温室气体排放未达到2.6万吨二氧化碳当量的；

（二）因停业、关闭或者其他原因不再从事生产经营活动，因而不再排放温室气体的。

解读：明确由省级生态环境主管部门负责将不再符合主体范围和纳入条件的排放单位移出重点排放单位名录。需要注意的是，移出名录后，有关排放单位将不再承担新的清缴义务，但其完成原清缴义务后剩余的碳排放配额仍由其所有，有效期需结合具体政策或有关规定作出

195

确认。

第十二条 温室气体排放单位申请纳入重点排放单位名录的，确定名录的省级生态环境主管部门应当进行核实；经核实符合本办法第八条规定条件的，应当将其纳入重点排放单位名录。

解读：明确由省级生态环境主管部门负责对申请纳入重点排放单位名录的排放单位进行核实。

第十四条 生态环境部根据国家温室气体排放控制要求，综合考虑经济增长、产业结构调整、能源结构优化、大气污染物排放协同控制等因素，制定碳排放配额总量确定与分配方案。

省级生态环境主管部门应当根据生态环境部制定的碳排放配额总量确定与分配方案，向本行政区域内的重点排放单位分配规定年度的碳排放配额。

解读：明确由生态环境部负责制定碳排放配额总量确定与分配方案，并由省级生态环境主管部门负责向区域内重点排放单位分配年度碳排放配额。

第十六条 省级生态环境主管部门确定碳排放配额后，应当书面通知重点排放单位……

解读：明确省级生态环境主管部门负责书面通知重点排放单位其分配的碳排放配额。该通知具有行政效力，对重点排放单位具有重大利害关系，因此在进行分配前需要赋予重点排放单位确认和提出异议的权利。

第二十六条 省级生态环境主管部门应当组织开展对重点排放单位温室气体排放报告的核查，并将核查结果告知重点排放单位。核查结果应当作为重点排放单位碳排放配额清缴依据……

解读：明确由省级生态环境部门组织开展对重点排放单位温室气体

排放报告进行核查。

第三十条 上级生态环境主管部门应当加强对下级生态环境主管部门的重点排放单位名录确定、全国碳排放权交易及相关活动情况的监督检查和指导。

解读：明确上级生态环境主管部门负责对下级生态环境主管部门进行监督检查和指导。因此对于生态环境主管部门履职过程中存在的问题，可以向其上级主管部门检举投诉并要求依法纠正。

第三十一条 设区的市级以上地方生态环境主管部门根据对重点排放单位温室气体排放报告的核查结果，确定监督检查重点和频次。

设区的市级以上地方生态环境主管部门应当采取"双随机、一公开"的方式，监督检查重点排放单位温室气体排放和碳排放配额清缴情况，相关情况按程序报生态环境部。

解读：明确设区的市级以上地方生态环境主管部门有权对重点排放单位开展行政检查。相关行政检查应严格遵循有关规定并须向生态环境部报备。

第三十二条 生态环境部和省级生态环境主管部门，应当按照职责分工，定期公开重点排放单位年度碳排放配额清缴情况等信息。

解读：明确重点排放单位名录及重点排放单位年度碳排放配额清缴情况等信息由相关生态环境主管部门定期向社会公开，接受公众监督。

第三十六条 公民、法人和其他组织发现重点排放单位和其他交易主体有违反本办法规定行为的，有权向设区的市级以上地方生态环境主管部门举报。

接受举报的生态环境主管部门应当依法予以处理，并按照有关规定反馈处理结果，同时为举报人保密。

解读：对于必须面向社会公开的有关事项和程序，公众监督的意见往往是相关事项和程序能否审批、核查能否通过的重要依据。对于公众意见较大，尤其是相关意见确有理由和依据的，有关职能部门除应予采纳外，还必须及时向意见提出人或举报人及时反馈并对相关问题进行责任追究。

第三十七条 生态环境部、省级生态环境主管部门、设区的市级生态环境主管部门的有关工作人员，在全国碳排放权交易及相关活动的监督管理中滥用职权、玩忽职守、徇私舞弊的，由其上级行政机关或者监察机关责令改正，并依法给予处分。

解读：明确生态环境主管部门有关工作人员未依法履职的，由上级行政机关或监察机关依法给予处分。除追究行政责任外，有关工作人员未依法履职导致应当承担民事、刑事责任的，也应依法追究。本条特别强调了监察机关对生态环境部门有关工作人员未依法履职的监管职能。

第四十一条 违反本办法规定，涉嫌构成犯罪的，有关生态环境主管部门应当依法移送司法机关。

解读：明确由生态环境主管部门负责将涉嫌犯罪的案件依法移送司法机关进行处理。

2．权利性规定

第十五条 碳排放配额分配以免费分配为主，可以根据国家有关要求适时引入有偿分配。

解读：明确免费分配为主，有偿分配为辅的碳排放配额分配原则。碳排放配额免费分配，也导致其具有很强的公共资源属性。

第二十条 全国碳排放权交易市场的交易产品为碳排放配额，生态环境部可以根据国家有关规定适时增加其他交易产品。

解读：明确生态环境部可以根据国家有关规定增加全国碳排放权交易市场的交易产品，但根据相关法规要求，增加全国碳排放权交易市场的现货交易产品需要经国务院批准同意。

第二十六条 ……省级生态环境主管部门可以通过政府购买服务的方式委托技术服务机构提供核查服务。技术服务机构应当对提交的核查结果的真实性、完整性和准确性负责。

解读：温室气体排放报告是确定重点排放单位清缴碳排放配额的重要依据，核查应当严格依法开展，接受委托的技术服务机构必须对核查结果负责，不得在核查过程中违反有关规定，导致核查出现问题的，将面临严厉的责任追究。

（二）合规主体：重点排放单位及其他交易主体

1. 责任性规定

第八条 温室气体排放单位符合下列条件的，应当列入温室气体重点排放单位（以下简称重点排放单位）名录：

（一）属于全国碳排放权交易市场覆盖行业；

（二）年度温室气体排放量达到 2.6 万吨二氧化碳当量。

解读：明确应当纳入温室气体重点排放单位的主体范围和纳入条件。需要注意的是，相关范围和条件可能随着国家温室气体排放控制目标发生改变而产生变化。

第十条 重点排放单位应当控制温室气体排放，报告碳排放数据，清缴碳排放配额，公开交易及相关活动信息，并接受生态环境主管部门的监督管理。

解读：明确重点排放单位履行温室气体排放的相关基本责任。

第十三条 纳入全国碳排放权交易市场的重点排放单位，不再参与地方碳排放权交易试点市场。

解读：明确纳入全国碳排放权交易市场的重点排放单位不再参与地

方碳排放权交易。表明我国将重点打造全国碳排放权交易市场,未来地方市场主要作为全国市场的补充存在。

第十六条 ……重点排放单位对分配的碳排放配额有异议的,可以自接到通知之日起七个工作日内,向分配配额的省级生态环境主管部门申请复核;省级生态环境主管部门应当自接到复核申请之日起十个工作日内,作出复核决定。

解读:明确省级生态环境主管部门对重点排放单位提出碳排放配额分配异议的复核决定的作出期限。

第十七条 重点排放单位应当在全国碳排放权注册登记系统开立账户,进行相关业务操作。

解读:明确重点排放单位应当在全国碳排放权注册登记系统开立账户,即明确碳排放配额的所有权以注册登记系统的登记信息为依据确认。因此场外交易协议不能完成场内登记变更的,将面临相应法律风险。

第十八条 重点排放单位发生合并、分立等情形需要变更单位名称、碳排放配额等事项的,应当报经所在地省级生态环境主管部门审核后,向全国碳排放权注册登记机构申请变更登记。全国碳排放权注册登记机构应当通过全国碳排放权注册登记系统进行变更登记,并向社会公开。

解读:明确重点排放单位因合并、分立而导致碳排放配额及其持有人发生变更的,须报经省级生态环境主管部门审核后,向全国碳排放权注册登记机构申请变更登记。因此,重点排放单位在出现相关情形时,应妥善做好已持有碳排放配额的处置工作,避免因审核不通过而导致相应变更登记无法完成,进而影响履约清缴或造成损失。

第二十一条 重点排放单位以及符合国家有关交易规则的机构和个

人，是全国碳排放权交易市场的交易主体。

解读：明确全国碳排放交易市场的交易主体范围。但目前除重点排放单位外，其他可以参与全国碳排放权交易的主体尚不明确。

第二十二条 碳排放权交易应当通过全国碳排放权交易系统进行……

解读：明确碳排放权交易必须在全国碳排放权交易系统进行。由于交易系统数据和信息是进行相关登记的依据，未在交易系统开展的场外交易可能面临交易后无法完成登记的风险。

第二十五条 重点排放单位应当根据生态环境部制定的温室气体排放核算与报告技术规范，编制该单位上一年度的温室气体排放报告，载明排放量，并于每年3月31日前报生产经营场所所在地的省级生态环境主管部门。排放报告所涉数据的原始记录和管理台账应当至少保存五年。

重点排放单位对温室气体排放报告的真实性、完整性、准确性负责。

重点排放单位编制的年度温室气体排放报告应当定期公开，接受社会监督，涉及国家秘密和商业秘密的除外。

解读：明确重点排放单位负责编制该单位上一年度温室气体排放报告的要求与承担的责任。生态环境主管部门主要负责重点排放单位温室气体排放的检测监督，以及对重点排放单位提供的年度排放报告进行核查。由于该报告与重点排放单位能够分配的碳排放权配额具有直接因果关系，由重点排放单位自己编制温室气体排放报告，需要生态环境主管部门和其他负有监督管理职责的有关部门严加监管，否则将会出现弄虚作假等违法违规行为。

第二十七条 重点排放单位对核查结果有异议的，可以自被告知核查结果之日起七个工作日内,向组织核查的省级生态环境主管部门申请复核;省级生态环境主管部门应当自接到复核申请之日起十个工作日内,作出复核决定。

解读:明确省级生态环境主管部门对重点排放单位提出核查结果异议的复核决定的作出期限。

第二十八条 重点排放单位应当在生态环境部规定的时限内,向分配配额的省级生态环境主管部门清缴上年度的碳排放配额。清缴量应当大于等于省级生态环境主管部门核查结果确认的该单位上年度温室气体实际排放量。

解读:明确重点排放单位履行碳排放配额的清缴义务及要求。值得注意的是,其清缴量的确认,以大于等于经核查确认的年度温室气体排放报告载明的上年度温室气体实际排放量为准,即国家鼓励重点排放单位多清缴碳排放配额。但是由于碳排放配额具有相应的市场价值,实际履行过程中,除非政策需要,否则重点排放单位一般是以等额清缴为主履行相应的义务。

第二十九条 ……用于抵销的国家核证自愿减排量,不得来自纳入全国碳排放权交易市场配额管理的减排项目。

解读:明确不得用于抵销碳排放配额的国家核证自愿减排量项目。但对于纳入全国碳排放权交易市场配额管理的减排项目,目前尚无明确范围。

第三十五条 ……重点排放单位和其他交易主体应当按照生态环境部有关规定,及时公开有关全国碳排放权交易及相关活动信息,自觉接受公众监督。

解读:明确重点排放单位应及时公开交易信息并接受社会公众监督。

第三十九条 重点排放单位虚报、瞒报温室气体排放报告，或者拒绝履行温室气体排放报告义务的，由其生产经营场所所在地设区的市级以上地方生态环境主管部门责令限期改正，处一万元以上三万元以下的罚款。逾期未改正的，由重点排放单位生产经营场所所在地的省级生态环境主管部门测算其温室气体实际排放量，并将该排放量作为碳排放配额清缴的依据；对虚报、瞒报部分，等量核减其下一年度碳排放配额。

解读：明确重点排放单位违反温室气体排放报告相应要求的，将由所在地设区的市级以上地方生态环境主管部门依法给予责令限期改正、罚款、强制配额清缴以及等量核减下一年度碳排放配额的处罚。

重点排放单位不履行温室气体报告相应义务，将导致该单位年度温室气体排放量无法有效查明，在此情况下，生态环境主管部门如何测算温室气体实际排放量的标准和方式尚不明确。

第四十条 重点排放单位未按时足额清缴碳排放配额的，由其生产经营场所所在地设区的市级以上地方生态环境主管部门责令限期改正，处二万元以上三万元以下的罚款；逾期未改正的，对欠缴部分，由重点排放单位生产经营场所所在地的省级生态环境主管部门等量核减其下一年度碳排放配额。

解读：明确重点排放单位未履行清缴碳排放配额义务的，将由所在地设区的市级以上地方生态环境主管部门依法给予责令限期改正、罚款以及对欠缴部分等量核减下一年度碳排放配额的处罚。可以看到，对于欠缴碳排放配额的重点排放单位，生态环境主管部门一般会给予改正期，重点排放单位可以通过在碳排放权交易市场购买碳排放配额的方式履行清缴义务。但在实践中，重点排放单位常常因自身经营陷入困境、资金链断裂等，无力负担碳排放配额的购买成本甚至自身持有的碳排放配额已被查封、冻结或出售，由此导致清缴义务事实上无法完成。对于这种情况，应制定更加明确、完善的规范，通过保障已分配碳排放配额的清缴优先性、减免经营困难重点排放单位的清缴责任以及必要情况下对无法继续经营的重点排放单位实施停产关闭等措施并移出重点排放单位名录等方式，更加全面、妥善地处置有关碳排放配额履行清缴违约情形。

2．权利性规定

第十六条 ……重点排放单位对分配的碳排放配额有异议的，可以自接到通知之日起七个工作日内，向分配配额的省级生态环境主管部门申请复核……

解读：明确重点排放单位对分配的碳排放配额有权提出异议，异议由负责分配的省级生态环境主管部门进行复核。该异议程序有别于一般行政异议，没有复议程序。对复核结果不服的，可以直接提起行政诉讼。

由于分配的碳排放配额是重点排放单位履行清缴的最重要资产，重点排放单位应根据年度温室气体排放报告及生态环境主管部门核查结果有效推算应分配的碳排放配额，并将此作为提出异议的主要依据。

第十九条 国家鼓励重点排放单位、机构和个人，出于减少温室气体排放等公益目的自愿注销其所持有的碳排放配额。

自愿注销的碳排放配额，在国家碳排放配额总量中予以等量核减，不再进行分配、登记或者交易。相关注销情况应当向社会公开。

解读：国家鼓励为减少温室气体排放而自愿注销碳排放配额。由于碳排放配额在实现碳达峰碳中和目标前具有很高的市场价值，因此实践中这种自愿注销更多会以环保公益性质体现。

本条规定特别强调自愿注销的碳排放配额应当在总量中进行核减并向社会公开，即自愿注销情况下仍需要接受公众监督。

第三章　碳排放重点规范合规要点解读

第二十二条　碳排放权交易……可以采取协议转让、单向竞价或者其他符合规定的方式……

解读：明确碳排放权交易可以采取的交易方式，但这些交易均指在全国碳排放权交易机构和系统中开展的交易。

第二十七条　重点排放单位对核查结果有异议的，可以自被告知核查结果之日起七个工作日内，向组织核查的省级生态环境主管部门申请复核……

解读：明确重点排放单位对生态环境主管部门针对其编制的年度温室气体排放报告核查结果有异议的，可以向组织核查的省级生态环境主管部门申请复核。该复核程序具有特殊性：首先，其区别于一般的行政异议，没有行政复议程序；其次，与提出碳排放配额分配异议一样，由于进行核查与分配碳排放配额的责任主体都是省级生态环境主管部门，该复核实际上并非由上级主管部门进行，而是由责任主体自行进行。这种情况下，要求责任主体通过复核程序推翻自己作出的结论，存在相当的困难，因此复核不通过的情况下，有关异议最终可能将以行政诉讼的方式寻求解决。而省级生态环境主管部门有权将核查工作委托给第三方技术服务机构开展，因此也将导致第三方技术服务机构涉诉并事实上成为有关争议事实的关键查明对象。

第二十九条　重点排放单位每年可以使用国家核证自愿减排量抵销碳排放配额的清缴，抵销比例不得超过应清缴碳排放配额的5%。相关规定由生态环境部另行制定……

解读：明确重点排放单位可以使用国家核证自愿减排量抵销应清缴碳排放配额的5%。该规定对于温室气体自愿减排交易市场的建设具有关键作用，使国家核证自愿减排量具备了明确的使用需求并能够跟碳排放权市场的价格进行适配，在此基础上开展更加广泛的温室气体自愿减

205

排项目。

（三）合规主体：全国碳排放权注册登记机构、全国碳排放权交易机构、技术服务机构和其他非交易主体

1. 责任性规定

第五条 ……全国碳排放权注册登记机构通过全国碳排放权注册登记系统，记录碳排放配额的持有、变更、清缴、注销等信息，并提供结算服务。全国碳排放权注册登记系统记录的信息是判断碳排放配额归属的最终依据。

全国碳排放权交易机构负责组织开展全国碳排放权集中统一交易。

全国碳排放权注册登记机构和全国碳排放权交易机构应当定期向生态环境部报告全国碳排放权登记、交易、结算等活动和机构运行有关情况，以及应当报告的其他重大事项，并保证全国碳排放权注册登记系统和全国碳排放权交易系统安全稳定可靠运行。

解读：明确全国碳排放权注册登记机构和全国碳排放权交易机构的基本职能以及须向生态环境部定期进行报告。本条规定特别强调，判断碳排放配额归属以全国碳排放权注册登记系统记录的信息为最终依据，表明我国碳排放配额所有权以登记为标准，因此交易主体之间的约定并不能作为碳排放配额所有权转移的最终依据。

第七条 全国碳排放权注册登记机构和全国碳排放权交易机构及其工作人员，应当遵守全国碳排放权交易及相关活动的技术规范，并遵守国家其他有关主管部门关于交易监管的规定。

解读：明确全国碳排放权注册登记机构和全国碳排放权交易机构及其工作人员应依法履行有关职能，其中特别强调要同时遵守国家其他有关主管部门关于交易监管的规定。除证券市场外，我国关于市场交易监

管的相关规定主要体现在国有资产、期货、网络等方面，以及国务院印发的《关于加强监管防范风险推动资本市场高质量发展的若干意见》。重点排放单位属于国企的，其所有的碳排放配额也属于一种国有资产，需要遵守相关的交易监管规定。

第二十二条 ……全国碳排放权交易机构应当按照生态环境部有关规定，采取有效措施，发挥全国碳排放权交易市场引导温室气体减排的作用，防止过度投机的交易行为，维护市场健康发展。

解读：明确全国碳排放权交易机构有维护市场健康发展的责任。

第二十三条 全国碳排放权注册登记机构应当根据全国碳排放权交易机构提供的成交结果，通过全国碳排放权注册登记系统为交易主体及时更新相关信息。

解读：明确全国碳排放权注册登记机构负责根据全国碳排放权交易机构提交的成交结果更新相关交易主体在注册登记系统的登记信息。

第二十四条 全国碳排放权注册登记机构和全国碳排放权交易机构应当按照国家有关规定，实现数据及时、准确、安全交换。

解读：明确全国碳排放权注册登记机构和全国碳排放权交易机构应依法实现数据应用并保障安全。

第三十三条 全国碳排放权注册登记机构和全国碳排放权交易机构应当遵守国家交易监管等相关规定，建立风险管理机制和信息披露制度，制定风险管理预案，及时公布碳排放权登记、交易、结算等信息。

全国碳排放权注册登记机构和全国碳排放权交易机构的工作人员不得利用职务便利谋取不正当利益，不得泄露商业秘密。

解读：明确全国碳排放权注册登记机构和全国碳排放权交易机构应建立风险管理机制和信息披露制度。相关工作人员不得以权谋私，泄露商业秘密。

第三十八条 全国碳排放权注册登记机构和全国碳排放权交易机构及其工作人员违反本办法规定，有下列行为之一的，由生态环境部依法给予处分，并向社会公开处理结果：

（一）利用职务便利谋取不正当利益的；

（二）有其他滥用职权、玩忽职守、徇私舞弊行为的。

全国碳排放权注册登记机构和全国碳排放权交易机构及其工作人员违反本办法规定，泄露有关商业秘密或者有构成其他违反国家交易监管规定行为的，依照其他有关规定处理。

解读：明确由生态环境部负责对全国碳排放权注册登记机构和全国碳排放权交易机构及其工作人员未依法履职的行为依法给予处分并向社会公开处理结果。

2．权利性规定

第三十四条 交易主体违反本办法关于碳排放权注册登记、结算或者交易相关规定的，全国碳排放权注册登记机构和全国碳排放权交易机构可以按照国家有关规定，对其采取限制交易措施。

解读：明确全国碳排放权注册登记机构和全国碳排放权交易机构可以依法对交易主体采取限制交易措施。关于限制交易的具体情形尚不明确，实践中应谨慎适用限制交易原则，对于交易主体非实质性损害交易的相关违规行为，应以责令程序完善和行为补正为原则，避免给交易主体造成重大损失。

第三十五条 鼓励公众、新闻媒体等对重点排放单位和其他交易主体的碳排放权交易及相关活动进行监督……

解读：鼓励公众、新闻媒体对碳排放权交易进行监督。

第三十六条 公民、法人和其他组织发现重点排放单位和其他交易主体有违反本办法规定行为的，有权向设区的市级以上地方生态环境主管部门举报……

解读：明确公众有权向生态环境部门举报碳排放权交易违法行为。实践中，由于碳排放权交易相关规范尚在逐步完善，在市场前期运行过程中公众监督将起到很大的作用，尤其是对于相关工作人员未依法履职、技术服务机构弄虚作假以及通过合谋交易、虚假交易等行为扰乱市场的情况，公众监督往往能够发挥关键的作用。

第三节 【部门规章】温室气体自愿减排交易管理办法（试行）

（中华人民共和国生态环境部、国家市场监督管理总局令第31号）

一、立法说明

温室气体自愿减排交易是通过市场机制控制和减少温室气体排放，推动实现碳达峰碳中和目标的重要制度创新和政策手段，有利于鼓励更广泛的行业、企业参与温室气体减排行动，支持可再生能源、林业碳汇、甲烷减排、节能增效等对减碳增汇有重要贡献的项目发展。《温室气体自愿减排交易管理办法（试行）》是保障全国温室气体自愿减排交易市场有序运行的基础性制度，共分为8章51条，从自愿减排项目设计、审定与项目登记、减排量核查与减排量登记、减排量交易、机构管理等环节规定了温室气体自愿减排交易及其相关活动的基本管理规范，加强全流程信息公开要求，强化事中事后监管，明确了各市场参与主体的权利和责任。

二、合规要求与解读

（一）合规主体：生态环境主管部门、市场监督管理部门等政府职能与监管部门

1．责任性规定

第五条 生态环境部按照国家有关规定建设全国温室气体自愿减排交易市场，负责制定全国温室气体自愿减排交易及相关活动的管理要求和技术规范，并对全国温室气体自愿减排交易及相关活动进行监督管理和指导。

省级生态环境主管部门负责对本行政区域内温室气体自愿减排交易及相关活动进行监督管理。

设区的市级生态环境主管部门配合省级生态环境主管部门对本行政区域内温室气体自愿减排交易及相关活动实施监督管理。

市场监管部门、生态环境主管部门根据职责分工，对从事温室气体自愿减排项目审定与减排量核查的机构（以下简称审定与核查机构）及其审定与核查活动进行监督管理。

解读：明确由生态环境部负责建设全国温室气体自愿减排交易市场建设，制定全国温室气体自愿减排交易及相关活动管理要求和技术规范并进行监督管理。明确省级生态环境主管部门与设区的市级生态环境主管部门相关职能。明确市场监管部门和生态环境主管部门根据职责分工对审定与核查机构进行监督管理。

与碳排放权交易相比，温室气体自愿减排交易更加市场化，主要是

因为核证自愿减排量的开发过程由项目业主投入资金和资源完成,而非由国家职能部门分配和发放。

第六条 生态环境部按照国家有关规定,组织建立统一的全国温室气体自愿减排注册登记机构(以下简称注册登记机构),组织建设全国温室气体自愿减排注册登记系统(以下简称注册登记系统)……

解读:明确由生态环境部负责组织建立全国温室气体自愿减排注册登记机构和全国温室气体自愿减排注册登记系统。

第七条 生态环境部按照国家有关规定,组织建立统一的全国温室气体自愿减排交易机构(以下简称交易机构),组织建设全国温室气体自愿减排交易系统(以下简称交易系统)……

解读:明确由生态环境部负责组织建立全国温室气体自愿减排交易机构和全国温室气体自愿减排交易系统。

第八条 生态环境部负责组织制定并发布温室气体自愿减排项目方法学(以下简称项目方法学)等技术规范,作为相关领域自愿减排项目审定、实施与减排量核算、核查的依据。

项目方法学应当规定适用条件、减排量核算方法、监测方法、项目审定与减排量核查要求等内容,并明确可申请项目减排量登记的时间期限。

项目方法学应当根据经济社会发展、产业结构调整、行业发展阶段、应对气候变化政策等因素及时修订,条件成熟时纳入国家标准体系。

解读:明确由生态环境部负责组织制定并发布温室气体自愿减排项目方法学等技术规范。项目方法学是确定国家核证自愿减排量的关键依据,其作用类似于碳排放配额分配程序中的年度温室气体排放报告编制技术规范,由于温室气体自愿减排项目种类广泛,因此不同项目采纳的项目方法学也有所不同。

目前，全国温室气体自愿减排交易市场重启后，生态环境部发布的新的项目方法学共有四个，分别是：并网光热发电、并网海上风力发电、红树林营造和造林碳汇，四个方法学分别对应四类可以开发的温室气体自愿减排项目。由于国家发展和改革委员会公告 2017 年第 2 号已明确通知，自 2017 年 3 月 14 日起暂停 CCER 项目备案，并将相应职能划转至新组建的生态环境部，目前 CCER 市场重启后，新的 CCER 项目只能依据四个方法学开发和申请备案登记，原由国家发展和改革委员会负责制定发布的旧的 CCER 项目方法学，已不能作为 CCER 项目开发和申请备案登记的依据。要注意的是，项目方法学的作用非常关键，因此其在效力等级上属于国务院部门制定的部门规范性文件，无论是在项目适用中还是在司法认定中，都将作为最主要的依据。

第三十条 ……开展审定与核查机构审批时，市场监管总局会同生态环境部根据工作需要制定并公布审定与核查机构需求信息，组织相关领域专家组成专家评审委员会，对审批申请进行评审，经审核并征求生态环境部同意后，按照资源合理利用、公平竞争和便利、有效的原则，作出是否批准的决定……

解读：明确由国家市场监管总局牵头负责对审定与核查机构进行审批。与一般市场主体不同，审定与核查机构的审批涉及专业资质的认定，因此需要生态环境部门和相关专家共同参与审批评审工作，以保证审批过程的专业性。

第三十三条 市场监管总局、生态环境部共同组建审定与核查技术委员会，协调解决审定与核查有关技术问题，研究提出相关工作建议，提升审定与核查活动的一致性、科学性和合理性，为审定与核查活动监督管理提供技术支撑。

解读：明确由国家市场监管总局、生态环境部共同组建的审定与核查技术委员会负责为相关审定与核查工作提供技术保障。但是该职责的履行更多体现为一种顾问性质而非责任性质，对于审定与核查工作，仍以市场监管总局及其下属市场监管部门为责任主体开展。

第三十四条 生态环境部负责指导督促地方对温室气体自愿减排交易及相关活动开展监督检查，查处具有典型意义和重大社会影响的违法行为。

省级生态环境主管部门可以会同有关部门，对已登记的温室气体自愿减排项目与核证自愿减排量的真实性、合规性组织开展监督检查，受理对本行政区域内温室气体自愿减排项目提出的公众举报，查处违法行为。

设区的市级生态环境主管部门按照省级生态环境主管部门的统一部署配合开展现场检查……

解读：明确由生态环境部负责督促地方对温室气体自愿减排交易及相关活动开展监督检查并查处具有典型意义和有重大社会影响的违法行为。明确由省级生态环境主管部门牵头负责对已登记的温室气体自愿减排项目及核证自愿减排量组织开展监督检查，受理公众举报，查处违法行为。明确现场检查工作由省级生态环境主管部门负责统一部署，由设区的市级生态环境主管部门配合开展。相关检查属于行政检查性质，应遵守有关行政法规要求依法开展。

根据职责分工，现场检查主要由设区的市级生态环境主管部门执行，受理公众举报和查处违法行为主要由省级生态环境主管部门负责，生态环境部负责督促重大违法行为的查处。

第三十五条 市场监管部门依照法律法规和相关规定，对审定与核查活动实施日常监督检查，查处违法行为。结合随机抽查、行政处罚、投诉举报、严重失信名单以及大数据分析等信息,对审定与核查机构实行分类监管。

生态环境主管部门与市场监管部门建立信息共享与协调工作机制。对于监督检查过程中发现的审定与核查活动问题线索,生态环境主管部门应当及时向市场监管部门移交。

解读:明确市场监管部门负责对审定与核查活动实施日常监督检查。明确生态环境主管部门应将监督检查过程中发现的审定与核查活动问题线索及时移交市场监管部门。本条明确了市场监管部门在温室气体自愿减排交易活动中对审定与核查机构及其活动负有监管职责。

第三十七条 生态环境主管部门、市场监管部门、注册登记机构、交易机构、审定与核查机构及其相关工作人员应当忠于职守、依法办事、公正廉洁,不得利用职务便利牟取不正当利益,不得参与核证自愿减排量交易以及其他可能影响审定与核查公正性的活动……

解读:明确有关部门、注册登记机构、交易机构、审定与核查机构及其相关工作人员必须依法履职,不得以权谋私、参与交易或违反要求进行其他违法活动。由于这些部门、机构及其工作人员在温室气体自愿减排交易过程中具有重要作用,其违法行为破坏性极大,需要特别予以重视。

第四十条 市场监管部门、生态环境主管部门应当依法加强信用监督管理,将相关行政处罚信息纳入国家企业信用信息公示系统。

解读:明确对温室气体自愿减排交易违法行为进行的行政处罚信息应纳入企业信用记录并进行公示。通过纳入征信的方式,完善市场监督管理,保障市场交易安全。这也从侧面反映出相较于碳排放权交易,温室气体自愿减排交易的市场化特征更加明显,市场监管部门参与的程度也更深。

第四十六条 生态环境主管部门、市场监管部门……的相关工作人员有滥用职权、玩忽职守、徇私舞弊行为的，由其所属单位或者上级行政机关责令改正并依法予以处分。

前述单位相关工作人员有泄露有关商业秘密或者其他构成违反国家交易监督管理规定行为的，依照其他有关法律法规的规定处理。

解读：明确有关部门和机构及其相关工作人员未依法履职的，由其所属单位或者上级行政机关负责给予处罚。因此对相关违法行为也可以直接向上级行政机关检举投诉，要求处罚。同时相关工作人员未依法履职导致其他责任的，也应依法予以追究。

2．权利性规定

第二十三条 全国温室气体自愿减排交易市场的交易产品为核证自愿减排量。生态环境部可以根据国家有关规定适时增加其他交易产品。

解读：明确目前的交易产品为国家核证自愿减排量以及生态环境部可以增加相关温室气体自愿减排交易产品。但生态环境部增加交易产品是否需要报国务院批准尚不明确，参照碳排放权交易应报国务院批准。

第二十九条 核证自愿减排量跨境交易和使用的具体规定，由生态环境部会同有关部门另行制定。

解读：生态环境部可以牵头另行制定核证自愿减排量跨境交易规则。

第三十四条 ……省级生态环境主管部门可以会同有关部门，对已登记的温室气体自愿减排项目与核证自愿减排量的真实性、合规性组织开展监督检查……

省级以上生态环境主管部门可以通过政府购买服务等方式，委托依法成立的技术服务机构提供监督检查方面的技术支撑。

解读：明确省级生态环境主管部门可以牵头对已登记的温室气体自

愿减排项目及核证自愿减排量组织开展监督检查，受理公众举报，查处违法行为，并有权委托第三方技术服务机构为其履行监督检查职责提供技术服务支持。该技术服务与核查服务不同，属于一般技术服务事项。

第三十六条 生态环境主管部门对项目业主进行监督检查时，可以采取下列措施：

（一）要求被检查单位提供有关资料，查阅、复制相关信息；

（二）进入被检查单位的生产、经营、储存等场所进行调查；

（三）询问被检查单位负责人或者其他有关人员；

（四）要求被检查单位就执行本办法规定的有关情况作出说明。

被检查单位应当予以配合，如实反映情况，提供必要资料，不得拒绝和阻挠。

解读：明确生态环境主管部门有权对全国温室气体自愿减排项目进行行政检查及其可以采取的检查措施。

第四十二条 违反本办法规定，拒不接受或者阻挠监督检查，或者在接受监督检查时弄虚作假的，由实施监督检查的生态环境主管部门或者市场监管部门责令改正，可以处一万元以上十万元以下的罚款。

解读：明确对不依法配合监督检查的行为可以进行罚款。

（二）项目业主及其他交易主体

1. 责任性规定

第九条 申请登记的温室气体自愿减排项目应当有利于降碳增汇，能够避免、减少温室气体排放，或者实现温室气体的清除。

解读：明确申请登记温室气体自愿减排项目基本原则。

第十条 申请登记的温室气体自愿减排项目应当具备下列条件：

（一）具备真实性、唯一性和额外性；

（二）属于生态环境部发布的项目方法学支持领域；

（三）于 2012 年 11 月 8 日之后开工建设；

（四）符合生态环境部规定的其他条件。

属于法律法规、国家政策规定有温室气体减排义务的项目，或者纳入全国和地方碳排放权交易市场配额管理的项目，不得申请温室气体自愿减排项目登记。

解读：明确申请登记温室气体自愿减排项目相关条件，尤其需要关注项目额外性和唯一性的论证，必须严格按照相关项目方法学和项目设计与实施指南要求执行。明确不得申请登记的温室气体自愿减排项目类型。

第十一条 申请温室气体自愿减排项目登记的法人或者其他组织（以下简称项目业主）应当按照项目方法学等相关技术规范要求编制项目设计文件，并委托审定与核查机构对项目进行审定。

项目设计文件所涉数据和信息的原始记录、管理台账应当在该项目最后一期减排量登记后至少保存十年。

解读：明确由项目业主负责编制项目设计文件，并委托审定与核查机构进行审定。该规范要求与碳排放权交易由重点排放单位负责编制年度温室气体排放报告作用相似，但后者非重点排放单位自行委托核查，而是由生态环境主管部门委托第三方技术服务机构进行核查。

第十二条 项目业主申请温室气体自愿减排项目登记前，应当通过注册登记系统公示项目设计文件，并对公示材料的真实性、完整性和有效性负责。

项目业主公示项目设计文件时，应当同步公示其所委托的审定与核查机构的名称。

项目设计文件公示期为二十个工作日。公示期间，公众可以通过注册登记系统提出意见。

解读：明确项目业主注册登记项目前必须对项目设计文件进行公示，但是该公示不是项目申请登记的前置条件，而是与项目申请登记同时进行。实践中温室气体自愿减排项目公示期公众意见对项目是否能够通过审定具有关键作用，对于公众意见较大的项目，项目审定往往难以推进。

第十四条 ……项目业主申请温室气体自愿减排项目登记时，应当通过注册登记系统提交项目申请表和审定与核查机构上传的项目设计文件、项目审定报告，并附具对项目唯一性以及所提供材料真实性、完整性和有效性负责的承诺书。

解读：明确由项目业主申请登记时需要提交的相关文件。在项目申请登记阶段，主要针对审定与核查机构出具的项目审计文件与审定报告进行审查，确保申请登记项目符合唯一性、额外性与真实性。

第十八条 项目业主申请项目减排量登记的，应当按照项目方法学等相关技术规范要求编制减排量核算报告，并委托审定与核查机构对减排量进行核查。项目业主不得委托负责项目审定的审定与核查机构开展该项目的减排量核查。

减排量核算报告所涉数据和信息的原始记录、管理台账应当在该温室气体自愿减排项目最后一期减排量登记后至少保存十年。

项目业主应当加强对温室气体自愿减排项目实施情况的日常监测。鼓励项目业主采用信息化、智能化措施加强数据管理。

解读：明确项目业主申请项目减排量登记时应当编制减排量核算报告并委托审定与核查机构进行核查。本条规定特别强调在项目申请登记时进行项目设计文件审定与在项目减排量申请登记时负责减排量核算报告审定的审定与核查机构不能为同一家。项目设计文件的编制与项目减排量核算报告的编制工作的责任主体都是项目业主本身,但实践中,项目业主往往将其委托给第三方机构完成,这些第三方机构属于一般市场主体,并不属于本办法中所规定的审定与核查机构。审定与核查机构的审定工作针对项目设计文件与项目减排量核算报告开展,其不得再接受项目业主委托,为其提供设计文件与减排量核算报告的编制服务,否则就无法保证审定的公正性。因此,本办法所指可以提供审定与核查服务的审定与核查机构,是指那些具备特定资质的,可以接受委托对项目设计文件与项目减排量核算报告进行审定的第三方机构,这点需要特别注意。

第十九条 项目业主申请项目减排量登记前,应当通过注册登记系统公示减排量核算报告,并对公示材料的真实性、完整性和有效性负责。

项目业主公示减排量核算报告时,应当同步公示其所委托的审定与核查机构的名称。

减排量核算报告公示期为二十个工作日。公示期间,公众可以通过注册登记系统提出意见。

解读:明确项目业主申请项目减排量登记前,必须公示其减排量核算报告和审定与核查机构名称。公众有权进行监督并提出意见。由于项目减排量登记后将形成国家核证自愿减排量这一碳资产,对其登记必须依法严格执行。

第二十一条 审定与核查机构出具减排量核查报告后,项目业主可以向注册登记机构申请项目减排量登记;申请登记的项目减排量应当与减排量核查报告确定的减排量一致。

项目业主申请项目减排量登记时,应当通过注册登记系统提交项目减排量申请表和审定与核查机构上传的减排量核算报告、减排量核查报告,并附具对减排量核算报告真实性、完整性和有效性负责的承诺书。

解读:明确项目业主申请减排量登记的相关要求。由于温室气体自愿减排交易程序相较于碳排放权交易程序更加复杂,因此需要明确各程序相关的要求和所起的作用。

按照时间推进顺序,项目业主需按照相关项目方法学和有关规范要求编制项目设计文件,该编制工作可以由项目业主委托给第三方市场主体,该主体应具备编制专业能力,无须特别资质要求;完成项目设计文件编制后,项目业主须将项目设计文件提交给第三方审定与核查机构进行审定,同时项目业主应通过注册登记系统公示项目设计文件及审定与核查机构名称;项目公示完成后,审定未通过的,项目不予登记,由项目业主重新调整项目设计文件后重新申请登记;审定与核查机构审定通过的,项目正式登记。

项目登记完成后即进行核证自愿减排量的开发工作,并由项目业主编制减排量核算报告,该编制工作可以由项目业主委托给第三方市场主体,该主体应具备编制专业能力,无须特别资质要求;完成减排量核算报告编制后,项目业主需将核算报告提交给第三方审定与核查机构进行核查,该审定与核查机构与进行项目设计文件审定的审定与核查机构不能为同一家;项目业主应通过注册登记系统公示减排量核算报告及审定与核查机构名称;审定与核查机构应当出具核查报告,项目公示完成后,审定未通过的,项目减排量不予登记,由项目业主重新调整减排量核算报告后重新申请登记;审定通过的,项目业主可以向注册登记机构申请项目减排量登记。

第二十四条 从事核证自愿减排交易的交易主体,应当在注册登记系统和交易系统开设账户。

解读:明确交易主体必须在注册登记系统和交易系统开设账户。这表明与碳排放权交易一样，核证自愿减排量的登记、变更、注销都要以相关系统的登记、变更、注销为准。因此场外交易的法律风险较大。

第三十六条 生态环境主管部门对项目业主进行监督检查时……被检查单位应当予以配合，如实反映情况，提供必要资料，不得拒绝和阻挠。

<u>解读</u>：明确项目业主有配合生态环境主管部门进行监督检查的义务，如不予配合将会面临行政处罚。

第三十七条 ……交易主体不得通过欺诈、相互串通、散布虚假信息等方式操纵或者扰乱全国温室气体自愿减排交易市场。

<u>解读</u>：明确交易主体不得操纵和扰乱市场。

第四十二条 违反本办法规定，拒不接受或者阻挠监督检查，或者在接受监督检查时弄虚作假的，由实施监督检查的生态环境主管部门或者市场监管部门责令改正，可以处一万元以上十万元以下的罚款。

<u>解读</u>：明确交易主体妨碍监督检查的将由监管部门依法给予责令改正、罚款的处罚。

第四十三条 项目业主在申请温室气体自愿减排项目或者减排量登记时提供虚假材料的，由省级以上生态环境主管部门责令改正，处一万元以上十万元以下的罚款；存在篡改、伪造数据等故意弄虚作假行为的，省级以上生态环境主管部门还应当通知注册登记机构撤销项目登记，三年内不再受理该项目业主提交的温室气体自愿减排项目和减排量登记申请。

项目业主因实施前款规定的弄虚作假行为取得虚假核证自愿减排量的，由省级以上生态环境主管部门通知注册登记机构和交易机构对该项目业主持有的核证自愿减排量暂停交易，责令项目业主注销与虚假部分同等数量的减排量；逾期未按要求注销的，由省级以上生态环境主管部门通知注册登记机构强制注销，对不足部分责令退回，处五万元以上十万元以下的罚款，不再受理该项目业主提交的温室气体自愿减排量项目和减排量申请。

解读：明确项目业主提供虚假材料进行登记的，由省级以上生态环境主管部门依法给予责令改正、罚款的处罚；存在弄虚作假行为的，还将受到撤销项目登记和3年内不再受理该项目业主提交的登记申请的处罚。同时，对已经取得的虚假核证自愿减排量，省级以上生态环境主管部门有权通知注册登记机构和交易机构暂停该项目业主进行的交易并责令项目业主按虚假减排量注销等额减排量；逾期未注销的，由省级以上生态环境主管部门强制注销并处以罚款，且不再受理该项目业主的登记申请。

本条规范对项目业主弄虚作假行为的处罚较为具体、复杂，主要以弄虚作假行为是否形成虚假减排量进行处罚标准的划分。弄虚作假行为未形成虚假减排量的，严重的将撤销项目登记和3年内暂停受理登记申请；弄虚作假行为已形成虚假减排量的，严重的将被强制注销虚假减排量并不再受理登记申请。实践中，由于虚假减排量的形成往往也和审定与核查机构的弄虚作假行为息息相关，因此也可能涉及对第三方审定与核查机构的处罚，且这类弄虚作假行为很容易同时触犯民事、行政、刑事多种法律责任，需要特别注意。

第四十五条 交易主体违反本办法规定，操纵或者扰乱全国温室气体自愿减排交易市场的，由生态环境部给予通报批评，并处一万元以上十万元以下的罚款。

解读：明确交易主体操纵或扰乱市场交易的，将由生态环境部给予通报批评和罚款的处罚。

第四十九条 2017年3月14日前获得国家应对气候变化主管部门备案的温室气体自愿减排项目应当按照本办法规定，重新申请项目登记；已获得备案的减排量可以按照国家有关规定继续使用。

解读：明确了申请登记项目的追溯期和已备案减排量的有效性。

2．权利性规定

第四条 中华人民共和国境内依法成立的法人和其他组织，可以依照本办法开展温室气体自愿减排活动，申请温室气体自愿减排项目和减排量的登记。

符合国家有关规定的法人、其他组织和自然人，可以依照本办法参与温室气体自愿减排交易。

解读：目前全国温室气体自愿减排交易的主体是项目业主，其他交易主体范围尚不明确。但实践中项目业主和项目实际受益人或权益享有人往往并不一致，这是因为当前开展的温室气体自愿减排项目往往受政策影响而需要登记在政府主体或公共主体名下，因此除项目业主外还存在多方交易主体。

第十四条 审定与核查机构出具项目审定报告后，项目业主可以向注册登记机构申请温室气体自愿减排项目登记……

解读：在审定与核查机构审定通过项目业主提交的项目设计文件后，项目业主有权选择是否申请进行温室气体自愿减排项目登记。实践中，审定通过不必然导致项目申请登记，这是因为项目业主可能综合考虑交易价值、开发难度、资金匹配等多种因素，决定合适的项目登记时机。审定通过后，对于项目申请的有效期暂无明确规定，但项目减排量申请的有效期为产生之日起5年。

第十六条 ……项目业主可以自愿向注册登记机构申请对已登记的温室气体自愿减排项目进行注销……

解读：项目业主可以自行注销项目，但项目注销后不得再次申请。

第十七条 经注册登记机构登记的温室气体自愿减排项目可以申

请项目减排量登记。申请登记的项目减排量应当可测量、可追溯、可核查，并具备下列条件：

（一）符合保守性原则；

（二）符合生态环境部发布的项目方法学；

（三）产生于2020年9月22日之后；

（四）在可申请项目减排量登记的时间期限内；

（五）符合生态环境部规定的其他条件。

项目业主可以分期申请项目减排量登记。每期申请登记的项目减排量的产生时间应当在其申请登记之日前五年以内。

解读：明确项目业主申请登记项目减排量的相关条件。由于温室气体减排量项目开发周期长，相应方法学为确保减排量准确核算，往往将项目开发周期分成数个监测期或者签发期，每个监测期或者签发期均需要分别申请项目减排量登记。此外，项目减排量的有效期最长追溯到申请登记之日前5年，即项目减排量的产生时间到其申请登记之日，最长不得超过5年。根据本办法的规定，申请登记的减排量应产生于2020年9月22日之后，因此首批产生于2020年9月23日的项目减排量申请登记的日期最迟到2025年9月22日止，未能在该日期前申请登记的，超期产生的项目减排量将无法申请登记。

第十八条　……项目业主应当加强对温室气体自愿减排项目实施情况的日常监测。鼓励项目业主采用信息化、智能化措施加强数据管理。

解读：鼓励项目业主在项目实施过程中采取信息化、智能化数据管理措施。

第二十一条　审定与核查机构出具减排量核查报告后，项目业主可以向注册登记机构申请项目减排量登记……

解读：明确在审定与核查机构出具减排量核查报告后，项目业主有权申请项目减排量登记，相关减排量一经登记完成，即可进行公开交易。

第二十五条 ……核证自愿减排量交易可以采取挂牌协议、大宗协议、单向竞价及其他符合规定的交易方式。

解读：明确核证自愿减排量交易可以采取的方式，这里均指场内交易方式。

第二十八条 ……鼓励参与主体为了公益目的，自愿注销其所持有的核证自愿减排量。

解读：鼓励交易主体出于环保公益目的自愿注销持有的核证自愿减排量。

（三）合规主体：全国温室气体自愿减排注册登记机构、全国温室气体自愿减排交易机构、审定与核查机构和其他非交易主体

1. 责任性规定

第六条 ……注册登记机构负责注册登记系统的运行和管理，通过该系统受理温室气体自愿减排项目和减排量的登记、注销申请，记录温室气体自愿减排项目相关信息和核证自愿减排量的登记、持有、变更、注销等信息。注册登记系统记录的信息是判断核证自愿减排量归属和状态的最终依据……

解读：明确注册登记机构的基本职责。

第七条 ……交易机构负责交易系统的运行和管理，提供核证自愿减排量的集中统一交易与结算服务。

交易机构应当按照国家有关规定采取有效措施，维护市场健康发展，防止过度投机，防范金融等方面的风险……

解读：明确交易机构的基本职责以及维护市场稳定的责任。

第十三条 审定与核查机构应当按照国家有关规定对申请登记的温

室气体自愿减排项目的以下事项进行审定，并出具项目审定报告，上传至注册登记系统，同时向社会公开：

（一）是否符合相关法律法规、国家政策；

（二）是否属于生态环境部发布的项目方法学支持领域；

（三）项目方法学的选择和使用是否得当；

（四）是否具备真实性、唯一性和额外性；

（五）是否符合可持续发展要求，是否对可持续发展各方面产生不利影响。

项目审定报告应当包括肯定或者否定的项目审定结论，以及项目业主对公示期间收到的公众意见处理情况的说明。

审定与核查机构应当对项目审定报告的合规性、真实性、准确性负责，并在项目审定报告中作出承诺。

解读：明确审定与核查机构应按照国家有关规定开展温室气体减排项目审定工作，依法出具审定报告，上传至注册登记系统并向社会公开。值得注意的是，审定与核查机构需要对公示期间收到的公众意见处理情况作出说明，这表明在温室气体减排项目登记能否通过审定的问题上，公众意见具有非常重要的作用。

第十五条 注册登记机构对项目业主提交材料的完整性、规范性进行审核，在收到申请材料之日起十五个工作日内对审核通过的温室气体自愿减排项目进行登记，并向社会公开项目登记情况以及项目业主提交的全部材料；申请材料不完整、不规范的，不予登记，并告知项目业主。

解读：明确注册登记机构开展项目登记审核的基本要求和程序，以及公开登记原则。

第十六条 已登记的温室气体自愿减排项目出现项目业主主体灭失、项目不复存续等情形的，注册登记机构调查核实后，对已登记的项目进行注销……

温室气体自愿减排项目注销情况应当通过注册登记系统向社会公开；注销后的项目不得再次申请登记。

解读：明确注册登记机构经调查核实，可以在特定情况下对已登记的项目进行注销。明确项目注销必须向社会公开。

需要注意的是，注册登记机构单方面行使登记项目注销权所采取的调查核实程序尚不明确，如果相关项目已产生核证自愿减排量，则有关碳资产必须得到合理处置并交由适格权利继承人后方可判断是否应予注销或能否单方面注销，否则可能对他人合法权益构成侵害。

而注销后的项目不得再次申请登记，是指原有项目本身，如原有项目对应的可产生核证自愿减排量的标的或机制能够形成新的项目，如某地区原有林业碳汇项目注销，但在该区域就未开发的林地开展新的林业碳汇项目的，可以就该项目申请新的登记。

第二十条 审定与核查机构应当按照国家有关规定对减排量核算报告的下列事项进行核查，并出具减排量核查报告，上传至注册登记系统，同时向社会公开：

（一）是否符合项目方法学等相关技术规范要求；

（二）项目是否按照项目设计文件实施；

（三）减排量核算是否符合保守性原则。

减排量核查报告应当确定经核查的减排量，并说明项目业主对公示期间收到的公众意见处理情况。

审定与核查机构应当对减排量核查报告的合规性、真实性、准确性负责，并在减排量核查报告中作出承诺。

解读：明确审定与核查机构应按照国家有关规定开展温室气体减排项目减排量核算报告核查工作，依法出具核查报告，并向社会公开。

第二十二条 注册登记机构对项目业主提交材料的完整性、规范性进行审核，在收到申请材料之日起十五个工作日内对审核通过的项目减排量进行登记，并向社会公开减排量登记情况以及项目业主提交的全部材料；申请材料不完整、不规范的，不予登记，并告知项目业主。

经登记的项目减排量称为"核证自愿减排量"，单位以"吨二氧化碳当量（tCO$_2$e）"计。

解读：明确注册登记机构开展项目减排量登记审核的基本要求和程序，以及公开登记原则。

第二十五条 核证自愿减排量的交易应当通过交易系统进行……

解读：明确核证自愿减排量应当通过交易系统进行。国家不断强调场内交易的重要性，是出于建设公开市场的需要，避免场外交易过度，引发市场投机行为，防止暗箱操作和虚假交易风险，维护市场交易安全。

第二十六条 注册登记机构根据交易机构提供的成交结果，通过注册登记系统为交易主体及时变更核证自愿减排量的持有数量和持有状态等相关信息。

注册登记机构和交易机构应当按照国家有关规定，实现系统间数据及时、准确、安全交换。

解读：明确核证自愿减排量的所有权转移须以注册登记机构和交易机构系统的变更登记结果为准。场外交易不能完成场内变更登记的，法律风险较大。

第二十八条 核证自愿减排量按照国家有关规定用于抵销全国碳排放权交易市场和地方碳排放权交易市场碳排放配额清缴、大型活动碳中和、抵销企业温室气体排放等用途的，应当在注册登记系统中予以注销……

解读：明确核证自愿减排量可以按照规定用于抵销碳排放权配额清缴以及其他碳中和用途，抵销后相应核证自愿减排量应予注销。履行碳排放配额清缴和抵销并不是一种交易行为，而是一种法定义务履行或法定权益的行使。

第三十条 审定与核查机构纳入认证机构管理，应当按照《中华人民共和国认证认可条例》、《认证机构管理办法》等关于认证机构的规定，公正、独立和有效地从事审定与核查活动。

审定与核查机构应当具备与从事审定与核查活动相适应的技术和管理能力，并且符合以下条件：

（一）具备开展审定与核查活动相配套的固定办公场所和必要的设施；

（二）具备十名以上相应领域具有审定与核查能力的专职人员，其中至少有五名人员具有二年及以上温室气体排放审定与核查工作经历；

（三）建立完善的审定与核查活动管理制度；

（四）具备开展审定与核查活动所需的稳定的财务支持，建立与业务风险相适应的风险基金或者保险，有应对风险的能力；

（五）符合审定与核查机构相关标准要求；

（六）近五年无严重失信记录。

……

审定与核查机构在获得批准后，方可进行相关审定与核查活动。

解读：明确审定与核查机构必须按照有关认证机构的规定开展审定与核查活动。明确审定与核查机构从事相关审定与核查工作的要求。审定与核查机构必须经过国家市场监管总局审批通过后，方可依法接受相关委托，开展温室气体自愿减排项目的审定与核查工作，因此其从业资质属于一种特殊认证资质，接受市场监管部门的监管。

第三十一条 审定与核查机构应当遵守法律法规和市场监管总局、生态环境部发布的相关规定，在批准的业务范围内开展相关活动，保证审定与核查活动过程的完整、客观、真实,并做出完整记录,归档留存,确保审定与核查过程和结果具有可追溯性。鼓励审定与核查机构获得认可。

审定与核查机构应当加强行业自律。审定与核查机构及其工作人员应当对其出具的审定报告与核查报告的合规性、真实性、准确性负责,不得弄虚作假,不得泄露项目业主的商业秘密。

解读:明确审定与核查机构及其工作人员必须在批准业务范围内依法开展有关业务工作。值得注意的是,鼓励审定与核查机构获得认可是指那些尚未取得市场监管部门批准的第三方审定与核查机构,项目登记审定与项目减排量核查不能由同一家审定与核查机构进行,因此只有获取批准的审定与核查机构越来越多,项目业主才有更多选择权,进而也能避免获批的审定与核查机构数量太少导致有关从业人员更易滋生暗箱操作的风险。

第三十二条 审定与核查机构应当每年向市场监管总局和生态环境部提交工作报告,并对报告内容的真实性负责。

审定与核查机构提交的工作报告应当对审定与核查机构遵守项目审定与减排量核查法律法规和技术规范的情况、从事审定与核查活动的情况、从业人员的工作情况等作出说明。

解读:明确审定与核查机构负责向国家市场监管总局和生态环境部提交工作报告的责任以及工作报告基本内容。但对于工作报告的审核标准以及工作报告存在弄虚作假情况应给予何种处罚目前尚不明确。

第三十七条 ……审定与核查机构不得接受任何可能对审定与核查活动的客观公正产生影响的资助,不得从事可能对审定与核查活动的客观公正产生影响的开发、营销、咨询等活动,不得与委托的项目业主存在资产、管理方面的利益关系,不得为项目业主编制项目设计文件和减排量核算报告……

解读：明确审定与核查机构不得为项目业主编制项目设计文件和减排量核算报告，为保证审定与核查工作的公正客观性，不得与项目业主存在利益关联。

与碳排放配额的确定由政府职能部门负责不同，由于核证自愿减排量的产生完全由审定与核查机构审核确认，因此对其严加监管至关重要。

第三十八条 注册登记机构和交易机构应当保证注册登记系统和交易系统安全稳定可靠运行，并定期向生态环境部报告全国温室气体自愿减排登记、交易相关活动和机构运行情况，及时报告对温室气体自愿减排交易市场有重大影响的相关事项。相关内容可以抄送省级生态环境主管部门。

解读：明确注册登记机构和交易机构应当定期向生态环境部报告相关活动、机构运行情况和对市场有重大影响的相关事项。同样，对于此类报告的审核标准及未如实报告时的处罚机制目前尚不明确。

第三十九条 注册登记机构和交易机构应当对已登记的温室气体自愿减排项目建立项目档案，记录、留存相关信息。

解读：明确注册登记机构和交易机构应做好项目档案管理工作。

第四十四条 审定与核查机构有下列行为之一的，由实施监督检查的市场监管部门依照《中华人民共和国认证认可条例》责令改正，处五万元以上二十万元以下的罚款，有违法所得的，没收违法所得；情节严重的，责令停业整顿，直至撤销批准文件，并予公布：

（一）超出批准的业务范围开展审定与核查活动的；

（二）增加、减少、遗漏审定与核查基本规范、规则规定的程序的。

审定与核查机构出具虚假报告，或者出具报告的结论严重失实的，由市场监管部门依照《中华人民共和国认证认可条例》撤销批准文件，并予公布；对直接负责的主管人员和负有直接责任的审定与核查人员，撤销其执业资格。

审定与核查机构接受可能对审定与核查活动的客观公正产生影响的资助，或者从事可能对审定与核查活动的客观公正产生影响的产品开发、营销等活动，或者与项目业主存在资产、管理方面的利益关系的，由市场监管部门依照《中华人民共和国认证认可条例》责令停业整顿；情节严重的，撤销批准文件，并予公布；有违法所得的，没收违法所得。

解读：明确审定与核查机构超出业务范围从业或者违反审定与核查规定的程序要求的，将由市场监管部门依法给予责令改正、罚款、没收违法所得乃至停业整顿直至撤销批准的处罚。明确审定与核查机构未依法出具报告将由市场监管部门依据认证认可规范依法撤销批准文件并撤销主管人员和负有直接责任人员的执业资格。明确审定与核查机构与项目业主存在利益关系或接受可能对其客观公正从业产生影响的资助，或从事可能对其客观公正从业产生影响的产品开发、营销等活动的将由市场监管部门依据认证认可规范依法给予责令没收违法所得、停业整顿乃至撤销批准文件的处罚。

可以看到对审定与核查机构及其从业人员依法给予行政处罚的主体是市场监管部门，主要依据是《认证认可条例》。

第四十六条 ……注册登记机构、交易机构的相关工作人员有滥用职权、玩忽职守、徇私舞弊行为的，由其所属单位或者上级行政机关责令改正并依法予以处分。

前述单位相关工作人员有泄露有关商业秘密或者其他构成违反国家交易监督管理规定行为的，依照其他有关法律法规的规定处理。

解读：明确有关部门、注册登记机构、交易机构及其相关工作人员未依法履职的，由其所属单位或者上级行政机关依法给予处分。对相关违法行为也可以直接向上级行政机关检举投诉，要求处罚。同时，相关工作人员未依法履职导致其他责任的，也应依法予以追究。全国温室气体自愿减排注册登记机构和交易机构的主管机关是生态环境部。

2．权利性规定

第六条 ……注册登记机构可以按照国家有关规定，制定温室气体自愿减排项目和减排量登记的具体业务规则，并报生态环境部备案。

解读：生态环境部已制定并发布相关注册登记业务规则。

第七条 ……交易机构可以按照国家有关规定，制定核证自愿减排量交易的具体业务规则，并报生态环境部备案。

解读：生态环境部已制定并发布相关交易业务规则。

第十九条 ……减排量核算报告公示期为二十个工作日。公示期间，公众可以通过注册登记系统提出意见。

解读：明确对项目减排量核算报告公示，公众有权进行监督并提出意见。

第二十七条 交易主体违反关于核证自愿减排量登记、结算或者交易相关规定的，注册登记机构和交易机构可以按照国家有关规定，对其采取限制交易措施。

解读：明确注册登记机构和交易机构可以依法对交易主体采取限制交易措施。关于限制交易的具体情形尚不明确，实践中应谨慎适用限制交易原则，对于交易主体非实质性损害交易的相关违规行为，应以责令程序完善和行为补正为原则，避免给交易主体造成重大损失。

第四十一条 鼓励公众、新闻媒体等对温室气体自愿减排交易及相关活动进行监督。任何单位和个人都有权举报温室气体自愿减排交易及相关活动中的弄虚作假等违法行为。

解读：鼓励公众对温室气体自愿减排违法行为进行监督和举报。

第四节 【部门规范性文件】碳排放权登记管理规则（试行）

（生态环境部公告 2021 年第 21 号）

一、立法说明

为进一步规范全国碳排放权登记、交易、结算活动，保护全国碳排放权交易市场各参与方合法权益，生态环境部根据《碳排放权交易管理办法（试行）》，组织制定了《碳排放权登记管理规则（试行）》，自 2021 年 5 月 14 日发布之日起施行。

二、合规要求

（一）合规主体：注册登记机构

1．责任性规定

第二条 全国碳排放权持有、变更、清缴、注销的登记及相关业务的监督管理，适用本规则。全国碳排放权注册登记机构（以下简称注册登记机构）、全国碳排放权交易机构（以下简称交易机构）、登记主体及其他相关参与方应当遵守本规则。

第三条 注册登记机构通过全国碳排放权注册登记系统（以下简称

注册登记系统）对全国碳排放权的持有、变更、清缴和注销等实施集中统一登记。注册登记系统记录的信息是判断碳排放配额归属的最终依据。

第五条 全国碳排放权登记应当遵循公开、公平、公正、安全和高效的原则。

第六条 注册登记机构依申请为登记主体在注册登记系统中开立登记账户，该账户用于记录全国碳排放权的持有、变更、清缴和注销等信息。

第十条 注册登记机构在收到开户申请后，对登记主体提交相关材料进行形式审核，材料审核通过后5个工作日内完成账户开立并通知登记主体。

第十三条 注册登记机构定期检查登记账户使用情况，发现营业执照、有效身份证明文件与实际情况不符，或者发生变化且未按要求及时办理登记账户信息变更手续的，注册登记机构应当对有关不合格账户采取限制使用等措施，其中涉及交易活动的应当及时通知交易机构。

对已采取限制使用等措施的不合格账户，登记主体申请恢复使用的，应当向注册登记机构申请办理账户规范手续。能够规范为合格账户的，注册登记机构应当解除限制使用措施。

第十七条 注册登记机构根据生态环境部制定的碳排放配额分配方案和省级生态环境主管部门确定的配额分配结果，为登记主体办理初始分配登记。

第十八条 注册登记机构应当根据交易机构提供的成交结果办理交易登记，根据经省级生态环境主管部门确认的碳排放配额清缴结果办理清缴登记。

第二十条 登记主体出于减少温室气体排放等公益目的自愿注销其所持有的碳排放配额，注册登记机构应当为其办理变更登记，并出具相关证明。

第二十二条 司法机关要求冻结登记主体碳排放配额的，注册登记机构应当予以配合；涉及司法扣划的，注册登记机构应当根据人民法院的生效裁判，对涉及登记主体被扣划部分的碳排放配额进行核验，配合办理变更登记并公告。

第二十三条 司法机关和国家监察机关依照法定条件和程序向注册登记机构查询全国碳排放权登记相关数据和资料的，注册登记机构应当予以配合。

第二十四条 注册登记机构应当依照法律、行政法规及生态环境部相关规定建立信息管理制度，对涉及国家秘密、商业秘密的，按照相关法律法规执行。

第二十五条 注册登记机构应当与交易机构建立管理协调机制，实现注册登记系统与交易系统的互通互联，确保相关数据和信息及时、准确、安全、有效交换。

第二十六条 注册登记机构应当建设灾备系统，建立灾备管理机制和技术支撑体系，确保注册登记系统和交易系统数据、信息安全，实现信息共享与交换。

第二十八条 ……注册登记机构……及其工作人员，不得持有碳排放配额。已持有碳排放配额的，应当依法予以转让。

任何人在成为前款所列人员时，其本人已持有或者委托他人代为持有的碳排放配额，应当依法转让并办理完成相关手续，向供职单位报告全部转让相关信息并备案在册。

第二十九条 注册登记机构应当妥善保存登记的原始凭证及有关文件和资料，保存期限不得少于20年，并进行凭证电子化管理。

2. 权利性规定

第三十条 注册登记机构可以根据本规则制定登记业务规则等实施

细则。

(二) 合规主体：登记主体

1. 责任性规定

第四条 重点排放单位以及符合规定的机构和个人，是全国碳排放权登记主体。

第七条 每个登记主体只能开立一个登记账户。登记主体应当以本人或者本单位名义申请开立登记账户，不得冒用他人或者其他单位名义或者使用虚假证件开立登记账户。

第八条 登记主体申请开立登记账户时，应当根据注册登记机构有关规定提供申请材料，并确保相关申请材料真实、准确、完整、有效。委托他人或者其他单位代办的，还应当提供授权委托书等证明委托事项的必要材料。

第九条 登记主体申请开立登记账户的材料中应当包括登记主体基本信息、联系信息以及相关证明材料等。

第十一条 登记主体下列信息发生变化时，应当及时向注册登记机构提交信息变更证明材料，办理登记账户信息变更手续：

（一）登记主体名称或者姓名；

（二）营业执照，有效身份证明文件类型、号码及有效期；

（三）法律法规、部门规章等规定的其他事项。

注册登记机构在完成信息变更材料审核后 5 个工作日内完成账户信息变更并通知登记主体。

联系电话、邮箱、通讯地址等联系信息发生变化的，登记主体应当及时通过注册登记系统在登记账户中予以更新。

第十二条 登记主体应当妥善保管登记账户的用户名和密码等信息。

登记主体登记账户下发生的一切活动均视为其本人或者本单位行为。

第十四条 发生下列情形的，登记主体或者依法承继其权利义务的主体应当提交相关申请材料，申请注销登记账户：

（一）法人以及非法人组织登记主体因合并、分立、依法被解散或者破产等原因导致主体资格丧失；

（二）自然人登记主体死亡；

（三）法律法规、部门规章等规定的其他情况。

登记主体申请注销登记账户时，应当了结其相关业务。申请注销登记账户期间和登记账户注销后，登记主体无法使用该账户进行交易等相关操作。

第二十一条 碳排放配额以承继、强制执行等方式转让的，登记主体或者依法承继其权利义务的主体应当向注册登记机构提供有效的证明文件，注册登记机构审核后办理变更登记。

2. 权利性规定

第十五条 登记主体如对第十三条所述限制使用措施有异议，可以在措施生效后15个工作日内向注册登记机构申请复核；注册登记机构应当在收到复核申请后10个工作日内予以书面回复。

第十六条 登记主体可以通过注册登记系统查询碳排放配额持有数量和持有状态等信息。

第十九条 重点排放单位可以使用符合生态环境部规定的国家核证自愿减排量抵销配额清缴。用于清缴部分的国家核证自愿减排量应当在国家温室气体自愿减排交易注册登记系统注销，并由重点排放单位向注册登记机构提交有关注销证明材料。注册登记机构核验相关材料后，按照生态环境部相关规定办理抵销登记。

（三）合规主体：生态环境主管部门等政府职能与监管部门

1. 责任性规定

第二十七条　生态环境部加强对注册登记机构和注册登记活动的监督管理，可以采取询问注册登记机构及其从业人员、查阅和复制与登记活动有关的信息资料、以及法律法规规定的其他措施等进行监管。

第二十八条　各级生态环境主管部门及其相关直属业务支撑机构工作人员、注册登记机构、交易机构、核查技术服务机构及其工作人员，不得持有碳排放配额。已持有碳排放配额的，应当依法予以转让。

任何人在成为前款所列人员时，其本人已持有或者委托他人代为持有的碳排放配额，应当依法转让并办理完成相关手续，向供职单位报告全部转让相关信息并备案在册。

2. 权利性规定

无

第五节　【部门规范性文件】碳排放权交易管理规则（试行）

（生态环境部公告 2021 年第 21 号）

一、立法说明

为进一步规范全国碳排放权登记、交易、结算活动，保护全国碳排放权交易市场各参与方合法权益，生态环境部根据《碳排放权交易管理办法（试行）》，组织制定了《碳排放权交易管理规则（试行）》，自2021年5月14日发布之日起施行。

二、合规要求

（一）合规主体：交易机构

1. 责任性规定

第二条 本规则适用于全国碳排放权交易及相关服务业务的监督管理。全国碳排放权交易机构（以下简称交易机构）、全国碳排放权注册登记机构（以下简称注册登记机构）、交易主体及其他相关参与方应当遵守本规则。

第三条 全国碳排放权交易应当遵循公开、公平、公正和诚实信用的原则。

第六条 碳排放权交易应当通过全国碳排放权交易系统进行……

第九条 碳排放配额交易以"每吨二氧化碳当量价格"为计价单位，买卖申报量的最小变动计量为1吨二氧化碳当量，申报价格的最小变动计量为0.01元人民币。

第十条 交易机构应当对不同交易方式的单笔买卖最小申报数量及最大申报数量进行设定，并可以根据市场风险状况进行调整。单笔买卖申报数量的设定和调整，由交易机构公布后报生态环境部备案。

第十二条 碳排放配额买卖的申报被交易系统接受后即刻生效，并在当日交易时间内有效，交易主体交易账户内相应的资金和交易产品即被锁定。未成交的买卖申报可以撤销。如未撤销，未成交申报在该日交易结束后自动失效。

第十三条　买卖申报在交易系统成交后，交易即告成立。符合本规则达成的交易于成立时即告交易生效，买卖双方应当承认交易结果，履行清算交收义务。依照本规则达成的交易，其成交结果以交易系统记录的成交数据为准。

第十四条　已买入的交易产品当日内不得再次卖出。卖出交易产品的资金可以用于该交易日内的交易。

第十六条　碳排放配额的清算交收业务，由注册登记机构根据交易机构提供的成交结果按规定办理。

第十七条　交易机构应当妥善保存交易相关的原始凭证及有关文件和资料，保存期限不得少于 20 年。

第十九条　交易机构应建立风险管理制度，并报生态环境部备案。

第二十条　交易机构实行涨跌幅限制制度。

交易机构应当设定不同交易方式的涨跌幅比例，并可以根据市场风险状况对涨跌幅比例进行调整。

第二十一条　交易机构实行最大持仓量限制制度。交易机构对交易主体的最大持仓量进行实时监控，注册登记机构应当对交易机构实时监控提供必要支持。

交易主体交易产品持仓量不得超过交易机构规定的限额……

第二十二条　交易机构实行大户报告制度。

交易主体的持仓量达到交易机构规定的大户报告标准的，交易主体应当向交易机构报告。

第二十三条　交易机构实行风险警示制度……

第二十四条　交易机构应当建立风险准备金制度。风险准备金是指由交易机构设立，用于为维护碳排放权交易市场正常运转提供财务担保和弥补不可预见风险带来的亏损的资金。风险准备金应当单独核算，专户存储。

第二十五条　交易机构实行异常交易监控制度。交易主体违反本规则或者交易机构业务规则、对市场正在产生或者将产生重大影响的，交易机构可以对该交易主体采取以下临时措施：

（一）限制资金或者交易产品的划转和交易；

（二）限制相关账户使用。

上述措施涉及注册登记机构的，应当及时通知注册登记机构。

第二十六条　……导致暂停交易的原因消除后，交易机构应当及时恢复交易。

第二十七条　交易机构采取暂停交易、恢复交易等措施时，应当予以公告，并向生态环境部报告。

第二十八条　交易机构应建立信息披露与管理制度，并报生态环境部备案。交易机构应当在每个交易日发布碳排放配额交易行情等公开信息，定期编制并发布反映市场成交情况的各类报表……

第二十九条　交易机构应当与注册登记机构建立管理协调机制，实现交易系统与注册登记系统的互通互联，确保相关数据和信息及时、准确、安全、有效交换。

第三十条　交易机构应当建立交易系统的灾备系统，建立灾备管理机制和技术支撑体系，确保交易系统和注册登记系统数据、信息安全。

第三十一条　交易机构不得发布或者串通其他单位和个人发布虚假信息或者误导性陈述。

第三十五条　交易机构应当定期向生态环境部报告的事项包括交易机构运行情况和年度工作报告、经会计师事务所审计的年度财务报告、财务预决算方案、重大开支项目情况等。

交易机构应当及时向生态环境部报告的事项包括交易价格出现连续

涨跌停或者大幅波动、发现重大业务风险和技术风险、重大违法违规行为或者涉及重大诉讼、交易机构治理和运行管理等出现重大变化等。

第三十六条 交易机构对全国碳排放权交易相关信息负有保密义务。交易机构工作人员应当忠于职守、依法办事，除用于信息披露的信息之外，不得泄露所知悉的市场交易主体的账户信息和业务信息等信息。交易系统软硬件服务提供者等全国碳排放权交易或者服务参与、介入相关主体不得泄露全国碳排放权交易或者服务中获取的商业秘密。

第三十七条 交易机构对全国碳排放权交易进行实时监控和风险控制，监控内容主要包括交易主体的交易及其相关活动的异常业务行为，以及可能造成市场风险的全国碳排放权交易行为。

2. 权利性规定

第七条 交易机构可以对不同交易方式设置不同交易时段，具体交易时段的设置和调整由交易机构公布后报生态环境部备案。

第二十一条 ……交易机构可以根据市场风险状况，对最大持仓量限额进行调整。

第二十三条 ……交易机构可以采取要求交易主体报告情况、发布书面警示和风险警示公告、限制交易等措施，警示和化解风险。

第二十五条 ……交易主体违反本规则或者交易机构业务规则、对市场正在产生或者将产生重大影响的，交易机构可以对该交易主体采取以下临时措施：

（一）限制资金或者交易产品的划转和交易；

（二）限制相关账户使用……

第二十六条 因不可抗力、不可归责于交易机构的重大技术故障等原因导致部分或者全部交易无法正常进行的，交易机构可以采取暂停交易措施……

第二十八条 ……根据市场发展需要，交易机构可以调整信息发布的具体方式和相关内容。

第三十四条 禁止任何机构和个人通过直接或者间接的方法，操纵或者扰乱全国碳排放权交易市场秩序、妨碍或者有损公正交易的行为。因为上述原因造成严重后果的交易，交易机构可以采取适当措施并公告。

第四十一条 交易机构可以根据本规则制定交易业务规则等实施细则。

（二）合规主体：交易主体

1．责任性规定

第四条 全国碳排放权交易主体包括重点排放单位以及符合国家有关交易规则的机构和个人。

第八条 交易主体参与全国碳排放权交易，应当在交易机构开立实名交易账户，取得交易编码，并在注册登记机构和结算银行分别开立登记账户和资金账户。每个交易主体只能开设一个交易账户。

第十一条 交易主体申报卖出交易产品的数量，不得超出其交易账户内可交易数量。交易主体申报买入交易产品的相应资金，不得超出其交易账户内的可用资金。

第三十三条 全国碳排放权交易活动中，涉及交易经营、财务或者对碳排放配额市场价格有影响的尚未公开的信息及其他相关信息内容，属于内幕信息。禁止内幕信息的知情人、非法获取内幕信息的人员利用内幕信息从事全国碳排放权交易活动。

第三十四条 禁止任何机构和个人通过直接或者间接的方法，操纵或者扰乱全国碳排放权交易市场秩序、妨碍或者有损公正交易的行为……

第三十九条 申请交易机构调解的当事人，应当提出书面调解申请。交易机构的调解意见，经当事人确认并在调解意见书上签章后生效。

第四十条 交易机构和交易主体，或者交易主体间发生交易纠纷的，当事人均应当记录有关情况，以备查阅。交易纠纷影响正常交易的，交易机构应当及时采取止损措施。

2．权利性规定

第六条 碳排放权交易……可以采取协议转让、单向竞价或者其他符合规定的方式。

协议转让是指交易双方协商达成一致意见并确认成交的交易方式，包括挂牌协议交易及大宗协议交易。其中，挂牌协议交易是指交易主体通过交易系统提交卖出或者买入挂牌申报，意向受让方或者出让方对挂牌申报进行协商并确认成交的交易方式。大宗协议交易是指交易双方通过交易系统进行报价、询价并确认成交的交易方式。

单向竞价是指交易主体向交易机构提出卖出或买入申请，交易机构发布竞价公告，多个意向受让方或者出让方按照规定报价，在约定时间内通过交易系统成交的交易方式。

第十五条 交易主体可以通过交易机构获取交易凭证及其他相关记录。

第三十八条 交易主体之间发生有关全国碳排放权交易的纠纷，可以自行协商解决，也可以向交易机构提出调解申请，还可以依法向仲裁机构申请仲裁或者向人民法院提起诉讼。

交易机构与交易主体之间发生有关全国碳排放权交易的纠纷，可以自行协商解决，也可以依法向仲裁机构申请仲裁或者向人民法院提起诉讼。

（三）合规主体：生态环境主管部门等政府职能与监管部门

1. 责任性规定

无

2. 权利性规定

第五条 全国碳排放权交易市场的交易产品为碳排放配额，生态环境部可以根据国家有关规定适时增加其他交易产品。

第十八条 生态环境部可以根据维护全国碳排放权交易市场健康发展的需要，建立市场调节保护机制。当交易价格出现异常波动触发调节保护机制时，生态环境部可以采取公开市场操作、调节国家核证自愿减排量使用方式等措施，进行必要的市场调节。

第三十二条 生态环境部加强对交易机构和交易活动的监督管理，可以采取询问交易机构及其从业人员、查阅和复制与交易活动有关的信息资料、以及法律法规规定的其他措施等进行监管。

第六节 【部门规范性文件】碳排放权结算管理规则（试行）

（生态环境部公告 2021 年第 21 号）

一、立法说明

为进一步规范全国碳排放权登记、交易、结算活动，保护全国碳排放权交易市场各参与方合法权益,生态环境部根据《碳排放权交易管理办法(试行)》,组织制定了《碳排放权结算管理规则(试行)》,自 2021 年 5 月 14 日发布之日起施行。

二、合规要求

(一)合规主体:注册登记机构

1. 责任性规定

第二条 本规则适用于全国碳排放权交易的结算监督管理。全国碳排放权注册登记机构(以下简称注册登记机构)、全国碳排放权交易机构(以下简称交易机构)、交易主体及其他相关参与方应当遵守本规则。

第三条 注册登记机构负责全国碳排放权交易的统一结算,管理交易结算资金,防范结算风险。

第四条 全国碳排放权交易的结算应当遵守法律、行政法规、国家金融监管的相关规定以及注册登记机构相关业务规则等,遵循公开、公平、公正、安全和高效的原则。

第五条 注册登记机构应当选择符合条件的商业银行作为结算银行,并在结算银行开立交易结算资金专用账户,用于存放各交易主体的交易资金和相关款项。

注册登记机构对各交易主体存入交易结算资金专用账户的交易资金实行分账管理。

注册登记机构与交易主体之间的业务资金往来,应当通过结算银行所开设的专用账户办理。

第六条 注册登记机构应与结算银行签订结算协议,依据中国人民银行等有关主管部门的规定和协议约定,保障各交易主体存入交易结算资金专用账户的交易资金安全。

第七条 在当日交易结束后,注册登记机构应当根据交易系统的成交结果,按照货银对付的原则,以每个交易主体为结算单位,通过注册登记系统进行碳排放配额与资金的逐笔全额清算和统一交收。

第八条 当日完成清算后,注册登记机构应当将结果反馈给交易机构。经双方确认无误后,注册登记机构根据清算结果完成碳排放配额和资金的交收。

第九条 当日结算完成后,注册登记机构向交易主体发送结算数据。如遇到特殊情况导致注册登记机构不能在当日发送结算数据的,注册登记机构应及时通知相关交易主体,并采取限制出入金等风险管控措施。

第十一条 注册登记机构针对结算过程采取以下监督措施:

(一)专岗专人。根据结算业务流程分设专职岗位,防范结算操作风险。

(二)分级审核。结算业务采取两级审核制度,初审负责结算操作及银行间头寸划拨的准确性、真实性和完整性,复审负责结算事项的合法合规性。

(三)信息保密。注册登记机构工作人员应当对结算情况和相关信息严格保密。

第十二条 注册登记机构应当制定完善的风险防范制度,构建完善的技术系统和应急响应程序,对全国碳排放权结算业务实施风险防范和控制。

第十三条 注册登记机构建立结算风险准备金制度。结算风险准备金由注册登记机构设立,用于垫付或者弥补因违约交收、技术故障、操作失误、不可抗力等造成的损失。风险准备金应当单独核算,专户存储。

第十四条 注册登记机构应当与交易机构相互配合，建立全国碳排放权交易结算风险联防联控制度。

第十五条 当出现以下情形之一的，注册登记机构应当及时发布异常情况公告，采取紧急措施化解风险：

（一）因不可抗力、不可归责于注册登记机构的重大技术故障等原因导致结算无法正常进行；

（二）交易主体及结算银行出现结算、交收危机，对结算产生或者将产生重大影响。

第十六条 注册登记机构实行风险警示制度……

第十七条 提供结算业务的银行不得参与碳排放权交易。

第十八条 交易主体发生交收违约的，注册登记机构应当通知交易主体在规定期限内补足资金，交易主体未在规定时间内补足资金的，注册登记机构应当使用结算风险准备金或自有资金予以弥补，并向违约方追偿。

第十九条 交易主体涉嫌重大违法违规，正在被司法机关、国家监察机关和生态环境部调查的，注册登记机构可以对其采取限制登记账户使用的措施，其中涉及交易活动的应当及时通知交易机构，经交易机构确认后采取相关限制措施。

2. 权利性规定

第十六条 ……注册登记机构认为有必要的，可以采取发布风险警示公告，或者采取限制账户使用等措施，以警示和化解风险，涉及交易活动的应当及时通知交易机构。

出现下列情形之一的，注册登记机构可以要求交易主体报告情况，向相关机构或者人员发出风险警示并采取限制账户使用等处置措施：

（一）交易主体碳排放配额、资金持仓量变化波动较大；

（二）交易主体的碳排放配额被法院冻结、扣划的；

（三）其他违反国家法律、行政法规和部门规章规定的情况。

第二十一条 注册登记机构可以根据本规则制定结算业务规则等实施细则。

（二）合规主体：交易主体

1. 责任性规定

第十条 交易主体应当及时核对当日结算结果，对结算结果有异议的，应在下一交易日开市前，以书面形式向注册登记机构提出。交易主体在规定时间内没有对结算结果提出异议的，视作认可结算结果。

2．权利性规定

无

第七节 【部门规范性文件】碳排放权交易有关会计处理暂行规定

（财会〔2019〕22号）

一、立法说明

为配合我国碳排放权交易的开展，规范碳排放权交易相关的会计处理，根据《会计法》等相关规定，财政部制定了《碳排放权交易有关会计处理暂行规定》，自2020年1月1日起施行。

二、合规要求

（一）合规主体

重点排放企业。

（二）责任性规定

一、适用范围

本规定适用于按照《碳排放权交易管理暂行办法》等有关规定开展碳排放权交易业务的重点排放单位中的相关企业（以下简称重点排放企业）。重点排放企业开展碳排放权交易应当按照本规定进行会计处理。

二、会计处理原则

重点排放企业通过购入方式取得碳排放配额的，应当在购买日将取得的碳排放配额确认为碳排放权资产，并按照成本进行计量。

重点排放企业通过政府免费分配等方式无偿取得碳排放配额的，不作账务处理。

三、会计科目设置

重点排放企业应当设置"1489 碳排放权资产"科目，核算通过购入方式取得的碳排放配额。

四、账务处理

（一）重点排放企业购入碳排放配额的，按照购买日实际支付或应付的价款（包括交易手续费等相关税费），借记"碳排放权资产"科目，贷记"银行存款""其他应付款"等科目。

重点排放企业无偿取得碳排放配额的，不作账务处理。

（二）重点排放企业使用购入的碳排放配额履约（履行减排义务）

的，按照所使用配额的账面余额，借记"营业外支出"科目，贷记"碳排放权资产"科目。

重点排放企业使用无偿取得的碳排放配额履约的，不作账务处理。

（三）重点排放企业出售碳排放配额，应当根据配额取得来源的不同，分别以下情况进行账务处理：

1. 重点排放企业出售购入的碳排放配额的，按照出售日实际收到或应收的价款（扣除交易手续费等相关税费），借记"银行存款""其他应收款"等科目，按照出售配额的账面余额，贷记"碳排放权资产"科目，按其差额，贷记"营业外收入"科目或借记"营业外支出"科目。

2. 重点排放企业出售无偿取得的碳排放配额的，按照出售日实际收到或应收的价款（扣除交易手续费等相关税费），借记"银行存款""其他应收款"等科目，贷记"营业外收入"科目。

（四）重点排放企业自愿注销购入的碳排放配额的，按照注销配额的账面余额，借记"营业外支出"科目，贷记"碳排放权资产"科目。

重点排放企业自愿注销无偿取得的碳排放配额的，不作账务处理。

五、财务报表列示和披露

（一）"碳排放权资产"科目的借方余额在资产负债表中的"其他流动资产"项目列示。

（二）重点排放企业应当在财务报表附注中披露下列信息：

1. 列示在资产负债表"其他流动资产"项目中的碳排放配额的期末账面价值，列示在利润表"营业外收入"项目和"营业外支出"项目中碳排放配额交易的相关金额。

2. 与碳排放权交易相关的信息，包括参与减排机制的特征、碳排放战略、节能减排措施等。

3. 碳排放配额的具体来源，包括配额取得方式、取得年度、用途、结转原因等。

4. 节能减排或超额排放情况，包括免费分配取得的碳排放配额与同期实际排放量有关数据的对比情况、节能减排或超额排放的原因等。

5. 碳排放配额变动情况，具体披露格式如下。

项目	本年度 数量（单位：吨）	本年度 金额（单位：元）	上年度 数量（单位：吨）	上年度 金额（单位：元）
1. 本期期初碳排放配额				
2. 本期增加的碳排放配额				
（1）免费分配取得的配额				
（2）购入取得的配额				
（3）其他方式增加的配额				
3. 本期减少的碳排放配额				
（1）履约使用的配额				
（2）出售的配额				
（3）其他方式减少的配额				
4. 本期期末碳排放配额				

六、附则

（一）重点排放企业的国家核证自愿减排量相关交易，参照本规定进行会计处理，在"碳排放权资产"科目下设置明细科目进行核算。

（二）本规定自 2020 年 1 月 1 日起施行，重点排放企业应当采用未来适用法应用本规定。

第八节 【交易规则】温室气体自愿减排注册登记规则（试行）

（气候中心字〔2023〕11号）

一、立法说明

《温室气体自愿减排注册登记规则（试行）》是为规范全国温室气体自愿减排注册登记活动，保护全国温室气体自愿减排交易市场各参与方的合法权益，维护全国温室气体自愿减排交易市场秩序，根据《温室气体自愿减排交易管理办法（试行）》及相关规范性文件制定的规则。由国家应对气候变化战略研究和国际合作中心于2023年11月16日发布实施。

二、合规要求

（一）合规主体：注册登记机构

1. 责任性规定

第二条 本规则适用于全国温室气体自愿减排注册登记相关活动。全国温室气体自愿减排注册登记相关参与方开展上述活动应当遵守本规则。

第三条 全国温室气体自愿减排注册登记机构（以下简称注册登记机构）通过全国温室气体自愿减排注册登记系统（以下简称注册登记系

统）受理温室气体自愿减排项目和减排量的登记、注销申请，记录温室气体自愿减排项目相关信息和核证自愿减排量的登记、持有、变更、注销等信息。

第四条 全国温室气体自愿减排注册登记遵循公平、公正、公开、诚信、安全和高效的原则。

第五条 注册登记机构依申请为以下符合条件的主体开立注册登记账户：

（一）申请温室气体自愿减排项目登记的法人和其他组织（以下简称项目业主）；

（二）全国或者地方碳排放权交易市场重点排放单位；

（三）从事核证自愿减排量交易的其他交易主体；

（四）审定与核查机构；

（五）省级生态环境主管部门。

第七条 注册登记机构对相关主体开立注册登记账户的申请进行审核，在收到申请材料之日起15个工作日内对审核通过的申请开立注册登记账户；申请材料不符合本规则第六条要求的，不予开立，并告知申请主体。

第十三条 注册登记机构按照《温室气体自愿减排交易管理办法（试行）》，办理项目和减排量登记、注销，并按规定在注册登记系统公开。

项目业主、审定与核查机构对在注册登记系统提交的项目和减排量相关材料的真实性、完整性和有效性负责。

第十五条 项目业主、全国或者地方碳排放权交易市场重点排放单位、其他交易主体自愿注销其所持有的核证自愿减排量，注册登记机构依申请出具相关证明并在注册登记系统公开。

第十六条 司法机关要求冻结持有账户中核证自愿减排量的，注册登记机构依法予以配合；涉及司法扣划的，注册登记机构根据人民法院的生效裁判,办理变更登记。

第十七条 司法机关和国家监察机关依照法定条件和程序向注册登记机构查询温室气体自愿减排项目和核证自愿减排量登记相关数据和资料的,注册登记机构依法予以配合。

第十八条 注册登记机构配合省级生态环境主管部门将公开的项目与核证自愿减排量信息连接至省级生态环境主管部门网站。

第二十条 注册登记机构的相关工作人员、为注册登记系统提供软硬件运维服务的相关单位和人员,不得利用职务便利牟取不正当利益,不得参与核证自愿减排量交易以及其他可能影响审定与核查公正性的活动。

任何人在成为前款所列人员时,其本人已持有或者委托他人代为持有的核证自愿减排量,应当依法转让并办理完成相关手续,向供职单位报告全部转让相关信息并备案在册。

2. 权利性规定

第十条 注册登记机构发现以下情况,有权对相应账户采取限制使用措施并同时通知相关登记主体,涉及交易活动的及时通知全国温室气体自愿减排交易机构:

(一)登记主体营业执照或者有效身份证明文件与实际情况不符;

(二)本规则第八条中规定的信息发生变化而未按要求办理账户信息变更手续;

(三)其他违反本规则的情况……

第二十一条 本规则由注册登记机构负责修订与解释,注册登记机构可以根据本规则制定相关业务实施细则。

(二)合规主体:登记主体

1. 责任性规定

第六条 符合本规则第五条要求的主体申请开立注册登记账户时,

应当根据注册登记机构有关规定提供真实、准确、完整、有效的申请材料。

每个主体只能开立一个注册登记账户。注册登记账户应当以申请登记主体本单位或者本人的名义申请开立，不得冒用或者以其他单位和个人名义，也不得使用虚假证件。

第八条 已经在注册登记系统开立注册登记账户的主体（以下简称登记主体）发生以下信息变化时，应当在15个工作日内向注册登记机构申请信息变更：

（一）登记主体名称或者姓名，账户代表信息及联系电话；

（二）营业执照，有效身份证明文件类型、号码及有效期。注册登记机构在收到申请材料之日起15个工作日内对审核通过的申请完成账户信息变更。因未办理变更产生的风险，由登记主体承担。

第九条 登记主体应当妥善保管账户的用户名和密码等信息，账户下发生的一切活动视为登记主体的行为。

第十一条 发生下列情形的，登记主体或者依法承继其权利义务的用户应当申请关闭账户：

（一）法人及其他组织登记主体因合并、分立、依法被解散或者破产等原因导致主体资格丧失；

（二）自然人登记主体死亡；

（三）法律法规、部门规章等规定的其他情况。

登记主体申请关闭账户前，应当了结其相关业务。注册登记机构受理关闭账户期间和账户关闭后，登记主体无法使用该账户进行交易、注销、查询等相关操作。

第十四条 核证自愿减排量以承继、强制执行等方式转让的，登记主体或者依法承继其权利义务的主体应当向注册登记机构提供有效的证明文件，注册登记机构审核后办理变更。

第十九条　按照法律法规的要求，通过注册登记系统提出意见时，需文明互动，理性表达，不得发布任何不良信息……

2. 权利性规定

第十条　……对已被采取限制使用等措施的账户，登记主体在对上述所列问题改正后，可向注册登记机构申请办理账户恢复手续。

第十二条　持有核证自愿减排量的项目业主、全国或者地方碳排放权交易市场重点排放单位、其他交易主体可以通过注册登记系统查询其核证自愿减排量的持有数量和持有状态等信息。

第十九条　……对于发布与温室气体自愿减排项目及减排量无关信息和言论的，注册登记机构可以采取警示提醒、拒绝发布等措施；对于经警示提醒不改正的，注册登记机构可暂停其提出意见权限；对于发布违法和严重不良信息的，根据具体情形向有关部门报告。

第九节　【交易规则】温室气体自愿减排交易和结算规则（试行）

（绿交文〔2023〕76号）

一、立法说明

为规范全国温室气体自愿减排交易，保护全国温室气体自愿减排交易市场各参与方的合法权益，维护全国温室气体自愿减排交易市场秩序，根据《温室气体自愿减排交易管理办法（试行）》，北京绿色交易所制定了《温室气体自愿减排交易和结算规则（试行）》，于 2023 年 11 月 16 日发布实施。

二、合规要求

（一）合规主体：交易机构、注册登记机构

1．责任性规定

第二条 本规则适用于全国温室气体自愿减排交易、结算及相关活动。全国温室气体自愿减排交易相关参与方应当遵守本规则。

第三条 全国温室气体自愿减排交易机构（以下简称交易机构）负责运行和管理全国温室气体自愿减排交易系统（以下简称交易系统），提供全国集中统一的温室气体自愿减排交易与结算服务。全国温室气体自愿减排交易通过交易系统进行。

第四条 全国温室气体自愿减排交易、结算及相关活动应当遵守国家有关规定，遵循公平、公正、公开、诚信、自愿、安全和高效的原则。

第九条 全国温室气体自愿减排交易市场的交易产品为核证自愿减排量，以及根据国家有关规定适时增加的其他交易产品。

第十条 核证自愿减排量交易标的为交易主体从全国温室气体自愿减排注册登记系统（以下简称注册登记系统）划转至交易系统的核证自愿减排量，并按照其登记的温室气体自愿减排项目及产生年度进行区分。

第十一条 核证自愿减排量交易以"每吨二氧化碳当量价格"为计价单位，买卖申报量的最小变动计量为 1 吨二氧化碳当量，申报价格的最小变动计量为 0.01 元人民币……

第十二条 全国温室气体自愿减排交易采取挂牌协议、大宗协议、

单向竞价及其他符合规定的交易方式。

第十三条 挂牌协议是指交易主体提交买入或卖出申报,申报中明确交易标的的数量和价格,对手方通过查看实时挂牌列表,以价格优先的原则,在买入或卖出申报大厅摘牌并成交的交易方式。同一价位有多个挂牌申报的,对手方按照交易主体申报时间依次摘牌完成交易。

第十四条 大宗协议是指符合单个交易标的特定数量条件的交易主体之间在交易系统内协商达成一致,并通过交易机构确认完成交易的方式。具体条件由交易机构另行公告。

第十五条 单向竞价包括单向竞买和单向竞卖两种方式,是指报价方在限定时间内按照确定的单向竞价成交规则,将交易标的出让给竞价成功的单个或者多个应价方,或是从竞价成功的单个或多个应价方受让交易标的的交易方式。

第十六条 挂牌协议和大宗协议实行涨跌幅限制制度。挂牌协议涨跌幅为当日基准价的 $\pm 10\%$,大宗协议涨跌幅为当日基准价的 $\pm 30\%$。

第十七条 基准价为交易标的上一交易日通过挂牌协议方式成交所产生的加权平均价,计算结果按照四舍五入原则取至价格最小变动单位。上一交易日无成交的,以上一交易日的基准价为当日基准价,以此类推。交易标的上市初始价格,由首个将该交易标的从注册登记系统划转至交易系统的交易主体提出申报后确定。

第十九条 买卖申报在交易系统成交后,交易即告成立。依照本规则达成的交易于成立时即告交易生效,交易结果以交易系统记录的成交数据为准,买卖双方应当承认交易结果,履行清算交收义务。

第二十条 交易完成后,交易系统自动生成电子交易凭证……

第二十一条 交易日为每周一至周五。国家法定节假日和交易机构公告的休市日,市场休市。

第三章　碳排放重点规范合规要点解读

第二十二条　挂牌协议和大宗协议的交易时段为每个交易日的 9:30-11:30，13:00-15:00。单向竞价的交易时段由交易机构另行公告……

第二十三条　交易时间内因故暂停交易的，交易时间不作顺延。

第二十四条　全国温室气体自愿减排交易的收费应当合理，并公开收费项目、收费标准。收费事宜按程序报批后，依法依规执行。

第二十五条　交易机构选择符合条件的机构作为结算渠道，并开立交易结算资金专用账户，用于存放各交易主体的交易资金和相关款项。

交易机构对各交易主体存入交易结算资金专用账户的交易资金实行分账管理。

交易机构与交易主体之间的业务资金往来，通过结算渠道所开设的专用账户办理。

第二十六条　交易机构与结算渠道签订结算协议，保障各交易主体存入交易结算资金专用账户的交易资金安全。

第二十七条　当日交易结束后，交易机构根据交易系统的成交结果，按照货银对付的原则，以每个交易主体为清算单位，通过交易系统进行交易产品与资金的逐笔全额清算。

第二十八条　当日清算完成后，清算结果经交易机构和注册登记机构确认无误，注册登记机构完成核证自愿减排量的交收，交易机构完成资金的交收。

第三十条　当日结算完成后，交易机构通过交易系统向交易主体发送结算数据。

第三十三条　交易信息由交易机构统一管理和发布。交易机构在每个交易日发布全国温室气体自愿减排交易行情等公开信息，定期编制并发布反映市场成交情况的报表。

第三十六条　交易机构实行涨跌幅限制制度，按照本规则第十六条执行……

第三十七条　交易机构实行最大持仓量限制制度。交易机构对交易主体的持仓量进行实时监控，注册登记机构对交易机构实时监控提供必要支持。交易主体的交易产品持仓量不得超过交易机构规定的限额……

第三十九条　交易机构实行风险警示制度……

第四十条　交易机构建立风险准备金制度。

风险准备金是指由交易机构设立，用于为维护全国温室气体自愿减排交易和结算活动正常开展提供财务担保和弥补不可预见风险带来的亏损的资金。风险准备金应当单独核算，专户存储。

第四十三条　交易机构对暂停交易、恢复交易的决定予以公告，并向生态环境主管部门报告。

第四十四条　交易机构对交易主体的下列异常交易行为，予以重点监控：

（一）可能对交易价格产生重大影响的信息披露前，大量或持续买入或卖出的行为；

（二）固定或涉嫌关联的交易账户之间，大量或频繁进行反向交易的行为；

（三）大笔申报、连续申报、密集申报或申报价格明显偏离行情展示的最新成交价的行为；

（四）频繁申报和撤销申报，或大额申报后撤销申报，可能影响交易价格或误导其他交易主体的行为；

（五）大量或者频繁进行高买低卖交易；

（六）交易机构认为需要重点监控的其他异常交易行为。

第四十八条　交易主体涉嫌重大违法违规，正在被司法机关、国家监察机关、生态环境主管部门等单位调查或已被查处的，交易机构依法配合对其采取暂停交易等措施。

2. 权利性规定

第十一条　……交易机构可以根据市场需要，调整最小变动计量。

第二十二条　……根据市场发展需要，交易机构可以调整交易时间。

第三十五条　交易机构可以根据市场需要，调整交易信息发布的方式和内容。

第三十六条　……交易机构可以根据市场需要，调整涨跌幅比例。

第三十七条　……交易机构可以根据市场风险状况，对最大持仓量限额进行调整。

第三十九条　……交易机构可以采取要求交易主体报告情况、书面警示、发布风险警示公告、限制交易等措施，警示和化解风险。

第四十一条　因不可抗力、意外事件、不可归责于交易机构的重大技术故障等原因，导致部分或全部交易无法正常进行的，交易机构可以决定采取暂停交易措施。

第四十二条　导致暂停交易的原因消除后，交易机构可以决定恢复交易。

第四十五条　交易机构可以对异常交易行为进行现场或非现场调查，根据需要可以要求相关交易主体及时、准确、完整地提供有关文件和资料。

第四十六条　对发生异常交易行为、违反本规则或交易机构其他业务规则规定、操纵或扰乱全国温室气体自愿减排交易市场的交易主体，交易机构有权采取要求提供书面说明、限制交易等措施，并向生态环境主管部门报告。

第四十七条 ……注册登记机构、交易机构……及其相关工作人员不得参与全国温室气体自愿减排交易。

第四十九条 交易主体之间发生交易纠纷……交易机构可以按有关规定，提供必要的交易信息。

第五十二条 本规则由交易机构负责修订与解释，交易机构可以适时根据本规则制定实施细则或办法。

（二）合规主体：交易主体

1. 责任性规定

第五条 全国温室气体自愿减排交易主体是指符合国家有关规定的法人、其他组织和自然人。

第六条 交易主体应当符合交易机构规定的条件，在交易机构开户并签署入场交易协议。交易主体进入交易机构进行全国温室气体自愿减排交易，应当向全国温室气体自愿减排注册登记机构（以下简称注册登记机构）申请取得实名注册登记账户后，向交易机构申请取得实名交易账户。交易主体信息发生变化时，应当及时向交易机构提交交易账户信息变更申请。

交易主体应当保证提交的开户、变更申请资料真实、完整、准确和有效。

第七条 每个交易主体只能开设一个交易账户……

交易主体应当妥善保管交易账户及密码等信息，交易账户下发生的一切活动均视为交易主体的行为。

第八条 交易主体申请注销交易账户，应当确保交易账户内无交易产品及资金。交易账户注销后，交易主体无法使用该账户进行相关操作。

第十八条 交易主体申报卖出交易产品的数量，不得超出其交易账户内可用数量。交易主体申报买入交易产品的相应资金，不得超出其交易账户内可用资金。

第二十九条 交易主体买入后卖出或卖出后买入同一交易产品的时间间隔不得少于5个交易日。卖出交易产品的资金可以用于该交易日内的交易。

第三十二条 交易主体应当及时核对当日结算结果，对结算结果有异议的，应当在下一交易日开市前，以书面形式向交易机构提出。交易主体在规定时间内没有对结算结果提出异议，视作认可结算结果。

第三十四条 全国温室气体自愿减排交易活动中，涉及交易经营、财务或者对全国温室气体自愿减排交易市场价格有影响的尚未公开的信息及其他相关信息，属于内幕信息。禁止内幕信息的知情人、非法获取内幕信息的人员利用内幕信息从事全国温室气体自愿减排交易活动。

第三十八条 交易机构实行大户报告制度。交易主体的持仓量达到交易机构规定的最大持仓量的一定比例，交易主体应当及时向交易机构报告。

第四十七条 生态环境主管部门、市场监督管理部门、注册登记机构、交易机构、审定与核查机构及其相关工作人员不得参与全国温室气体自愿减排交易。

第四十九条 交易主体之间发生交易纠纷，相关交易主体应当记录有关情况，以备查阅。交易纠纷影响正常交易的，交易主体应当及时向交易机构报告……

第五十一条 交易主体申请交易机构进行调解的，应当提出书面调解申请。交易机构的调解意见，经相关交易主体确认并在调解意见书上签章后生效。

2. 权利性规定

第七条 每个交易主体……可以根据业务需要申请多个操作员和相应的账户操作权限。

第二十条 交易完成后……交易主体可以通过交易账户查询交易记录。

第三十一条 交易主体可以通过交易账户查询结算相关数据，包括交易产品和资金的出入情况、账户余量和余额等。

第五十条 交易主体之间因全国温室气体自愿减排交易业务产生交易争议和纠纷的，双方可以协商解决，也可以向交易机构提出调解申请，还可以依法向仲裁机构申请仲裁或者向人民法院提起诉讼。

第四章

"双碳"法律服务产品研究

　　作为蓬勃发展的新兴产业,"双碳"产业也为法律界尤其是律师行业所重点关注。除了对"双碳"法律体系进行重点研究外,律师为"双碳"产业提供相关法律服务,还需要全面了解"双碳"产业相关经济概念和市场发展情况,掌握"双碳"产业主要发展方向及业务运行模式,与"双碳"产业相关企业开展深入合作并互相学习。本章通过简要梳理我国"双碳"市场发展脉络及"双碳"市场业务模式,在立足于原环境保护法律服务尤其是合同能源管理法律服务的基础之上,以碳交易法律服务产品清单的模式,研究律师在碳交易过程中能够提供的各项法律服务工作,通过法律赋能的形式,更好地助力"双碳"产业健康、有序发展。

第一节 "双碳"市场探讨

一、"双碳"市场发展趋势

2020年，中国政府首次向国际社会宣布了中国碳排放的目标，提出了二氧化碳排放力争在2030年前达到峰值，努力争取2060年实现碳中和。

碳达峰碳中和两个概念中的"碳"，实际上都是指二氧化碳，特别是人类生产生活中产生的二氧化碳。"碳达峰"是指二氧化碳排放总量在某一个时间点达到历史峰值，这个时间点并非一个特定的时间点，而是一个平台期，其间碳排放总量依然会有波动，但总体趋势平缓，之后碳排放总量会逐渐稳步回落。"碳中和"则是指企业、团体或个人在一定时间内直接或间接产生的二氧化碳排放总量，通过二氧化碳去除手段，如植树造林、节能减排、产业调整等，抵销这部分碳排放，达到"净零排放"的目的。

随着碳达峰碳中和目标的提出，一场广泛而深刻的经济社会变革正全面展开，这既对企业发展提出了更高要求，也为企业发展提供了重大机遇。表面上来看，碳达峰碳中和与能源有直接关系，我国当下的能源结构仍不理想，但由于能源跟国民经济的各个行业都有关系，所以碳达峰碳中和是一个综合性的跨行业、跨领域的事情，从而涉及各行各业。据国家有关机构测算，如果中国实现碳中和目标，大体上需要136万亿元投入，这将是一个巨大的市场。[1]

近年来，为了推进"双碳"目标完成，中国政府密集发布多项政策，为推动"双碳"构建了政策框架，以促进"双碳"目标的实现。碳减排涉及供给侧和需求侧，供给侧主要是推动生产过程中能源结构转型升级，需求侧涉及经济社会多个领域，包括工业、建筑、交通、节能，使用低碳排放的原料，同时注重二氧化碳的捕捉、收集技术，探索碳技术交易市场构建。

时至今日，碳中和已经成为各行各业未来发展言之必提的关键词。在实现碳中和的道路上，政府、企业、个人都是不可或缺的重要力量。而随着碳排放权交易市场的不断推进，企业作为其中至关重要的参与者，已经开始积极布局。

2021年3月18日，人力资源和社会保障部、国家市场监管总局、国家统计局发布了18项新职业，"碳排放管理员"被列入国家职业序列，成为在《中华人民共和国职业分类大典（2022年版）》中被编码为4-09-07-04的新职业，涵盖从事企事业单位二氧化碳等温室气体排放监测、统计核算、核查、交易和咨询等工作的人员。

根据碳中和需要，中国在电力能源、交通、工业、新材料、建筑、农业、负碳排放、信息技术与数字化8大领域存在投资机会。高瓴资本集团创始人兼首席执行官张磊2021年3月20日在中国发展高层论坛2021年会上表示，在助力实现碳达峰碳中和目标方面，市场化的PE/VC机构大有可为。绿色转型成为未来最大的确定性，将有力地引导大量社会资本转向碳中和领域，绿色股权投资正当其时。张磊表示，对企业来说，低碳转型是打破发展惯性、应对环境变化的挑战，更是主动

---

[1] 参见《中国实现碳中和目标或需投入136万亿元，这些资金从哪里来又将往哪里去？》，载中国循环经济协会网2021年8月6日，https://www.chinacace.org/news/view?id=12781。

作为、重塑核心竞争力的历史机遇。因此，推进碳中和对企业应对产业变革有非常重要的积极意义，是奠定企业长期可持续发展的关键。"我们先在高瓴的被投企业里率先行动，着手推进碳中和的规划，化挑战为先机，视转型为机遇，加速推进整个运营环节的低碳转型。"张磊表示，在新能源技术、工程材料等"绿色新基建"领域，高瓴资本集团按照碳中和技术路线图，深入布局了光伏、新能源汽车和芯片等产业链上下游，帮助绿色企业发展。[1]

二、"双碳"市场行业解读

（一）企业碳中和需求

如何才能更好地实现碳中和，实现绿色低碳运营，已经是企业未来发展过程中必须关注的重点问题：

第一，主动开展碳核算及碳披露摸清自己的"碳家底"，明确碳排放范围，在明确排放范围的基础上，企业需明确排放总量，即开展碳核算。

第二，注重碳风险管理与信息披露。在面临同类商品的选择时，消费者更倾向于选择业务透明度高、主动披露对人类和地球有何影响的企业的产品。这在一定程度上会刺激企业进行透明和可持续的信息披露，从而增强产品竞争力。在碳中和目标下，企业作为碳排放的主体，更有责任进行高水平的碳风险管理和高质量的信息披露。企业应建立自己的碳风险管理体系，系统评估碳风险，采取主动防范、控制、补偿、承担

---

[1] 参见彭扬、赵白执南：《高瓴资本张磊重磅发声！瞄准碳中和，绿色股权投资正当其时》，载百家号网2021年3月21日，https://baijiahao.baidu.com/s?id=1694815906568507966&wfr=spider&for=pc。

和机遇转化相结合的方式进行碳风险管理，评估碳减排成本，并定期更新碳风险管理体系，将碳风险管理和碳合规纳入其中。

在信息披露方面，企业应建立合理的信息披露制度，要符合政府或市场规定的报告披露要求，并参考相关国际标准。企业还可以通过利用多种披露形式回应市场关注点，并参考综合报告理念，全面展示企业财务和非财务数据。

第三，设立企业碳中和目标及实施路线图，结合企业特征，制订科学的碳减排目标。在算清当前企业的碳排放总量后，企业要围绕自身业务特征，结合我国"双碳"目标，制订自身的碳减排目标和规划，并配合企业出台自身碳达峰碳中和时间表。明确具体的减排实施路径是确保实现各关键时间节点目标的前提。

碳减排路径分为五大类：第一类是清洁能源替代技术，如煤改电。第二类是清洁能源输送和存储技术，如储能。在能源需求侧，重点是提高能源利用效率，如节电和节蒸汽。第三类是生产运营低碳化，包括开展原料替代、电气化改造以及技术改造。第四类是根据自身所处行业积极参与智慧能源、智慧交通、智慧城市、智慧建筑等的布局，主动把握甚至引领大数据、人工智能、区块链等新一代信息技术与减排结合，转变现有的生产管理理念，进行全方位的数字化转型，助力碳中和目标的实现。第五类是发展负碳吸收技术，主要是指碳捕集（利用）与封存（CCUS）技术。企业在采用这些方法后仍然存在"减无可减"的剩余碳排放量时，通常可以进入碳交易市场购买碳排放配额，还可以购买绿色电力指标来冲抵。

第四，推动产业链上下游联动，建立全供应链碳中和管理体系。目前一些领先企业已经开展全供应链的碳减排工作，并且要求供应链管理部门的负责人加入碳减排项目小组，将低碳环保作为供应商筛选指标之一。还有一些企业每年与各关键供应商共同制定减排目标，并在年末审查是否达成年初设定的目标，将审查结果纳入下一年度供应商遴选指标。而且随着全供应链、全生命周期碳中和理念的推广，企业对供应链合作伙伴的碳减排要求也在不断加强，尤其将合作伙伴的低碳减排纳入评价体系后，获得多级供应链的碳排放数据已不再是难题。企业应树立建立碳中和全供应链碳排放管理体系的理念，从低碳技术研发、产品设计、运营管理、供应链管理等方面开展工作，争取尽快实现供应链碳中和。

（二）碳中和服务市场

碳中和是一个多元化参与的体系，政府、碳交易所、控排企业和国家核证自愿减排量项目是碳中和体系运行的四大市场参与核心。以政府和交易所为核心分别形成了碳市场的一级市场和二级市场，而参与主角是重点排放企业和国家核证自愿减排量项目。具体而言，碳中和市场服务大体分为以下几类。

1. 碳排放监测

碳排放监测，是指企业按照政府部门关于碳排放监测工作相关文件要求，制订碳排放监测计划，建立监测体系，开展监测活动，编制和报送监测报告，配合碳排放统计核算、核查等工作。

碳排放监测业务的开展需要服务机构熟悉一个或若干个行业生产运行的基本知识、排放特点，掌握被监测的企事业单位的组织机构、装置分布、规模与场所、工艺流程或运营流程、设施台账、监测设备和计量器具台账，控制好监测数据质量，执行或制定监测数据质量保证方案等。服务机构应掌握碳排放监测工作的各个要点，包括制订的监测计划内容完整，能覆盖核算指南的要求；监测边界清晰且无遗漏，符合核算指南的要求；使用、维护相关监测仪器仪表设备，提高测量数据准确度和可信度；准确地说明主要燃料品种排放因子和生产活动数据监测方式、监测频率和数据来源；通晓监测计划的制订、修订、审批以及执行等程序；制订完整且具有可行性的监测计划，规范地实施监测计划，做好数据文件的归档管理等。

2. 碳排放核算

碳排放核算业务的开展应按照《碳排放权交易管理办法（试行）》、政府部门关于"碳排放核算和报告工作的通知"等相关文件的规定，根据各行业温室气体排放核算方法与报告指南以及相关标准、技术规范，对排放单位的温室气体排放量和相关信息进行全面统计和核算，编制真实、完整、准确的温室气体排放报告。

碳排放核算服务机构需熟悉碳排放核算程序，包括建立核算工作组、确定核算边界、确认排放源和气体种类、识别流入流出边界的碳源流及其类别、收集和获取活动水平数据、选择和获取排放因子数据、计算排放量、编制核算报告、报送核算数据和资料等。

碳排放核算服务机构应掌握核算工作的各个要点。由于工作要点较多，这里以获取活动水平数据、选择排放因子这两个工作内容为例进行说明：(1)获取活动水平数据应包括燃料燃烧排放、工业过程排放、二氧化碳回收利用量、净购入电力和热力等，需要熟悉上述数据获取来源、频次，分析其可信度和准确度。(2)选择排放因子要掌握不同排放因子的区别、优先选择顺序、获取方式。对于实测的排放因子，需要了解各种能源品种碳排放量的测试知识。碳排放核算服务机构还应了解一个或若干个行业的工艺生产、用能系统、碳排放特征等相关知识。

3. 碳排放核查

碳排放核查业务开展应按照《碳排放权交易管理办法（试行）》《企

业温室气体排放报告核查指南（试行）》等文件的规定，根据各行业温室气体排放核算方法与报告指南以及相关标准、技术规范，对排放单位报告的温室气体排放量和相关信息进行全面核实、查证。

碳排放核查服务机构需熟悉碳排放核查程序，包括核查安排、建立核查技术工作组、文件评审、建立现场核查组、实施现场核查、出具核查结论、告知核查结果、保存核查记录等，了解上述各个环节的工作内容。

碳排放核查服务机构应掌握核查工作的要点，包括文件评审要点和现场核查要点。以现场核查要点为例，包括但不限于：（1）日常数据监测发现企业温室气体排放量和相关信息存在异常的情况；（2）活动数据、排放因子、排放量、生产数据等不完整、不合理或不符合数据质量控制计划的情况；（3）重点排放单位是否有效地实施了内部数据质量控制措施的情况；（4）数据质量控制计划中报告主体的基本情况、核算边界和主要排放设施、数据的确定方式、数据内部质量控制和质量保证相关规定等与实际情况的一致性；（5）确认数据质量控制计划修订的原因，如排放设施发生变化、使用新燃料或物料、采用新的测量仪器和测量方法等情况。

4．碳排放交易

碳排放交易业务的开展应按照《碳排放权交易管理暂行条例》等法规规定，以及碳排放权交易机构的相关规则，制定企事业单位碳排放交易方案，进行企事业单位碳排放权的购买、出售、抵押等各项操作。

碳排放交易服务机构需熟悉交易流程，掌握交易工具和系统，了解企事业单位碳排放配额分配、核算、核查等相关工作。

碳排放交易服务机构应完成的部分工作要求，举例说明：（1）接受交易指令，核实指令，根据盘面变化及时、准确地下单委托，及时将交易指令执行情况和市场变动信息向公司反馈；（2）研究市场运行规律，根据交易执行情况和市场状况，研究与分析市场走势，提供决策建议；（3）把控资金风险，定期分析行情，每日复盘形成日报；（4）严格遵守各项业务规章制度，有效避免各类操作风险。此外，碳排放交易机构还应掌握各行业碳排放的基本知识。

5．碳排放咨询

碳排放咨询业务的工作内容较为广泛，既涉及碳资产管理、碳达峰碳中和规划编制、碳标签碳足迹和低碳产品认证，也包括提供外部的碳排放监测、统计核算、核查、交易等咨询服务。碳排放咨询服务机构需掌握所咨询领域的行业情况，熟悉相关法律法规政策和标准，了解国际相关规则。

因民航碳排放管理咨询服务的工作内容比较综合，行业特点鲜明，以之为例对碳排放咨询业务进行说明：民航碳排放管理咨询工作涉及航空运输企业碳排放管理的各个环节，包括碳排放监测、统计核算、核查、交易等。除应了解前面几个工种的相关法律法规标准政策外，还应熟悉民航主管业务部门关于航空运输活动碳排放管理的相关要求，如《民用航空飞行活动二氧化碳排放监测、报告和核查管理暂行办法》《民用航空企业温室气体排放核算方法与报告指南附录 A 民航碳排放管理办法核查指南》等，掌握国际涉及民航领域的碳排放相关标准、机制，如国际民航组织国际航空碳抵消与减排机制（CORSIA）及欧盟碳排放交易体系等，具备航空运输行业运行的相关知识。

目前碳排放咨询管理服务市场的发展速度很快，以碳中和咨询机构为例，在服务政府碳中和行动方案的咨询研究中，依据业内人士的梳理，主要咨询需求分为 6 大类 20 项，其中 15 项是非常高频的需求。政府、国有企业等的咨询需求规模也非常大，在 2020 年 12 月，南京市便完成全国第一笔"双碳"方案项目：第一阶段是省级方案，大部分地区在 2021 年已经完成；第二阶段是各市级方案，完成了一部分；第三阶段是各区县和园区方案，现在已经进入需求爆发期。

整体而言，目前"双碳"市场服务呈现快速增长趋势。从法律角度来看，目前碳中和市场服务亟须对碳咨询业务和碳核查业务分别进行法律风险防控管理，并明确相应的违法成本。

三、合同能源管理服务

"双碳"市场虽然是新兴产业，但能源与环境法律服务却已经是法律服务市场中的既有业务，尤其是随着新能源产业的迅猛发展，合同能源管理项目增长势头强劲，行业企业和从业人员快速增长，市场份额不断扩大。

合同能源管理机制（Energy Performance Contracting，EPC，或 Energy Management Contracting，EMC）是一种以节省的能源费用来支付节能项目全部成本的节能投资方式；这种节能投资方式允许用户使用未来的节能收益为工厂和设备升级，降低目前的运行成本，提高能源的利用效率。

节能服务公司（ESCO）采用合同能源管理经营业务的典型方式是：通过能源服务合同为客户提供能源诊断、方案设计、技术选择、项目融资、设备采购、安装调试、运行维护、人员培训、节能量监测、节能量跟踪等一整套的系统化节能服务；在合同期节能服务公司与企业分享节能效益，由此得到应回收的投资和合理的利润；合同结束后，高效的设备和节能效益全部归客户所有。

（一）能源环境法律服务特征

能源环境法律服务主要具有以下三个方面的特征：

第一，关注自然资源开采，如矿产和有色金属资源开采，并依此建立相应的法律服务体系。

第二，涉及行政事务或行政诉讼业务多。

第三，非诉工作主要集中在能源项目、环境项目的基础设施建设领域，并围绕有关项目开展投融资、收并购等金融法律服务。

（二）合同能源管理服务模式

合同能源管理主要分为两种基本的模式：供能合同管理和节能合同管理。这两种模式原则上追求同样的目标，都是为了减少能源消耗及能源成本，但它们各自采用了不同的方法：供能合同管理主要从能源生产角度减少能耗及成本；而节能合同管理则侧重于高效的能源分配和使用。

1. 节能合同管理服务

节能合同管理服务，是指通过优化能源分配系统及用户用能的方式来降低能耗，用能单位与节能服务公司双方分享节能效益。这种模式经常要考虑用户用能行为的重要性，因为其中有相当大的能效提升的空间。通过节能合同管理实现的节能效果根据系统大小的不同可以达到节省20%~60%能源。

节能合同管理的流程分为设计、融资、施工、维护四个步骤，在维护过程中节能服务公司要对系统进行监管、运行和优化。常见的节能合同管理措施包括更换效率低的水泵和风机、安装节能灯、优化建筑管理系统以及供热设备的液压平衡等。

在节能合同管理中，乙方（节能服务公司）将保证甲方（用能单位）在整个合同实施期间确实享受到节能效益，即甲方通过节能合同管理实现能源费用的降低。而甲方则以减少的能源费用中的一部分来支付乙方在改造工程中的投入及其服务费。这种合同能源管理模式的合同及服务设计得灵活性较高，可以适应不同客户的需求进行个性化设计。

2. 供能合同管理服务

供能合同管理服务，是指通过建筑物能源生产系统的安装和改造以及供能系统来实现节能效果。根据所需的服务范围，节能服务公司需要完成设计、融资、建造（项目执行）、运行和维护几个步骤，节能服务公司出资进行能源系统的节能改造和运行管理，然后通过将产生的终端能量（如冷、热、电等）销售给建筑物业主来得到报酬。因此系统运营越高效，节能服务公司的获益也就越多。

（三）合同能源管理技术通则

2020年10月，国家标准《合同能源管理技术通则》（GB/T 24915—2020）开始实施，全面替代旧标准。这一标准的发布也意味着国家将继续支持和帮助节能服务公司在政策指引下更有方向性地探索合同能源管理的创新商业模式，并在新形势下更好地开展合同能源管理项目。

根据《合同能源管理技术通则》的解释，合同能源管理，是指节能服务公司与用能单位以契约形式约定节能项目的节能目标，节能服务公司为实现节能目标向用能单位提供必要的服务，用能单位以节能效益、节能服务费或能源托管费支付节能服务公司的投入及其合理利润的节能服务机制。其中提及的合同类型包括节能效益分享型、节能量保证型、能源费用托管型、融资租赁型及混合型等。

第一，节能效益分享型，是指在项目期内用户和节能服务公司双方分享节能效益的合同类型。节能改造工程的投入按照节能服务公司与用户的约定共同承担或由节能服务公司单独承担。项目建设施工完成后，经双方共同确认节能量，双方按合同约定比例分享节能效益。

项目合同结束后，节能设备所有权无偿移交给用户，以后所产生的节能收益全归用户。为降低支付风险，用户可向节能服务公司提供多方面的节能效益支付保证。节能效益分享型是我国政府大力支持的模式类型。

第二，能源费用托管型，是指用户委托节能服务公司出资进行能源系统的节能改造和运行管理，并按照双方约定将该能源系统的能源费用交节能服务公司管理，系统节约的能源费用归节能服务公司的合同类型。项目合同结束后，节能公司改造的节能设备无偿移交给用户使用，以后所产生的节能收益全归用户。

第三，节能量保证型，是指用户投资，节能服务公司向用户提供节能服务并承诺保证项目节能效益的合同类型。项目实施完毕，经双方确认达到承诺的节能效益，用户一次性或分次向节能服务公司支付服务费，如达不到承诺的节能效益，差额部分由节能服务公司承担。

节能量保证型合同适用于实施周期短，能够快速支付节能效益的节能项目，合同中一般会约定固定的节能量价格。

第四，融资租赁型，是指融资公司投资购买节能服务公司的节能设备和节能服务，并租赁给用户使用，根据协议定期向用户收取租赁费用。节能服务公司负责对用户的能源系统进行改造，并在合同期内对节能量进行测量验证，担保节能效果。项目合同结束后，节能设备由融资公司无偿移交给用户使用，以后所产生的节能收益全归用户。

第五，混合型，是指由以上 4 种基本类型的任意组合形成的合同类型。

（四）合同能源管理发展迅猛

合同能源管理机制产业获得了爆发式增长。在过去十几年间，全国运用合同能源管理机制实施节能项目的节能服务公司从最初的3家（北京节能服务公司、辽宁节能服务公司和山东节能服务公司），发展到2005年的76家，2010年进一步发展到782家。截至2011年年底，全国从事节能服务业务的公司数量达到将近3900家，其中备案的节能服务企业1719家，实施过合同能源管理项目的节能服务公司1472家，比2010年的782家增加了88.23%。2012年，全国从事节能服务业务的企业进一步增长至4175家。2005～2012年，节能服务行业从业人员从16,000人递增到435,000人，增长了27倍多。2012年，我国节能服务产业从业人员突破40万人，达到43.5万人。2016～2020年，节能服务产业总产值从3587亿元递增到5916亿元，每年增速均保持较高水平，显示我国节能服务行业正处于高速发展期，发展势头迅猛。以浙江这一用能大省为例，浙江省政府办公厅印发《浙江省推动碳排放双控工作若干举措》，明确大力发展环境保护、节能降碳、资源循环利用等绿色低碳产业，加快培育智能网联汽车、新材料等战略性新兴产业，到2025年年底节能环保产业总产值达到1.5万亿元。[1]

（五）合同能源管理法律服务

合同能源管理法律服务是律师在节能环保领域提供的重要法律服务事项。由于节能环保项目周期长、环节多，且存在较强的政策性并往往

---

[1] 参见《浙江推动碳排放双控 计划今年底节能环保产业总产值达1.5万亿元》，载百家号"中国新闻网"2025年3月4日，https://baijiahao.baidu.com/s?id=1825664409190197187&wfr=spider&for=pc。

涉及多个综合用能主体，因此需要律师对合同能源管理项目运作模式具备相当的了解才能有效开展相应的法律服务工作，尤其是在"双碳"时代背景下，节能环保项目的主要目标正在从以往的"能耗双控"向"碳排放双控"积极转型，因此未来在"双碳"法律服务市场，合同能源管理法律服务仍将是其中的重点服务之一。

律师提供合同能源管理法律服务，主要工作内容有以下方面。

1．合同能源管理与节能服务咨询

（1）介绍合同能源管理的起源及概念的发展；（2）分析合同能源管理的主要商务模式及发展趋势；（3）解读合同能源管理业务流程；（4）节能服务产业最新发展现状分析及相关政策及法律法规收集；（5）对《合同能源管理技术通则》进行重点研究和解读。

2．合同能源管理项目运作顾问

（1）对合同能源管理项目进行尽职调查；（2）合同能源管理项目的诉讼情况分析；（3）合同能源管理项目法律风险识别与防范；（4）节能服务合同谈判、签订与履行管理；（5）新版标准对节能服务公司业务的影响。

3．能源费用托管型合同管理

（1）能源费用托管型合同文本的理解与适用；（2）节能效益分享型合同文本的理解与适用；（3）节能量保证型合同文本的理解与适用；（4）新版节能效益分享型合同文本的详细解读与分析；（5）修改后的节能效益分享型合同文本与旧版标准的区别。

4．参与合同能源管理项目税收减免与财税筹划

（1）合同能源管理项目的税收优惠政策；（2）合同能源管理项目的会计准则适用；（3）合同能源管理会计核算方法的应用；（4）合同能源管理项目税收风险控制措施。

第二节　碳交易法律服务产品清单（第一版）

在广义碳交易概念下，碳交易市场将逐步发展延伸到整个国民经济和社会发展的各领域，碳交易法律服务产品也将逐步深入各相关领域，形成法律服务的综合市场。本部分内容旨在探讨碳交易法律服务市场产品，并初步整理了涉及政府、企业、项目在涉碳法律服务中的产品，由于市场的成熟度不够，研究样本不足，以及本书的篇幅限制，无法穷尽所有产品类型，所涉及的内容也并未能实现标准化，仅展示主创团队的初步思考与探索，供本书读者参考，未来有望在深入研究的基础上形成更多产品及具体的操作指引。

序号	服务项目	服务描述	产品价值	适用对象	工作流程及主要工作内容	工作期限
1	政府涉碳专项法律顾问	律师担任政府及相关部门的法律顾问，为政府涉碳行政提供法律服务	律师通过为政府及相关部门提供涉碳法律顾问，可以为政府部门的重大决策合规性审查、对行政执法人员进行执法培训	政府及相关部门	1. 前期沟通、明确具体工作内容及要求； 2. 签订顾问合同； 3. 启动相关工作； 4. 总结经验，形成工作报告	1年
2	涉碳企业专项法律顾问	律师担任涉碳企业的法律顾问，为企业涉碳业务提供法律服务	律师通过为涉碳企业提供法律顾问服务，可以满足涉碳企业的重大决策、日常运营、合规管理、风险控制需要	涉碳企业	1. 前期沟通、明确具体工作内容及要求； 2. 签订顾问合同； 3. 启动相关工作； 4. 总结经验，形成工作报告	1年
3	企业碳资产管理专项法律服务	通过对企业碳资产的有效管理、保值、增值	通过对企业碳资产的有效管理，使之保值、增值	涉碳企业	1. 前期沟通、明确具体工作内容及要求； 2. 签订顾问合同； 3. 启动相关工作； 4. 总结经验，形成工作报告	最短1年，也可以根据委托协议确定服务年限
4	林业碳汇项目专项法律服务	为林业碳汇项目提供方案设计、尽职调查、文书起草、协助参与碳汇开发并交易等	保障政府、方、林业碳汇项目中的合法合规，稳定交易关系，实现合理预期，助力碳中和	投资人、业主方、政府机构	1. 前期沟通、明确具体工作内容及要求； 2. 签订顾问合同； 3. 设计开发与交易方案，对开发流程与实施方案的法律问题提出意见；	根据项目具体实施进度而定

第四章 "双碳"法律服务产品研究

续表

序号	服务项目	服务描述	产品价值	适用对象	工作流程及主要工作内容	工作期限
4	林业碳汇项目专项法律服务	为林业碳汇开发及交易项目提供方案设计、尽职调查、文书起草，协助参与开发并交易林业碳汇	保障政府、投资人、业主方在林业碳汇项目中的合法合规，稳定交易预期，实现合理交易，助力碳中和	投资人、业主方、政府机构	4. 对项目进行尽职调查，并对存在的问题、提出解决方案；5. 起草开发与交易文本，明确开发各方的权利义务；6. 协助参与方完成开发的林业碳汇交易	根据项目具体实施进度所定
5	碳交易项目尽职调查专项服务	为收购方并购碳交易项目提供并购碳交易法律服务	全面了解项目情况及风险，并有效规避并购风险	碳交易项目投资人、并购人	1. 前期沟通，明确工作内容及要求；2. 签订顾问合同；3. 设计开发与交易方案，对开发流程与实施方案的法律问题提出意见；4. 对项目进行尽职调查，并对存在的问题、提出解决方案；5. 完成项目法律尽职调查报告，出具相关法律尽职调查报告，对已存在或未来可能发生的重大风险提出法律意见及解决方案	一般为1~6个月，也可能因项目情况延长
6	碳交易政策法律咨询服务	解答与"双碳"相关的政策法律问题	为政府及相关部门、涉碳企业、投资人或决策者提供政策法律依据	政府及相关部门、涉碳企业、投资人	1. 了解所处行业或部门的需求；2. 有针对性检索相关政策及法律；3. 梳理与委托方相关的资讯；4. 结合委托方的需要给出咨询意见或建议	7~15日

285

续表

序号	服务项目	服务描述	产品价值	适用对象	工作流程及主要工作内容	工作期限
7	碳交易政策法律普及教育服务	以讲座、咨询会等方式宣传碳交易政策及法律	提高政府相关部门、涉碳企业、社会公众对碳交易政策及法律的认识水平	政府相关部门、涉碳企业、社会公众	1. 前期沟通、了解需求； 2. 签订服务合同； 3. 制作服务方案； 4. 按进度完成相关工作	根据方案完成
8	涉碳企业并购专项法律服务	为投资人提供涉碳企业并购中复杂法律服务	通过对对象进行审慎调查、对并购项目风险进行评估，参与并购商业谈判，提供解决方案，设计制作并购合同，规避并购风险，保证并购顺利进行	投资人、并购人	1. 前期沟通、了解需求； 2. 签订服务合同； 3. 提供前期咨询服务； 4. 制作服务方案； 5. 完善预收购方案，协助签订保密协议； 6. 对项目进行审慎调查，并出具调查报告； 7. 参与商业谈判； 8. 完善并购方案； 9. 设计制作并购合同； 10. 协助完成并购各项合同事务，解决并购中涉及的各项法律事务； 11. 按进度完成其他相关工作	根据客户实际需求以及具体项目调查情况判断和谈判调整工作期限，一般3~6个月完成

续表

序号	服务项目	服务描述	产品价值	适用对象	工作流程及主要工作内容	工作期限
9	涉碳企业股权转让法律服务	为涉碳企业股东转让股权提供法律服务	规避股权转让中的法律风险,保障股权转让顺利进行	股东、投资人、企业	1. 前期沟通; 2. 签订服务合同; 3. 提供前期咨询服务; 4. 制作服务方案; 5. 协助签订保密协议; 6. 必要时对项目进行审慎调查,并出具调查报告; 7. 参与商业谈判; 8. 完善转让方案; 9. 设计制作转让合同; 10. 协助完成公司内部各项议决事务,解决转让中涉及的各项法律事务; 11. 按进度完成其他相关工作	根据客户实际需求以及项目调研情况调整工作期限,一般10~60个工作日内完成工作
10	涉碳企业合规专项法律服务	对企业的涉碳合规风险事项进行调查与评估,提出整改意见和建议	识别涉碳企业在碳资产管理及涉碳业务中的合规风险,提高涉碳企业及企业涉碳业务的风控能力,可持续发展能力	纳排企业、涉碳企业	1. 前期沟通; 2. 签订服务合同; 3. 制定调查清单,开展尽职调查工作; 4. 动态反馈结果; 5. 出具合规调查报告、报告调查结果; 6. 提出整改方案	根据合规目标确定服务期限,一般为1~3个月

287

续表

序号	服务项目	服务描述	产品价值	适用对象	工作流程及主要工作内容	工作期限
11	涉碳（绿色）私募基金管理人登记专项法律服务	为拟从事涉碳私募基金管理业务的公司或企业向中国证券投资基金业协会申请私募基金管理人登记提供专项法律服务	协助客户完成私募基金管理人登记，为客户取得开展私募基金管理的业务资格	拟从事涉碳（绿色）私募基金管理业务的公司或企业	1. 前期沟通； 2. 签订服务合同； 3. 制定调查清单，开展尽职调查工作； 4. 动态反馈结果； 5. 出具合规调查报告、报告调查结果； 6. 提出整改方案； 7. 根据尽职调查及整改过程，协助收集所有印证资料，整理工作底稿； 8. 出具私募基金管理人登记法律意见书，并根据中国证券投资基金业协会的反馈问题出具补充法律意见书	根据项目情况调整工作期限，一般为2~4个月

续表

序号	服务项目	服务描述	产品价值	适用对象	工作流程及主要工作内容	工作期限
12	涉碳（绿色）私募基金管理人重大事项变更专项法律服务	为从事涉碳私募基金管理业务的公司或企业向中国证券投资基金业协会申请重大事项变更登记提供专项法律服务	协助客户完成私募基金管理人重大事项变更，保持私募基金管理人登记信息的准确性，履行合规义务	已从事涉碳（绿色）私募基金管理业务的公司或企业	1. 前期沟通； 2. 签订服务合同； 3. 提供相应的尽职调查清单，并指导客户调取、收集所需资料； 4. 根据初步提供的资料，分析是否存在重大问题，指导客户进行相应的整改； 5. 开展尽职调查工作； 6. 依据尽职调查发现的问题提出整改与解决方案； 7. 协助并指导客户进行合法合规性整改； 8. 根据尽职调查及整改过程，协助收集所有印证资料，整理工作底稿； 9. 出具私募基金管理人重大事项变更专项法律意见书，并根据中国证券投资基金业协会的反馈问题出具补充法律意见书	根据项目情况调整工作期限，一般为2～4个月

289

续表

序号	服务项目	服务描述	产品价值	适用对象	工作流程及主要工作内容	工作期限
13	涉碳（绿色）私募基金管理人异常经营专项法律服务	为被列入异常经营名录的涉碳（绿色）私募基金管理人提供专项法律	协助客户按照相关适用规范的要求进行合规整改，消除异常经营状态，恢复正常的业务经营	被列入异常经营名录的涉碳（绿色）私募基金管理人	1. 前期沟通； 2. 签订服务合同； 3. 根据中国证券投资基金业协会发送的异常经营通知，制作尽职调查资料清单，协助客户收集、整理相应资料； 4. 对客户进行尽职调查； 5. 对尽职调查中发现的合规问题进行规范并提出法律建议或者处置措施； 6. 根据尽职调查的情况及客户整改结果，编制法律意见书； 7. 协助解决和处理基金主管部门对私募基金管理人异常经营情形提出的其他相关要求与问题； 8. 根据中国证券投资基金业协会的反馈意见，进行补充核查并出具补充法律意见书	根据项目情况调整工作期限，一般为3~6个月

续表

序号	服务项目	服务描述	产品价值	适用对象	工作流程及主要工作内容	工作期限
14	涉碳（绿色）私募基金管理人常年合规顾问服务	为涉碳（绿色）私募基金管理人提供常年合规顾问服务	协助客户合规开展涉碳私募基金业务，避免合规风险	涉碳（绿色）私募基金管理人	1. 前期沟通； 2. 签订服务合同； 3. 提供日常合规管理顾问服务，包括为客户提供管理人、基金业务、投资业务相关的全方位日常法律咨询及指导服务；基金业务、投资业务相关的合同及其他书面文件起草、审核服务；风险管理与内部控制相关法律服务；投后管理相关法律服务；合规培训	1年
15	涉碳（绿色）私募基金产品设立与备案专项法律服务	为涉碳（绿色）私募基金发行设立私募基金并向中国证券投资基金业协会申请备案	为客户私募基金产品的设立及备案提供合规辅导，预防不合规行为带来的潜在法律风险及责任	涉碳（绿色）私募基金管理人	1. 前期沟通； 2. 签订服务合同； 3. 基金设立及募集阶段：协助客户设计基金组织架构；起草私募基金募集流程合同／合伙协议；审查私募基金资金监管协议／托管合同等协议文件；指导客户完成投资者适当性调查程序；起草或指导客户准备基金备案相关文件；	一般为 5～15 个工作日

续表

序号	服务项目	服务描述	产品价值	适用对象	工作流程及主要工作内容	工作期限
15	涉碳（绿色）私募基金产品设立与备案合规专项法律服务	为涉碳（绿色）私募基金管理人发行设立私募基金并向中国证券投资基金业协会申请备案	为客户私募基金产品的设立及备案提供合规辅导，预防不合规行为带来的潜在法律风险及责任	涉碳（绿色）私募基金管理人	4. 基金备案阶段：指导并协助客户在中国证券投资基金业协会资产管理业务综合报送平台（AMBERS 系统）填报基金备案信息，按规定上传各项资料。产品备案申请提交后，根据中国证券投资基金业协会的反馈信息，起草回复函	一般为 5~15 个工作日
16	涉碳（绿色）私募基金募集阶段合规辅导专项法律服务	为私募基金管理人及销售机构募集阶段提供专项合规辅导法律服务	通过募集管理人及销售机构募集资金行为因私募基金募集不规范而产生的行政监管违规风险、民事诉讼风险及刑事处罚风险	（绿色）私募基金管理人、销售机构	1. 前期沟通； 2. 签订服务合同； 3. 协助建立和完善金融产品（或者服务）募集行为、募集主体、募集对象、募集程序、投资者适当性、募集结算账户、资料保存等有关事项的风险评估及管理流程和制度； 4. 协助起草风险揭示书、合格投资者承诺书、投资者告知书等相应法律文书； 5. 针对募集阶段管理制度的建立完善，为相关人员开展合规宣贯培训； 6. 针对募集阶段的法律问题提供专项建议及应对方案	根据合规目标确定服务期限，一般为 1~3 个月

292

续表

序号	服务项目	服务描述	产品价值	适用对象	工作流程及主要工作内容	工作期限
17	涉碳（绿色）私募基金及其管理人反向尽调法律服务	为涉碳投资人在投资其他私募基金时，对拟投涉碳私募基金及其管理人进行反向尽职调查	为客户投资私募基金提供法律风险提示	国企、上市公司、母基金、政府基金等大型（绿色）私募基金投资人	1. 前期沟通； 2. 签订服务合同； 3. 对私募基金管理人的尽职调查：（1）参照私募基金管理人登记要求，对私募基金管理人进行尽职调查；（2）对拟投资的私募基金进行尽职调查	根据合规目标确定服务期限，一般为2~3周

附件一：

碳交易合规研究参考规范性文件

序号	文号	发文单位	名称	发布时间	生效时间	效力状况
1	生态环境部公告2019年第19号	生态环境部	《大型活动碳中和实施指南（试行）》	2019年5月29日	2019年5月29日	现行有效
2	财会〔2019〕22号	财政部	《碳排放交易有关会计处理暂行规定》	2019年12月16日	2020年1月1日	现行有效
3	发改环资规〔2021〕655号	国家发展和改革委员会	《污染治理和节能减碳中央预算内投资专项管理办法》	2021年5月9日	2021年5月9日	现已失效
4	生态环境部公告2021年第21号	生态环境部	《关于发布〈碳排放权登记管理规则（试行）〉〈碳排放权交易管理规则（试行）〉和〈碳排放权结算管理规则（试行）〉的公告》	2021年5月14日	2021年5月14日	现行有效
5	科财函〔2021〕159号	生态环境部	《国家生态工业示范园区建设协调领导小组办公室关于推进国家生态工业示范园区碳达峰碳中和相关工作的通知》	2021年8月27日	2021年8月27日	现行有效
6	国发〔2021〕23号	国务院	《关于印发2030年前碳达峰行动方案的通知》	2021年10月24日	2021年10月24日	现行有效
7	国资发科创〔2021〕93号	国务院国资委	《关于推进中央企业高质量发展做好碳达峰碳中和工作的指导意见》	2021年11月27日	2021年11月27日	现行有效

续表

序号	文号	发文单位	名称	发布时间	生效时间	效力状况
8	发改能源〔2022〕206号	国家发展和改革委员会、国家能源局	《关于完善能源绿色低碳转型体制机制和政策措施的意见》	2022年1月30日	2022年1月30日	现行有效
9	财资环〔2022〕53号	财政部	《财政支持做好碳达峰碳中和工作的意见》	2022年5月25日	2022年5月25日	现行有效
10	环综合〔2022〕42号	生态环境部、国家发展和改革委员会、工信部、住建部、交通运输部、农业农村部、国家能源局	《减污降碳协同增效实施方案》	2022年6月10日	2022年6月10日	现行有效
11	农科教发〔2022〕2号	农业农村部、国家发展和改革委员会	《农业农村减排固碳实施方案》	2022年5月7日	2022年5月7日	现行有效
12	建标〔2022〕53号	住建部、国家发展和改革委员会	《关于印发城乡建设领域碳达峰实施方案的通知》	2022年6月30日	2022年6月30日	现行有效
13	工信部联节〔2022〕88号	工信部、国家发展和改革委员会、生态环境部	《关于印发工业领域碳达峰实施方案的通知》	2022年7月7日	2022年7月7日	现行有效

续表

序号	文号	发文单位	名称	发布时间	生效时间	效力状况
14	国科发社〔2022〕157号	科技部、国家发展和改革委员会、工信部、生态环境部、住建部、交通运输部、中国科学院、中国工程院、国家能源局	《科技支撑碳达峰碳中和实施方案（2022—2030年）》	2022年6月24日	2022年6月24日	现行有效
15	发改环资〔2022〕622号	国家发展和改革委员会、国家统计局、生态环境部	《关于加快建立统一规范的碳排放统计核算体系实施方案》	2022年4月22日	2022年4月22日	现行有效
16	国发〔2022〕18号	国务院	《关于支持山东深化新旧动能转换推动绿色低碳高质量发展的意见》	2022年8月25日	2022年8月25日	现行有效
17	国市监计量发〔2022〕92号	工信部、国家发展和改革委员会、自然资源部、生态环境部、住建部、国家市场监管总局、交通运输部、中国气象局、国家林业和草原局	《关于印发建立健全碳达峰碳中和标准计量体系实施方案的通知》	2022年10月18日	2022年10月18日	现行有效
18	环办气候函〔2022〕484号	生态环境部	《国家重点推广的低碳技术目录（第四批）》	2022年12月19日	2022年12月19日	现行有效

续表

序号	文号	发文单位	名称	发布时间	生效时间	效力状况
19	法发〔2023〕5号	最高人民法院	《关于完整准确全面贯彻新发展理念 为积极稳妥推进碳达峰碳中和提供司法服务的意见》	2023年2月16日	2023年2月16日	现行有效
20	发改环资〔2023〕178号	国家发展和改革委员会、工信部、财政部、商务部、住建部、中国人民银行、国务院国资委、国家市场监管总局、国家能源局	《关于统筹节能降碳和回收利用 加快重点领域产品设备更新改造的指导意见》	2023年2月20日	2023年2月20日	现行有效
21	国环规气候〔2023〕1号	生态环境部	《关于做好2021、2022年度全国碳排放权交易配额分配相关工作的通知》	2023年3月13日	2023年3月13日	现行有效
22	国标委联〔2023〕19号	国家标准化管理委员会、国家发展和改革委员会、工信部、自然资源部、生态环境部、住建部、交通运输部、中国人民银行、中国气象局、国家能源局、国家林业和草原局	《碳达峰碳中和标准体系建设指南》	2023年4月1日	2023年4月1日	现行有效

续表

序号	文号	发文单位	名称	发布时间	生效时间	效力状况
23	发改环资〔2023〕1093号	国家发展和改革委员会、科技部、工信部、财政部、自然资源部、住建部、交通运输部、国务院国资委、国家能源局、中国民用航空局	《绿色低碳先进技术示范工程实施方案》	2023年8月4日	2023年8月4日	现行有效
24	—	国家市场监管总局	《关于统筹运用质量认证服务碳达峰碳中和工作的实施意见》	2023年10月12日	2023年10月12日	现行有效
25	生态环境部、国家市场监督管理总局令第31号	生态环境部、国家市场监管总局	《温室气体自愿减排交易管理办法（试行）》	2023年10月19日	2023年10月19日	现行有效
26	环办气候函〔2023〕343号	生态环境部	《关于印发〈温室气体自愿减排项目方法学 造林碳汇（CCER—14—001—V01）〉等4项方法学的通知》	2023年10月24日	2023年10月24日	现行有效
27	发改环资〔2023〕1409号	国家发展和改革委员会	《国家碳达峰试点建设方案》	2023年10月20日	2023年10月20日	现行有效

续表

序号	文号	发文单位	名称	发布时间	生效时间	效力状况
28	发改环资〔2023〕1529号	国家发展和改革委员会、工信部、国家市场监管总局、住建部、交通运输部	《关于加快建立产品碳足迹管理体系的意见》	2023年11月13日	2023年11月13日	现行有效
29	气候中心字〔2023〕11号	国家应对气候变化战略研究和国际合作中心	《温室气体自愿减排注册登记规则（试行）》	2023年11月16日	2023年11月16日	现行有效
30	气候中心字〔2023〕12号	国家应对气候变化战略研究和国际合作中心	《温室气体自愿减排项目设计与实施指南》	2023年11月16日	2023年11月16日	现行有效
31	绿交文〔2023〕76号	北京绿色交易所	《温室气体自愿减排交易和结算规则（试行）》	2023年11月16日	—	—
32	国务院令第775号	国务院	《碳排放权交易管理暂行条例》	2024年1月25日	2024年5月1日	现行有效
33	工信厅科〔2024〕7号	工信部	《关于印发工业领域碳达峰碳中和标准体系建设指南的通知》	2024年1月4日	2024年2月4日	现行有效

续表

序号	文号	发文单位	名称	发布时间	生效时间	效力状况
34	发改环资〔2024〕165号	国家发展和改革委员会、工信部、自然资源部、生态环境部、住建部、交通运输部、中国人民银行、国家金融监管总局、中国证监会、国家能源局	《绿色低碳转型产业指导目录（2024年版）》	2024年2月2日	2024年2月2日	现行有效
35	深圳市人民政府令第361号	深圳市人民政府	《深圳市碳排放权交易管理办法》	2024年5月13日	2024年5月13日	现行有效

附件二：

碳中和与碳交易英文简称速查手册

序号	英文名称	中文含义
1	CCER （China Certified Emission Reduction）	国家核证自愿减排量，指对我国境内可再生能源、林业碳汇、甲烷利用等项目的温室气体减排效果进行量化核证，并在国家温室气体自愿减排交易注册登记系统中登记的温室气体减排量
2	CBAM （Carbon Border Adjustment Mechanism）	碳边境调节机制，也被称为碳边境税或碳关税，旨在确保欧盟内部和外部的碳排放成本基本持平，针对部分进口商品的碳排放量所征收的税费
3	ESG （Environmental Social Governance）	环境、社会和公司治理，是一种新兴的关注企业环境、社会、治理绩效而非财务绩效的投资理念和企业评价标准
4	VCS （Verified Carbon Standard）	自愿碳标准，是一种较为完善的国际自愿减排机制，依据自愿碳标准开发出来的减排量可以在部分国际碳市场进行抵销，帮助交易主体完成减排目标、实现区域碳中和
5	CCS/CCUS [Carbon Capture（Utilization）and Storage]	碳捕集（利用）与封存，就是把二氧化碳收集起来永久封印在地下，少部分以固态形式存在于地面上，微量被用于其他行业且不再进入大气，是实现碳中和的一大重要技术
6	CDM （Clean Development Mechanism）	清洁发展机制，国家核证自愿减排量的前身机制，在该机制中轻排企业都在发达国家，发展中国家可开发减排项目获得碳信用核证减排量卖给发达国家
7	CDP （Carbon Disclosure Project）	碳披露项目，属于 ESG 评级的一种，通过发放调查问卷调查企业在气候方面的工作是否到位

第四章 "双碳"法律服务产品研究

301

续表

序号	英文名称	中文含义
8	CEA（China Emission Allowance）	全国碳市场配额，是国家发给控排企业发放的碳排放指标
9	CER（Certified Emission Reduction）	核证减排量，用于《京都议定书》下发达国家控排企业的履约
10	CORSIA（Carbon Offsetting and Reduction Scheme for International Aviation）	国际航空碳抵消与减排机制，一种将所有运营国际航线的航空公司纳入的碳交易体系
11	CPLC（Carbon Pricing Leadership Coalition）	碳定价联盟，是世界银行成立的组织
12	EU-ETS（EU-Emission Trading Scheme）	欧盟碳排放交易体系，全球其他碳市场的蓝本，目前也是全球最活跃的碳交易市场
13	IPCC（Intergovernmental Panel on Climate Change）	联合国政府间气候变化专门委员会，是联合国一个旨在评估气候变化相关科学、技术和社会经济信息的政府间组织
14	AR（Assessment Report）	联合国政府间气候变化专门委员会的评估报告，如 AR4 为第四次评估报告，AR5 为第五次评估报告等
15	NDCs（Nationally Determined Contributions）	国家自主贡献，是指批准《巴黎协定》的国家为实现协定提出的全球行动目标、根据自身情况确定的参与国际合作应对气候变化行动目标，包括温室气体控制目标、适应目标、资金和技术支持等。国家自主贡献代表了一个国家的减排意愿和目标

302

第四章 "双碳"法律服务产品研究

续表

序号	英文名称	中文含义
16	INDCs（Intended Nationally Determined Contributions）	预期的国家自主贡献，是《巴黎协定》生效前，各国提交的预期国家自主贡献，旨在表达各国在批准《巴黎协定》前的气候行动计划。预期的国家自主贡献在批准《巴黎协定》后自动转为国家自主贡献
17	JI（Joint Implementation）	联合履行机制，它是《京都议定书》中规定的三种碳交易机制之一，具体内容为：在"监督委员会"的监督下，附件一国家之间进行减排项目的核证与转让或获得。这些国家可以通过在其他国家实施减排项目，来求得"排放减减量单位"，以此帮助自身完成减排承诺
18	ERU（Emission Reduction Unit）	排放减量单位，是通过联合履行机制活动产生的单位，用于证明减排了1吨二氧化碳当量

303

后 记

《碳交易合规研究》一书的写作过程,既是一场与时间的赛跑,也是一次对理论与实践交织的深度探索。碳交易作为全球应对气候变化的核心工具之一,其合规体系的构建不仅关乎市场机制的效率,更承载着人类对可持续发展的共同期待。2025年3月5日,国务院总理李强在十四届全国人大三次会议上所作的政府工作报告指出,将协同推进降碳减污扩绿增长,加快经济社会发展全面绿色转型,核心就是积极稳妥推进碳达峰碳中和,这是冲锋的号角,也是我们努力的方向。

回望这段研究历程,笔者感触颇深。

最初关注碳交易合规问题,源于对全球气候治理实践的观察。碳交易市场作为政策与市场结合的产物,其复杂性远超预期——政策设计的动态性、企业履约的不确定性、国际规则的碎片化,均对合规管理提出严峻挑战。在实践中,笔者曾目睹企业因对规则理解偏差而面临处罚,也亲历身为从业人员在面对政策与机制成熟与调整过程中的煎熬。这些现实问题让笔者意识到,碳交易的"合规"并非简单的条文遵守,而是需要系统性思维、跨学科视角与动态适应能力的综合课题。

后 记

本书的写作，旨在搭建一座桥梁：一端是政策制定者与监管机构对规则设计的科学考量，另一端是企业、核查机构及各市场参与方等市场主体的实践需求。笔者尝试将法律、经济、新技术等多维度知识融会贯通，既剖析国际条约确立的规则与博弈，也深入研究中国本土案例，力求为读者呈现一幅兼具理论深度与实践价值的合规图景。

碳交易领域的研究始终伴随着"不确定性"。全球气候治理格局的演变、各国政策的频繁调整、碳定价机制的创新（如碳边境调节机制），使得合规研究如同在流动的沙丘上筑塔。写作过程中，团队曾多次因政策更新而推翻原有框架，也因国际案例的多样性陷入争论。例如，如何平衡碳数据核查的严谨性与企业成本压力？如何应对碳金融衍生品带来的合规风险？这些问题并无标准答案，但正是这种开放性促使我们不断追问本质，最终形成了"风险识别—动态响应—能力建设"的合规逻辑链。

本书的完成得益于多方支持。感谢顾问专家们的悉心指导，让笔者学会以科技与法治的眼光审视规则背后的利益博弈；感谢那些坦诚分享困境的从业者，他们的实践智慧为研究注入了生命力；亦感谢编辑老师们的辛苦付出，让笔者体会精益求精和脚踏实地。最后，要特别致谢家人的包容，深夜书桌前的灯光因他们的理解而更加温暖。

碳交易合规是一个"未完成"的命题。随着全球碳中和进程加速，市场边界将不断扩展，从传统控排行业延伸至海洋碳汇、碳移除技术等新兴领域，合规的内涵与外延必将持续演化。期待本书能成为引玉之砖，激发更多学者、政策制定者与实践者共同探索这一议题。

"合规"二字，看似是约束，实则是秩序的基石。当每一吨碳排放被准确计量，每一次交易被公平执行，我们或许能更接近那个低碳未来的理想图景,那便是我们的现代化,我们的中国梦。

绿水青山,金山银山,山山有幸;

智商情商,财商碳商,商商不惑;

路途尚远,但值得全力以赴!

毛腾云

2025 年 5 月 5 日于深圳